Sur l'auteur

Michaël Mention est né en 1979. Enfant, il se passionne pour le dessin. Adolescent, il réalise plusieurs bandes dessinées. Étudiant, il intègre un atelier d'écriture et rédige des chroniques satiriques, avant d'écrire son premier roman. Passionné de rock et d'histoire, il accède à la reconnaissance avec sa trilogie policière consacrée à l'Angleterre, récompensée par le Grand Prix du roman noir au festival international de Beaune en 2013 et le Prix *Transfuge* meilleur espoir polar en 2015.

Son roman *Power* (Stéphane Marsan, 2018) a reçu le Grand Prix au Festival Sans Nom de Mulhouse et le Prix Polars Pourpres en 2018.

Du même auteur

Le Rhume du pingouin, éditions du Rocher, 2008

Trilogie anglaise, éditions Payot-Rivages :

- *Sale temps pour le pays* (Grand Prix de Beaune 2013, prix d'Aubusson 2014)
- *Adieu demain* (Prix Polars Pourpres 2014, Balai d'argent 2015)
- *... Et justice pour tous* (Prix *Transfuge* meilleur espoir polar 2015)

Aigreurs de jeunesse, nouvelle, revue *813*, nº 115, avril 2013

Fils de Sam, éditions Ring, 2014

Jeudi noir, éditions Ombres Noires et J'ai Lu, 2014

Le Carnaval des hyènes, éditions Ombres Noires, 2015

Bienvenue à Cotton's Warwick, éditions Ombres Noires, 2016

La Voix secrète, éditions 10/18, 2017

Power, éditions Stéphane Marsan, 2018 (Grand Prix du Festival Sans Nom 2018, Prix Polars Pourpres 2018, Prix des lecteurs/blogueurs festival Lisle Noir 2018) ; éditions 10/18, 2019

Manhattan Chaos, éditions 10/18, 2019

MICHAËL MENTION

POWER

10/18

STÉPHANE MARSAN

Cet ouvrage a été publié avec
le soutien du Centre national du livre.

ISBN 978-2-264-07435-5
Dépôt légal : septembre 2019

Ce roman s'appuie sur les informations contenues dans *À l'affût. Histoire du Parti des Panthères noires et de Huey Newton* (Bobby Seale, Gallimard, 1972), *We Want Freedom* (Mumia Abu Jamal, Le Temps des Cerises, 2011), *Panthères noires* (Tom Van Eersel, L'Échappée, 2006), *Black Panther : The Revolutionary Art of Emory Douglas* (Emory Douglas, Rizzoli New York, 2007), *The Huey P. Newton Reader* (David Hilliard et Donald Weise, Seven Stories Press, 2002), *Last Man Standing : The Tragedy and Triumph of Geronimo Pratt* (Jack Olsen, Anchor Books, 2001), *Body and Soul : The Black Panther Party and the Fight against Medical Discrimination* (Alondra Nelson, University of Minnesota Press, 2011), *Autobiographie* (Angela Davis, Aden, 2013), *Les Frères de Soledad* (George Jackson, Syllepse, 2014), *Crève* (James Carr, Ivrea, 1994), *Living in the City* (Donna Jean Murch, The University of North Carolina Press, 2010), *FBI. L'histoire du bureau par ses agents* (Fabrizio Calvi et David Carr-Brown, Fayard, 2010), *Le Dernier Genet* (Hadrien Laroche, Seuil, 1997), les documentaires *All Power to the People !* (Lee Lew-Lee, 1996), *Eldridge Cleaver, Black Panther* (William Klein, 1970), *The Murder of Fred Hampton* (Howard Alk, 1971) et *The Weather Underground* (Sam Green et Bill Siegel, 2002), ainsi que le film *Zodiac* (David Fincher, 2007).

Bien que le récit soit inspiré de faits réels, certains noms, dates et lieux ont été modifiés.

Merci à Vanessa, Carine, Delphine et à toute l'équipe de 10/18.

Merci également aux Éditions Stéphane Marsan, à Odile pour ses suggestions pertinentes, à Julien pour ses traductions, à Abel et à Nicolas pour nos échanges qui m'ont tant aidé, à Élodie, Yann, Marie, Rémy, Marie-Claire et ma mère pour leurs relectures, ainsi qu'au Centre national du livre pour son soutien. Enfin, un grand merci à Caroline Lamoulie, pour la belle et audacieuse aventure qu'aura été Ombres Noires.

À Charline, ma fille,
la plus belle des révolutions.

« L'indigène est un être parqué, l'apartheid n'est qu'une modalité de la compartimentation du monde colonial. La première chose que l'indigène apprend, c'est à rester à sa place, à ne pas dépasser les limites. C'est pourquoi les rêves de l'indigène sont des rêves musculaires, des rêves d'action, des rêves agressifs. »

Les Damnés de la Terre,
Frantz Fanon, 1961.

Ça a foiré à cause de nous. Pas à cause du FBI, de la came, des gangs. Ils nous ont pourri la vie mais, le vrai problème, c'était nous. Trop pressés. Des siècles qu'on avait rien, alors on voulait tout et on a foncé. On était sur tous les fronts, tellement impliqués qu'on a rien vu venir. L'envie, c'est ce qui nous a tués.

Pourtant, le pouvoir, on l'a eu. Ça a duré cinq ans. Ça peut paraître court, mais cinq ans tous les jours, toutes les nuits, c'est pas rien. On était si puissants que le pays a tremblé comme jamais auparavant. Les gens nous craignaient, alors que tout ce qu'on voulait, c'était l'égalité. La paix, enfin.

C'est pour ça qu'on s'est unis. Organisés. On avait nos codes, notre langage, notre journal, notre musique, notre cinéma, notre look, nos penseurs, nos écoles, nos cliniques, notre capitale, notre président, nos ministres, notre indépendance.

On était noirs.

On était libres.

On était les Black Panthers.

I

WHAT WE WANT

1

21 février 1965
Audubon Ballroom, New York

« Les États-Unis, l'Angleterre et la France ont un problème commun, mais nous n'en sommes pas assez informés ! Leur problème est l'attitude du peuple noir, qui varie au gré des changements sur le continent africain ! C'est la révolution africaine, l'accession de toutes ces nations à l'indépendance depuis une dizaine d'années, qui a transformé les Noirs de l'hémisphère occidental ! Et lorsqu'ils émigrent en Angleterre, ils posent un problème aux Anglais ! Lorsqu'ils émigrent en France, ils posent un problème aux Français ! Et ici, aux États-Unis, lorsqu'ils se réveillent, que cette même fougue les gagne, cela pose aussi un problème à l'homme blanc ! »

Les mots claquent dans le cerveau de Malcolm X. Les siens, prononcés il y a cinq jours à Rochester, et auxquels il repense. Tête baissée, en coulisses, à l'écart du monde. Ce monde de fous, sclérosé de divisions : USA/URSS, croyants/athées, riches/pauvres et, bien sûr, Blancs/Noirs. Ça, Malcolm n'en peut plus, d'où sa présence aujourd'hui en plein cœur de Harlem. Ici, comme dans les autres ghettos, pas d'artifice à la

Marilyn, ni de mythe à la Kennedy. Ici, c'est la réalité. Celle qui macère, mendie et crève. Quotidien implacable avec, pour seul avenir, les injustices du passé.

Murmures, crissements de chaises… Le public arrive. Malcolm avale sa salive, ajuste nerveusement sa cravate, puis les manches de son élégant costume. Lui, le héros de la cause noire, le fondateur de l'Organization of Afro-American Unity, l'ami du champion Mohamed Ali, il a le trac. Il échange un regard avec son ami Ben, puis Gene, son garde du corps, et lorgne discrètement la salle. Il n'y voit que des Noirs, hormis ces deux policiers, là-bas.

Il n'est pas surpris. Sa notoriété, il l'a bâtie sur la haine de l'AmeriKKKe, et pour cause : c'est elle qui a assassiné son père, qui a interné sa mère et qui l'a broyé, de foyer en prison. Il a toujours la rage, oh oui, mais elle a mûri, et c'est ce qui lui permettra un jour de toucher le cœur des Blancs, même s'il faudra du temps. En attendant, il écoute la foule. Trois cents personnes, impatientes, encore enivrées par son récent discours.

« Je crois en la fraternité entre les hommes ! Mais ce n'est pas pour autant que je refuse d'être réaliste, que je refuse d'admettre que l'Amérique est une société qui ne reconnaît pas la fraternité ! Elle ne pratique pas ce qu'elle préconise ! »

Des paroles qui en ont dérouté plus d'un, chez ses partisans et ses détracteurs. Il faut dire que, depuis l'année dernière, « Malcolm le radical » a bien changé. Ça remonte à son exclusion de Nation of Islam, pour avoir dénoncé les mœurs de son fondateur, Elijah Muhammad. Meurtri mais libéré, Malcolm s'est émancipé. Entre-temps, il y a eu son pèlerinage à La Mecque et ses rencontres en Afrique, en Europe. À son retour, il n'était plus le même. Toujours aussi virulente, sa pensée est devenue internationaliste.

« Notre but est de combattre les maux d'une société qui n'a pas réussi à étendre la fraternité à tous ses membres ! Ce qui ne veut pas dire que nous sommes contre le blanc, le bleu, le vert ou le jaune ! Nous sommes contre le mal ! Nous sommes contre la discrimination, contre la ségrégation ! »

À la surprise générale, il a étendu sa lutte à tous les opprimés, quelles que soient leurs origines. La collaboration entre Noirs et Blancs, Malcolm y croit désormais, au point de parler de révolution. Plus encore que Martin Luther King, il a compris que l'ennemi n'était pas le racisme, mais le capitalisme qui générait ce racisme.

« Un racisme qui conduit à faire la guerre aux peuples à la peau sombre d'Asie, un racisme qui conduit à faire la guerre à un autre peuple à la peau sombre, au Congo ! Le même racisme qui conduit à faire la guerre au peuple à la peau sombre du Mississippi, de l'Alabama, de Géorgie, comme à celui de Rochester, New York ! »

Ce monstre de capitalisme qui dévore les hommes et leurs libertés. Des millions de personnes opposées, exploitées, tuées à travers le monde. C'est pourquoi, aujourd'hui encore, Malcolm est à cran. Depuis que sa cause est mondiale, les menaces se sont intensifiées. KKK, FBI, CIA, tous veulent sa peau pour lui faire payer son indépendance et son engagement contre les bombardements au Viêtnam.

« Là-bas, il y a des avions américains équipés de bombes américaines, escortés par des parachutistes américains armés de mitraillettes ! Évidemment, ils prétendent que ce ne sont pas des soldats mais une simple escorte, comme au début, les conseillers au Viêtnam ! Il y en avait vingt mille, mais c'était seulement des conseillers ! Là, nous avons juste une "escorte", autorisée à commettre des massacres sous couvert d'action "humanitaire" ! À moins que ce ne soit "au nom de la liberté" ! Derrière ces formules convenables se cache un meurtre de sang-froid, un massacre ! »

Alors, encore plus de menaces, de lettres anonymes, d'appels en pleine nuit. Sans compter l'incendie criminel qui, la semaine dernière, a failli tuer Betty et leurs filles. Betty, en ce moment même dans la salle, enceinte.

Ben regarde sa montre. Lassé d'attendre le révérend Galamison, il monte sur l'estrade pour annoncer le meeting. Aux applaudissements, Malcolm retient sa respiration. Dieu, qu'il est pesant d'incarner l'espoir, aussi éprouvant que ce stress qui lui assèche la gorge. Mais il l'a dit à la télé, l'autre jour : « Je vis comme un homme qui est déjà mort. » Alors, non, il n'a plus rien à craindre. Pour preuve, il n'a même pas exigé que les gens soient fouillés à l'entrée.

Il se décide à avancer. Dès son apparition, la foule exulte. L'acclame. Scande son prénom et ce X anonyme, donc universel. Il passe devant Charles et Rob, qui surveillent l'estrade, puis rejoint son pupitre :

— *As salam aleikoum !*

— *Waleikoum salam !*

L'assistance a répondu d'une même voix. Elle est prête et lui aussi. Malcolm sourit à sa famille, lorsqu'un homme se lève au huitième rang. Il interpelle un jeune :

— Oh ! Qu'est-ce que tu caches ?

— Hein ?

— Sors les mains de tes poches !

— Tu te prends pour qui ?

— Sors tes mains, je te dis !

L'autre se lève à son tour, indigné, puis l'insulte. L'altercation attire tous les regards, de la stupeur à l'agitation. Malcolm, les mains levées :

— Calmez-vous, mes frères !

Charles et Rob décident d'intervenir, le laissant seul sur l'estrade. Ils dépassent le premier rang, où trois hommes se redressent. L'un ouvre son manteau et sort un fusil à canon scié. Une balle, deux, trois, on ne sait pas. Malcolm vacille, le torse ensanglanté. Panique générale. Son épouse, ses filles, la foule hurlent de terreur. L'homme tire de nouveau, puis ses complices lancent un fumigène. On tousse, on s'enfuit, on neutralise les assassins. Hélas, il est trop tard : le leader bascule en arrière…

« Please ! »

… et James Brown supplie, agrippé au micro. Il implore de toutes ses forces, mais Malcolm continue de tomber, comme tombent leurs frères sous les coups des policiers de New York, Chicago, Los Angeles, partout. Et les matraques cognent. Et les balles fusent. Et les voitures écrasent. Et Malcolm s'affaisse de plus en plus…

« Please ! Please ! Please ! »

… malgré les supplications de James, à genoux. Avec ses choristes, il lève les mains au ciel, d'où sont larguées des milliers de bombes. Malcolm s'écroule, parmi ces innombrables Vietcongs. Hommes, femmes et enfants mitraillés, brûlés, bombardés par ces jeunes GI, eux-mêmes sacrifiés par leur pays…

« I love you soooo ! »

… quand les chaises se renversent sous son poids. Un dernier soupir, et il succombe sous les yeux de tous.

Plus tard, on dira que les tueurs étaient des Black Muslims. On dira aussi que leur acte a été commandité par le directeur de la mosquée de Newark. On dira également que Malcolm faisait de l'ombre à Muhammad, son ancien mentor. Et aussi que, pour la première fois, le NYPD n'avait posté aucun agent aux abords de l'estrade, ni dans la rue. Enfin, on dira que Gene Roberts – le garde du corps – était un agent infiltré et qu'il a permis au FBI de planifier cet assassinat.

Pour l'heure, moins de deux ans après la mort de JFK, celle de Malcolm X fissure davantage le pays. Les journalistes arrivent sur place, se heurtant au chaos. Tandis que la victime est évacuée sous les caméras, vingt millions d'Afro-Américains sont sous le choc. Parmi eux, en Californie, deux hommes. L'un dans les rues d'Oakland, l'autre à la prison de Santa Rita : Bobby Stills et Huey Norton.

2

27 mai 1965
Merritt College, Oakland

Le soleil se lève et, comme tous les matins, ça pue la fin de journée. Oakland, la poubelle de San Francisco. Quelles que soient l'heure et la saison, ici, tout est gris. Gris béton, gris pollution, gris résignation. Du ghetto au chantier du Rapid Transit en passant par les salles de cours, la déprime règne. Sauf dans les quartiers blancs, évidemment.

Si Malcolm était encore là, il apporterait un peu de lumière dans cette grisaille, mais il est mort. Trois mois, déjà, et rien n'a changé dans cette « Grande Société » annoncée par le président Johnson. Il a promis le Medicare et des logements sociaux, mais, chez les Noirs, on attend toujours. Malgré le Civil Rights Act, même misère et mêmes violences policières.

How long ?

Bobby Stills ressasse tout ça en traversant le campus. Clope au bec, mains dans les poches. Vingt-neuf ans et étranger parmi tous ces étudiants. Ces jeunes dont il a fait partie, il y a une éternité. Entre-temps, il a été charpentier, jazzman et officier de l'US Air Force, avant d'être viré pour avoir cogné un gradé. Mécano le jour, studieux la nuit, il a fini par obtenir son diplôme d'ingénieur. La persévérance, Bobby sait ce que c'est. Il en faut, quand on naît noir au Texas.

Il arpente l'allée principale et dépasse la pelouse, déserte. Bientôt, elle sera fleurie de filles hilares, disposées à se faire draguer.

Là-bas, à l'entrée des W-C, deux ados. Leurs mains se joignent. Dollars. Sachet. Deal. Celui au bonnet est de la bande de Peralta Street, un p'tit con qui n'a rien à faire là. Bobby l'apostrophe :

— Oh ! Tu te crois où ?

— Va te faire foutre !

Bobby les fixe, se remet en chemin. Il aurait pu les baffer, mais on ne frappe pas la fatalité, on la constate. Autres bâtiments, et il s'arrête devant le grand panneau. Papiers punaisés, services à domicile, tracts du Free Speech Movement et du Students for a Democratic Society. La « Nouvelle Gauche », Bobby connaît bien. Ça parle de démocratie et de respect, mais ça se coupe la parole en assemblée générale.

Il jette sa clope, arrache le tract du SDS, sort un papier de sa poche et le punaise à la place. La même annonce, diffusée partout depuis le début de la semaine :

Recherche lit deux places. Urgent.

Il revient sur ses pas, croise un groupe d'étudiants, pense au Coca qu'il boira d'ici peu.

— Bobby ?

Il se retourne, voit s'approcher un jeune Noir. Tee-shirt moulant. Jean usé. Sac sur l'épaule. Huey, ce fils de pasteur rencontré il y a quelques années dans une manif pro-Cuba. Beau gosse et grande gueule, un sacré mec. Bobby lui tape sur l'épaule :

— Eh ! Salut !

— Comment tu vas ?

— Bien. Et toi ? Ça fait un bail !

— J'étais en taule. Un mec m'a cherché, alors je l'ai planté.

— Et…

— Un Noir. Sinon, je serais pas sorti.

Bobby soupire, amer. Huey, en taule ? L'ancien illettré devenu étudiant en droit ? Il le savait castagneur, mais quand même… Rien d'étonnant, après tout, Oakland étant la deuxième ville la plus dangereuse du pays, de quoi corrompre le plus cool de ses habitants. Bobby allume une Winfield et tend son paquet à Huey.

— Merci, frère.

— Alors ? Qu'est-ce que tu fous là ?

Huey sort son briquet, l'actionne aussi vite qu'il le remet en poche. Gestes vifs, dignes d'un Apache. Il avale une bouffée, puis répond enfin :

— Je me suis réinscrit à la biblio, j'ai emprunté du « bon ».

— Marvel ?

— Marx. Et toi, alors ? Toujours avec Artie ?

— Ouais. On va bientôt se marier.

— Oh ! Félicitations ! Artie… Eh ben, tu t'emmerdes pas !

— Écoute, j'ai pas de boulot, pas de fric, alors si je peux avoir une nana… Et en plus, elle bosse.

— Elle fait quoi ?

— Le ménage, à l'hôpital. Tu comptes revenir aux réunions ?

— Carrément !

Bobby sourit. Avec le retour de Huey, ce sera plus sympa au SSAC. L'association Soul Students Advisory Council, qui milite pour un enseignement de l'histoire afro-américaine. Le proviseur n'est pas contre, mais il n'est pas franchement pour. De toute façon, ce genre de trucs, ça se décide en haut lieu.

How long ?

Ils marchent entre les bâtiments, croisent trois filles sur leur passage. Bobby les reluque, avant de déplorer leurs cheveux laqués et défrisés. In-té-gra-tion. Huey le relance :

— Et t'as pas trouvé de job ?

— J'ai tapé à toutes les portes, j'ai rien trouvé.

— Même avec ton diplôme ?

— « Nous sommes navrés, monsieur, mais le poste…

— … n'est plus disponible. » Toujours le même truc. Et qu'est-ce que tu fous là ?

— J'ai mis une annonce, je cherche un lit pour Artie et moi.

— Sérieux ? J'en ai un pour vous.

— Mais…

— Ma nana m'a largué quand j'étais en taule. Ça t'intéresse ?

— Si tu me le files, tu feras comment ?

— J'ai un canapé, ça me suffit. Alors, ça te dit ?

Plus tard,
55th Street

La cigarette se consume de lèvres en lèvres. Nouvelle bouffée, et Little Billy la passe à ses copains. Tous assis au bord du trottoir, torse nu, à attendre qu'il ne se passe rien. Ici, comme dans les autres ghettos, les parents capitulent, les profs délèguent et le gouvernement méprise, alors les gosses s'occupent à leur manière. Caillassent les chiens. Emmerdent les filles. Crachent sur les patrouilles de flics et s'enfuient. Le quotidien de cette jeunesse livrée à elle-même.

— Vas-y, file la clope !

— Eh, regardez !

Ils traversent la rue en direction de Huey et de Bobby, en sueur, aux prises avec le lit du premier. Les petits les encerclent, touchent le matelas :

— Salut, les pédés ! Ça va être bien pour vous enculer, ça !

— Tirez-vous !

— Oh ! Tu te prends pour qui ?

— Vous gênez, là ! Tirez-vous, putain !

Huey et Bobby leur bottent le cul. La bande regagne le trottoir d'en face, d'où Little Billy leur fait un fuck.

— Je vais le dire à mon frère ! Il va vous péter la gueule !

— Ton frère, je l'ai vu en taule, et il est pas près de sortir !

Aux fenêtres, les mères ne ratent rien de la scène. Certaines fustigent les enfants, d'autres les plaignent, et ça y est, tout le quartier s'en mêle. On balance des torchons, on riposte avec des bouteilles, mais tout ça sera oublié dans une heure. Huey et Bobby le savent bien : cette ambiance, c'est leur sang. Heureusement, il n'y a que des Noirs sur la 55e. Avec des Latinos et des Portos, ce serait invivable.

— Je commence à fatiguer. On fait une pause ?

— Ici ? C'est dégueulasse, pas envie de choper la malaria.

Ils continuent d'avancer, butant contre les détritus et les rats crevés. Les passants les regardent suer sous l'effort. Parmi eux, quelques légendes du quartier : Brett et ses bretelles, Beck et sa béquille, Ann et son gros cul bradé à dix dollars. Sacrée nana. Toujours ouverte, même le dimanche. Il faut bien ça pour nourrir ses cinq gosses. Quand ils atteignent le carrefour, Huey s'arrête devant la boutique de Lloyd :

— J'en peux plus.

— Pareil.

Ils posent leur fardeau sur le trottoir. Huey se masse les mains, Bobby entre dans la boutique et revient peu après avec deux Coca. Ils s'asseyent sur le lit, trinquent, se désaltèrent. Face à eux, dans la vitrine, une télé fait la promo du « rêve américain », de Kellogg's à Budweiser. Le programme reprend sur CBS, avec la nouvelle victoire d'Ali. Putains de jambes. Putains de poings. Putain de K-O pour Liston.

— En deux minutes. C'est fou.

— Ce mec est incroyable.

— Artie en est folle. Ali par-ci, Ali par-là, ça commence à me gonfler.

Aux images succède un reportage consacré au Student Non-Violent Coordinating Committee, puis un autre sur les nationalistes noirs, de plus en plus présents sur les campus. Bobby, sa bouteille entre les mains :

— C'est bien, ce qu'ils font.

— Pff, c'est des cons.

— Pourquoi tu dis ça ?

— Un jour, en allant à un cours, j'ai tenu la porte à une sœur. Elle est entrée, j'allais refermer, mais une Blanche est arrivée, alors j'ai fait pareil. Et ces mecs sont venus me traiter d'Oncle Tom.

— Sérieux ?

— Ouais. Des cons, je te dis.

Des passants s'approchent, essentiellement des vieux. Tous observent l'écran, où le reportage fait place à la marche débutée à Selma en mars dernier. S'ensuit un extrait du discours du pasteur King à Montgomery…

« Je sais que vous vous demandez aujourd'hui : "Combien de temps faudra-t-il encore ?" Je viens vous le dire ce soir ! Pour difficile que soit le moment, pour décevante que soit l'heure, ce ne sera pas long car la vérité, si elle est abattue, se relèvera toujours ! »

... devant quinze mille personnes. Bobby avale une autre gorgée, s'essuie les lèvres du revers de la main.

— J'ai un pote qu'était à Selma quand les flics ont chargé.

— Ah. Il en a chié ?

— Il en est mort.

Huey et Bobby échangent un regard intense. L'un de ces regards qui distinguent les inconnus des amis, les résignés des combattants.

How long ? Not long.

3

11 août 1965
Local du SSAC, Oakland

Huey, Bobby, Artie, Calvin, Al, Shauna et son frère Jerry, tout le monde a répondu présent, apportant des bières et de la soul. Nouvelle réunion pour partager ses galères, ses envies, ses colères, et aussi quelques blagues adressées aux jeunes mariés. Ceux-ci répondent avec le sourire, si amoureux qu'ils semblent retombés en enfance.

Un temps, on a cru que le bonheur de Bobby l'avait calmé, mais il n'en est rien. Serein en couple, il reste surexcité en politique. Et ce soir, il y en a, des choses à débriefer. Contre toute attente, Johnson tient ses promesses puisqu'il a baissé les impôts et fait voter le Medicare pour les vieux. Bon, il a aussi envoyé plus de soldats au Viêtnam.

— Calvin ! File-moi une Bud !

— Encore ?

— Vas-y, fais pas chier !

Shauna et son sens de l'amitié. Calvin pourrait se vexer, mais elle a des putains de gros seins, alors il lui pardonne. Il lui lance une bière. Là-bas, affalé dans le canapé, Al se tourne vers Huey, en train de lire un bouquin.

— T'es bricolo, toi ?

Huey fait non de la tête. Al s'en remet à Bobby :

— Et toi ?

— Un peu. Pourquoi ?

— J'ai de la flotte chez moi. Ça vient du lavabo, c'est trop la merde.

— Désolé, je suis pas plombier.

— Ouais, mais tu pourrais passer jeter un œil…

— Tu veux pas que je te suce, aussi ?

Tout le monde ricane, sauf Jerry. Voûté, rivé sur sa bière, en stress total. Car Johnson, en plus du Viêtnam, a aussi envoyé des troupes en République dominicaine. Vingt mille soldats pour empêcher un « nouveau Cuba ». Jerry en fait partie, ce pauvre Jerry qui s'envolera demain pour Saint-Domingue. Autant dire que, ce soir, il a le blues. Calvin lui tape dans le dos.

— Eh, ça va ?

— Non… je flippe, mec…

— Je comprends, mais tu sais, aux infos, ils disent que c'est en train de se tasser.

— Tu parles… Là-bas, il paraît que c'est des fous, qu'ils y vont à coups de machette. Si encore ils s'en prenaient qu'aux Blancs…

— Ben, ouais. Malcolm avait raison.

— Artie, tu vas pas remettre ça.

— C'est exactement ce qu'il dénonçait à la fin ! Ce système pourri qui nous pousse à nous entre-tuer ! Diviser pour mieux régner !

— Artie…

— Je te rappelle que c'est des frères qu'ont buté Malcolm ! Des Noirs tuent des Noirs, des flics noirs bastonnent d'autres Noirs, et maintenant, on nous envoie mitrailler les Dominicains ! Ils cherchent à nous rendre fous, ces enculés !

Tous acquiescent, à commencer par Al, de l'Afro-American Association. Un groupe au discours pertinent, mais trop radical. Ce que pense Huey, toujours plongé dans *Les Damnés de la Terre* de Frantz Fanon, un psy qui a abordé leur condition sous l'angle marxiste. Ce livre, conseillé par Bobby, il le trouve intéressant. Passionnant. Vivifiant. Artie décapsule une autre bière.

— Huey ! Si on te dérange, tu le dis !

— Laisse-le, dit Bobby. Il s'instruit… et vous devriez en faire autant.

— On est pas assez cultivés pour toi, c'est ça ?

— Pff… Et King ferait bien de lire Fanon, lui aussi. On se fait humilier jour après jour et tout ce qu'il trouve à faire, c'est un rêve !

— « J'ai fait un rêve ! » Non, mais sérieux ! Depuis la mort de Malcolm…

— Il était trop frontal. King est mesuré, lui.

— Il est nul. C'est le « bon nègre », protestant et non violent, c'est pour ça que les médias le suivent. S'il avait des couilles, il passerait à l'action et ferait bouger les choses.

— Ça commence à changer. Ça prend du temps, mais…

— J'en ai marre d'attendre. Et qu'est-ce qu'a changé ? Rien !

— Johnson y travaille, il l'a redit avant-hier.

— Et tu le crois ?

— En tout cas, il fait plus de trucs que Kennedy. Il a fait passer des lois.

— Alors, qu'il les fasse appliquer ! La ségrégation est interdite ? Dis-le à ceux qui se font cogner ! Et l'emploi ? Et le logement ? Et l'enseignement ?

— Il a mis beaucoup de fric dans les écoles.

— Le fric, ça suffit pas ! dit Huey. Ce qu'il faut, c'est que les gamins apprennent la vérité : qu'on est tous des descendants d'esclaves.

Une fois de plus, son intervention séduit l'assistance. Et maintenant, ses potes attendent la suite. Il plie le coin de sa page, referme le livre, le pose sur la table.

— Nos ancêtres ont été amenés de force. Nos pères ont été fouettés, nos mères violées. Ils ont tous été exploités, affamés, lynchés, et ça continue aujourd'hui. Tant que nos frères en auront pas conscience, ça bougera pas.

— Admettons, dit Calvin. Et qu'est-ce que tu proposes ?

— Je sais pas… Faut rameuter du monde.

— C'est ce qu'on fait chaque fois.

— Beaucoup de monde. Plus il y a d'étincelles, plus il y a de feu.

Les autres acquiescent, le relancent, l'écoutent parler d'union et de force. Bobby, lui, allume une cigarette. Il avale une bouffée et regarde son pote avec admiration…

Los Angeles,
Avalon Boulevard

… tandis qu'une Ford surgit et percute un van. Au carrefour, un véhicule de police. À bord, les agents Gary McCoy et Lee Marcus, trente-six et quarante et un ans. L'un braque le volant, l'autre alerte le central. Sirène. Crissement des pneus. Poursuite sur Century, puis la 116e, où zigzague la Ford. Les riverains la regardent passer et insultent les forces de l'ordre. Ici, c'est Watts, le plus grand ghetto noir de la ville.

La Buick accélère, balayant détritus et poubelles. Les policiers rattrapent le fugitif – « Arrête-toi ! » – et le dépassent par la droite – « Arrête-toi, bordel ! » – pour lui barrer la route. Il freine aussitôt. À l'angle, des vieux assis sur des chaises observent la scène. Transistor et bières ; soirée d'été à L.A. La sirène s'arrête…

(Les Noirs se lèvent)

… et l'agent Marcus sort…

(Ils se rasseyent)

… en activant sa lampe. Il avance, l'autre main sur sa matraque. Il éclaire les deux passagers qui, éblouis, détournent le regard. Des jeunes en débardeur. Vingt, vingt-cinq ans. Noirs. L'agent Marcus ouvre la portière du conducteur :

— Sors ! Les mains en l'air !

L'homme, ivre, peine à s'extraire. Marcus le tire par le col, l'arrache à l'habitacle et le conducteur s'écroule. McCoy rejoint son équipier.

— Vas-y, mollo !

— Il est tombé tout seul ! Il est bourré !

Marcus s'accroupit. Il appuie son genou sur la nuque du chauffard, qui se débat. Un coup de lampe, et il crache du sang. L'autre sort de la Ford :

— Oh ! Lâchez mon frère !

— Gary, dis-lui de la fermer ou ça va saigner !

McCoy tente d'apaiser le récalcitrant. Marcus retourne sa proie de force, la fouille énergiquement. Là-bas, les doyens se relèvent. Ils murmurent entre eux et approchent, laissant leur radio – *« Yeah ! Ça, c'est le son de KGFJ ! Quelques pubs et on se retrouve avec Bob Dylan ! »* Marcus examine le portefeuille.

— « Marquette Prix, vingt et un ans ». Nom de pédé, ça ! Tu l'as volée, cette bagnole ?

— Non… c'est celle… de ma mère…

— Ah ! Et elle sait que tu conduis bourré ? T'aurais pu tuer quelqu'un, connard !

— Juste bu… quelques bières…

— Gary ! T'entends ça ?

Il se tourne vers son équipier, Marquette en profite pour détaler et Marcus le stoppe d'un revers de matraque. Le jeune se tord, avant d'endurer d'autres coups. McCoy observe, pétrifié. Les riverains s'indignent, quand le frère s'enfuit en hurlant.

— Gary ! Qu'est-ce que t'as foutu ?

— C'est ta faute ! Allez, on l'embarque ! Faut pas traîner là !

— Non ! Appelle la fourrière ! Je m'occupe de lui !

Marcus frappe, encore et encore. McCoy ne reconnaît plus son équipier. Il le savait raciste, il le découvre sadique. « LÂCHEZ-LE ! » – une femme qui accourt avec le frère et se fraie un passage jusqu'à son fils :

— Qu'est-ce que t'as encore fait ? C'est pas possible, ça !

— Madame ! Reculez !

Elle le repousse, il la gifle, le frère empoigne l'agent. McCoy s'interpose et somme les autres de reculer, mais il est trop tard : tout autour, la nuit s'anime en silhouettes, de plus en plus nombreuses. Insultes, des rues aux fenêtres. Des bouteilles pleuvent sur les policiers. Marcus tombe, dégaine son arme – « Reculez ! Reculez, sales nègres ! » – et tire un coup en l'air. McCoy rétablit le jeune, l'entraîne dans leur véhicule. Canon pointé, Marcus les rejoint. La mère implore les policiers, déjà loin.

Alors le quartier s'insurge. Trop d'abus de pouvoir. Trop d'injustices. Trop de trop. Pour la première fois, Watts s'embrase. Les flammes passent des briquets aux journaux, poubelles, voitures. L'une d'elles explose, suivie d'une autre. Non, là, c'est Dylan. Il dynamite les ondes avec son *Subterranean Homesick Blues*…

« I'm on the pavement !
Thinkin' about the government ! »

… dont le chant survolté accompagne la foule. Elle hurle, casse, renverse les cabines téléphoniques. La colère se propage de guitare en harmonica, de trottoirs en immeubles, de balcons en foyers, et gagne tout le ghetto…

« Look out kid ! You're gonna get hit ! »

… transformé. Ses habitants ? Des enragés. Ses rues ? Des tranchées. 1965 ? Du passé. Ce soir, à Watts, s'ouvre une ère d'émancipation. Dylan lui-même perd le contrôle. Pop, rock, politique : il ne chante plus, il est possédé…

« Ooooh ! Get born ! Keep warm ! Short pants ! »

… comme tous ces insoumis, face au LAPD. Des dizaines de voitures caillassées. Les agents sortent et tirent, avant de se retrouver confrontés aux Farmers. La bande du quartier, déchaînée, bien décidée à défendre son territoire. La police bat en retraite ; à chacun sa « première fois ».

Les balles sifflent, fendant les flammes. Des corps tombent, d'autres se dispersent pour s'attaquer aux commerces. Vitrines pulvérisées et Blancs expulsés. On frappe, on pille, on vole de la bouffe et des télés. D'autres flics arrivent en renfort. Voitures, fourgons, mais aussi hélicoptères et tanks. La garde nationale ici, au cœur de Los Angeles. La chanson s'arrête, mais le chaos se poursuit. Aux canons s'ajoutent appareils photo et caméras. ABC & Co immortalise l'Histoire, au plus près du danger.

L'émeute durera six jours, sous les yeux du monde entier. Le maire, Samuel Yorty, n'osera pas se rendre sur place. Martin Luther King, lui, fera le déplacement et tentera d'apaiser les habitants, en vain. Au matin du 18 août, le président Johnson – encore ébranlé – dressera le bilan :

35 millions de dollars de dégâts.

4 000 arrestations.

1 100 blessés.

34 morts. Des Noirs, pour la plupart.

4

24 novembre 1965
Grove Street, Oakland

Encore une réunion, encore plus d'étudiants, encore une soirée à picoler en refaisant le monde et en se foutant de la gueule de Reagan. Cet acteur raté, délateur zélé au temps du maccarthysme, aujourd'hui recyclé chez les Républicains. Une ordure, qui a osé déclarer que si quelqu'un voulait « discriminer les nègres ou d'autres pour vendre ou louer sa maison, c'était son droit ». Sacré Ronald.

Et maintenant, puisqu'il est bientôt minuit, tous prennent le chemin de leur quartier. Les nouveaux s'éloignent, laissant Huey, Bobby, Artie, Al, Shauna et Calvin. Il ne manque que Jerry, pourtant revenu de République dominicaine. Il aurait pu sortir avec eux, mais n'en avait pas le cœur après la lettre reçue hier. Nouvelle mobilisation, cette fois au Sud-Viêtnam. Ce soir, ils en ont beaucoup parlé, des raids aériens à la marche menée dimanche. Dix mille personnes dans les rues de Berkeley, du jamais-vu…

— … depuis le début de la guerre ! C'est en train de bouger, moi je vous le dis !

— Ouais, ça bouge, mais pas assez.

— Huey, t'es trop pressé.

— Et toi, t’es trop patient.

Al lui fait un fuck. Derrière eux, Bobby et Artie se bécotent sous les yeux des autres. Huey, infatigable noctambule :

— Ça vous dit de passer chez moi ?

— Pas cette fois. Je suis crevé.

— Pareil.

— Allez, une dernière bière !

Le froid, la flemme, les cours du lendemain, ces trois-là se liguent contre Huey. Il insiste, sans succès. Bobby se tourne vers son épouse :

— Artie…

— Cette fois, essaie de pas me réveiller en rentrant.

Huey et Bobby échangent un sourire. Ils le savent, la nuit sera longue puisque Malcolm, Mao, le Che et Frantz seront de la partie. Et sans doute aussi James, dont ils adorent le single *Papa’s Got a Brand New Bag*. C’est clair, « Papa a un nouveau truc » : nouveau groupe, nouveau tempo entre la guitare et les cuivres. Un tube endiablé, plus fou que le R’n’B et la soul réunis. *New bag, new world*, celui de l’après-Watts.

— J’ai trop froid ! lance Shauna, j’y vais !

— Moi aussi, salut ! On se voit à la prochaine réunion !

— C’est ça… soupire Huey.

— Quoi ?

— J’aime nos réunions. On écoute notre musique, on parle de nos problèmes, mais on avance pas. Pendant qu’on cause, nos frères crèvent la dalle. On est trop isolés, faut s’ouvrir à d’autres groupes. Je connais des mecs du SDS, ils sont à fond sur Mao.

— Et moi, j’ai un pote à l’AAA. On pourrait y aller.

— Pourquoi pas… On va où vous voulez, tant qu'on passe à l'action. Si les flics nous cherchent, il faut leur rentrer dans le lard.

Tous le dévisagent, éberlués, sauf Bobby. Lui, sourire en coin, est d'accord avec son pote. L'amitié, ce ciment d'âmes. Al, à Huey :

— T'es sérieux ?

— Ouais.

— Tu trouves qu'ils nous emmerdent pas assez ? Si on les attaque, ce sera pire.

— Le pire, on y est déjà. Tout à l'heure, tu te plaignais d'avoir encore été contrôlé. Ça fait combien ce mois-ci ? Dix fois ? Vingt ? Plus ?

— Je sais, mais…

— Mais quoi, bordel ? T'en as pas marre ? Moi, oui ! On nous vire du centre, on nous parque dans des taudis, on nous refuse du boulot et, comme si ça suffisait pas, on nous harcèle ! Ça peut plus durer !

— Ouais, mais s'en prendre aux flics… Soit t'es bourré, soit t'es fou, mais là, je décroche. Allez, salut !

Artie embrasse son homme, salue les autres et s'éloigne. Shauna la rejoint, suivie d'Al et de Calvin. Dans quelques minutes, ces deux-là retenteront leur chance avec elle, sans succès. Et voilà donc Huey et Bobby sur Grove Street. Le second allume une cigarette.

— Alors ?

— Alors quoi ?

— T'es bourré ou t'es fou ?

— Les deux, mais je suis conscient de ce que je viens de dire.

— Je sais, et je te suis. J'ai cru en Kennedy et les autres, mais j'en ai marre d'espérer.

— Kennedy, Johnson, King, c'est des fiottes. Si ça doit bouger, ça viendra pas des leaders, mais du peuple. Regarde Watts. Le monde entier nous a entendus, enfin !

— Pour ça, il a fallu foutre le bordel. C'est quand même dingue d'en arriver là.

— C'est la faute au système. C'est lui qui nous pousse à l'extrême.

— T'es au courant ? Ils veulent créer un groupe d'intervention, genre militaire !

— Pff… L'autre jour, aux infos, il y avait un jeune de là-bas. Il disait que, depuis les émeutes, il était fier d'habiter Watts. Fier ! Tu te rends compte ?

— Ouais !

— Et c'est pas tout. Il paraît qu'à Los Angeles, des frères surveillent les flics.

— J'en ai entendu parler. Paraît qu'ils ont des magnétos pour enregistrer les racistes.

— Faudrait faire pareil.

— Avec des barres de fer.

— T'y tiens, hein ?

Huey sourit, et la nuit se poursuit chez lui. Tout y passe : le chômage, l'Afrique, l'incarcération de Mandela, le jazz qui les emmerde, la soul qui les transcende, l'AAA avec ses militants noirs, le SNCC avec ses militants noirs et blancs, le ghetto de Los Angeles dont les habitants surveillent la police. Ces Community Alert Patrols, qui arpentent les rues…

5

Janvier 1966

… et subissent les coups du LAPD. Des dizaines de jeunes – « Tiens, négro ! » – pour lesquels – « Je vais t'apprendre à m'espionner ! » – l'année débute mal. Ici, un ado est traîné par les cheveux. Là, un autre se fait casser le bras. Ailleurs, d'autres sont battus à mort. Par des policiers, mais aussi des civils. Quant au maire, il continue de fermer les yeux. Bref, bonne et heureuse année dans la Cité des Anges.

San Francisco,
Dolores Park

Bonne année à Calvin, traqué dans la nuit par deux agents. Leurs motos rugissent et le rattrapent. Calvin supplie, zigzague entre les arbres. Les motards le percutent, le projetant contre un tronc. Un craquement, et c'en est fini. Son crime ? Avoir dragué une étudiante blanche. Longtemps, elle regrettera d'en avoir parlé à son père, inspecteur à la retraite et membre de l'American Nazi Party.

« Scratch ! »

Detroit,
West Grand Boulevard

Bonne année à la Motown, dont les disques se vendent moins que ceux de Stax. Une première, d'où l'inquiétude de Berry Gordy. L'homme qui a révélé Stevie Wonder et les Supremes convoque son équipe. Réunion de crise, à l'issue de laquelle tout le monde se rend à l'évidence : en cette période de tensions, l'heure n'est plus à la légèreté. Le public afro-américain veut de la soul réaliste qui parle de son quotidien.

« Scratch it ! »

Chicago,
Woodlawn

Bonne année aux clochards, reniés par la mairie et arrêtés par la police. L'un d'eux insulte les forces de l'ordre, alors les matraques le font taire. Les riverains alertent le gang local, les Blackstone Warriors. Une trentaine d'entre eux, armés de battes de base-ball, se ruent sur les agents. La suite se joue en trois temps : renforts, poursuites et bastons à travers le South Side.

« Scratch it hard ! »

Philadelphie,
Master Street

Bonne année dans le ghetto. Officiellement, c'est une nouvelle descente de police. Officieusement, c'est le racket hebdomadaire. Venus dépouiller les dealers, les flics se heurtent aux riverains. Sur ordre de leur chef, ils bastonnent à tout-va, volant les doses et les liasses. Terry Powell s'enfuit, mais se fait capturer. Il se débat, s'insurge, avant d'être jeté par la fenêtre. Il meurt six étages plus bas, sous les yeux de sa sœur.

« Scratch it hard, baby ! »

Memphis,
Main Street

Bonne année aux habitants de McLemore Avenue. Réunis devant la mairie, ils exigent la réparation de leurs ascenseurs, en panne depuis cinq ans. Réponse : gaz lacrymo. Deux gangs interviennent, alors la police riposte. Cogne, cognez, allez, faites-vous plaisir, fils de pute, on se relèvera toujours. Et si jamais on crève, d'autres prendront le relais. Frappez-nous, on continuera de groover avec Otis :

« Scratch my back, man ! »

Nha Trang,
Sud-Viêtnam

Bonne année à Jerry, le frère de Shauna. Il n'avait survécu en République dominicaine que pour mourir ici, au Field Hospital. Arrivé durant l'opération Harvest Moon, il inspectait un village après l'assaut d'une compagnie, quand il s'est fait mitrailler par un Vietcong. Sacrifié, comme des milliers de frères. Deux fois plus de morts que chez les Blancs. Quant aux civils vietnamiens, leur sort se joue au napalm.

« Ooooh, scratch my back ! »

Oakland,
Market Street

Et enfin, bonne année à Billy Garland. Little Billy, l'un des « sales gosses » du quartier, qui aurait eu onze ans en avril.

Comme chaque matin, il n'est pas allé à l'école.

Comme chaque matin, il a volé un Marvel dans la boutique de Lloyd.

Comme chaque matin, le vieil homme est sorti en l'insultant.

Comme chaque matin, Billy s'est enfui en le narguant. Il a couru jusqu'au carrefour entre Market et la 55e, où une Ford l'a percuté. Mort sur le coup.

Alors, tout le quartier est venu témoigner son soutien à la famille. Une quarantaine de personnes, auxquelles se sont ajoutés quelques Noirs de San Francisco. Il y a même un pigiste de *Ramparts*, le mag artistico-intello du coin. Tremblante, la mère de Billy dépose une rose sur le trottoir avant de s'effondrer. Nelson, son autre fils, l'aide à se relever sous les regards émus de Huey, Bobby et Artie. Derrière eux, deux vieux commentent la scène :

— C'est terrible.

— Elle doit s'en vouloir. Si elle s'était occupée de Billy, il ne serait pas…

— La ferme ! intervient Artie. Vous croyez que c'est facile de s'occuper de ses mômes quand on bosse toute la journée ?

— Chérie…

— Laisse, Bobby ! Comment osez-vous ? Vous respectez vraiment rien !

Les doyens, mal à l'aise, se confondent en excuses. Bobby enlace et embrasse son épouse, dont la colère retombe. Les regards convergent alors vers un homme. Ben, le voisin de Little Billy et conducteur de la Ford. Meurtri, il s'approche lentement de la mère. Tous deux se tombent dans les bras, mêlant leurs larmes. Bobby, à voix basse :

— J'aimerais pas être à la place de Ben.

— Tout ça, c'est à cause de la mairie.

Artie, sur un ton sec :

— Huey, commence pas. C'est ni le lieu ni le moment.

— Quoi ? J'ai pas raison ? Ce carrefour a toujours été dangereux. Quatre morts en deux ans, bordel. Ça fait combien de temps qu'on réclame un feu ?

— Il a pas tort, murmure Bobby.

— Si on habitait les beaux quartiers, on l'aurait depuis longtemps, ce putain de feu.

— Qu'est-ce qu'on peut faire ? Encore une pétition ?

— Faut s'organiser entre nous, surveiller le carrefour.

— C'est pas con. Mais en plein hiver, on va se les peler.

— Il faudrait des rotations. Vu le nombre de chômeurs, il y a de quoi faire. Une heure chacun, c'est rien. Et si ça peut sauver des vies…

Une voiture s'arrête à proximité de l'attroupement. Un jeune Noir en sort, vêtu d'un chapeau et d'un long manteau en daim.

— Bobby, on dirait…

— C'est lui.

L'homme avance, un bouquet à la main. La foule, médusée, le regarde présenter ses condoléances à la mère. Lui, c'est Stokely Bruber, la voix montante du SNCC. Étudiant en philo et en sciences politiques, il a publiquement apporté son soutien à tous ceux qui rejettent l'armée. Depuis arrêté à plusieurs reprises, il ne cesse d'épingler Johnson et Hoover. Couillu, le mec.

— Qu'est-ce qu'il fout là ?

— Il paraît qu'il est allé à la Bay Area, pour rencontrer les musulmans.

— On aurait dû y aller, ça devait être intéressant.

— Les mosquées, c'est pas mon truc. Ni les églises, d'ailleurs.

— Moi non plus. Je croirai en Dieu le jour où il bottera le cul des Blancs.

« Chut ! » – Artie les rappelle à l'ordre. Là-bas, Bruber salue la famille de Little Billy, puis la foule, croisant les regards de Huey et de Bobby. Une seconde les unit, loin de l'atmosphère de deuil, après quoi le militant regagne sa voiture. Les deux amis la regardent s'éloigner, le cœur battant. Rien de grave. Juste une étrange sensation, faite d'espoir et de conviction : l'Histoire.

6

7 juin 1966
Balboa Theatre, San Francisco

« Je n'ai jamais eu de problèmes avec ces Vietcongs et je ne ferai pas quinze mille kilomètres pour tuer ces Noirs asiatiques. Ils ne m'ont jamais rien fait, ils ne m'ont jamais traité de "nègre", ils n'ont jamais menacé de me lyncher ou tenté de m'empêcher de boire au robinet des Blancs. Mon combat est ici, aux États-Unis, pour que les Noirs aient enfin les mêmes droits que les autres. »

Une fois encore, Mohamed Ali a frappé fort. Après Liston, c'est l'administration Johnson qu'il envoie au tapis. Au-delà du panache, c'est tout un héritage qui s'exprime. La voix d'Ali, les mots de Malcolm. Depuis son assassinat, il n'a jamais été aussi vivant, actuel, essentiel, dans cette Amérique plus que jamais divisée.

La déclaration d'Ali date de quelques mois, mais continue de résonner à travers le pays. Si on fulmine à la Maison Blanche, on applaudit dans les ghettos. Fiers d'être noirs. Fiers et furieux : hier, James Meredith a échappé de peu à la mort. Le premier Afro-Américain à avoir intégré l'université raciste du Mississippi, il y a quatre ans. Alors qu'il manifestait avec des amis contre la ségrégation, un sniper blanc l'a pris pour cible. Blessé, Meredith est alors passé de symbole à martyr.

Depuis, la marche Against Fear a repris, sous la forme d'un vaste rassemblement. Des milliers de personnes, parmi lesquelles Floyd McKissick du Congress of Racial Equality et Stokely Bruber, devenu président du SNCC. Huey et Bobby voulaient les rejoindre, mais trente heures de bagnole, ça fait cher en essence. Frustrés, ils ont alors décidé de se faire un ciné. Et les voilà, avec pop-corn et Coca, devant *The Black Klansman*. L'histoire d'un Noir qui veut venger sa fille, tuée par des gars du KKK, et qui infiltre leur organisation. Super idée.

— Huey, passe-moi le Coca.

Son pote, captivé par le film, lui tend la bouteille. Bobby la récupère, avale une gorgée, puis consulte de nouveau sa montre. Huey, à voix basse :

— Tu te fais chier ?

— Non.

— T'arrêtes pas de regarder l'heure.

— Je me demande s'ils sont toujours à Memphis.

— Ouais, sûrement. Ils sont à pied, hein, pas en fusée.

À l'écran, de jeunes Noirs dansent à l'intérieur d'un bar. Le personnage principal, le regard grave, se dirige vers le comptoir. Il s'adresse au gérant, qui éteint la radio et dit aux filles de sortir. Elles s'exécutent, les hommes s'asseyent, après quoi le héros leur parle de respect et de force. Quand la fiction se fait l'écho du réel.

— C'est moi ou il joue mal ?

— Ben, c'est pas Sidney Poitier.

— C'est clair… Et lui, tu crois qu'il marche avec les autres ?

— Sûrement. En général, il est de toutes les manifs.

Ça y est, c'est reparti. Même ici, dans un cinéma, ces deux-là ne peuvent s'empêcher de parler politique. Leur obsession, au quotidien. Bobby aspire du Coca et s'enfonce dans son siège, appuyant ses baskets contre le fauteuil de devant.

— Poitier, c'est un bon.

— On dit que son oscar lui est monté à la tête, comme King avec son prix Nobel.

— Va savoir. En tout cas, King y est, c'est sûr.

— Encore heureux.

— T'as entendu son dernier discours ? Il s'est durci.

— Il était temps.

— C'est depuis qu'il vit à Chicago. Ça lui a ouvert les yeux.

— Ben ouais. Qu'est-ce qu'il croyait ? Que le racisme, c'était qu'au sud ?

— Chut ! dit une voix, quelque part.

À l'écran, l'homme poursuit son monologue. Les autres écoutent, les yeux écarquillés, avides de changement. Le même regard qu'aux réunions de l'Afro-American Association. Huey et Bobby y sont allés plusieurs fois, comme à celles du Revolutionary Action Movement, mais ils ont vite laissé tomber. Trop intello, pas assez concret. Depuis, ils travaillent au centre d'accueil de North Oakland, où ils enseignent l'histoire aux ados et les forment à la menuiserie.

— Ça fait un moment que ça parle…

— Mm. C'est lent, putain.

— Ça, c'est parce que c'est un Blanc qu'a fait le film. Il y connaît rien.

— T'es dur. Je trouve ça bien que des Blancs défendent notre cause.

— Moi, non. Ils savent pas ce qu'on vit.

— Alors, pour toi, il y a que nous pour parler de nos problèmes ? Si tu vas par là, les Latinos militent pour les Latinos, les Juifs pour les Juifs, et c'est chacun pour sa gueule. Il faut s'ouvrir, t'arrêtes pas de le dire. À la fin, Malcolm…

— Je sais. Je me méfie, c'est tout.

— Bruber aussi. Il paraît que dès son élection, il a exclu les Blancs.

— OH ! grogne un spectateur derrière eux. LA FERME !

Huey se retourne. L'homme, un Noir en salopette, baisse les yeux. Bobby avale une autre gorgée, repasse la bouteille à son pote. Nouvelle séquence, et le rassemblement Against Fear se poursuit à travers le Tennessee. Marche interminable que ni la fatigue, ni la canicule, ni les forces de l'ordre ne parviennent à enrayer. Pourtant, chaque ville traversée a son comité d'accueil. Frappés, gazés, arrêtés, les militants ne se démontent pas, à l'image de Stokely Bruber. Sitôt libéré, il reprend la route avec les siens, de plus en plus nombreux.

Neuf jours plus tard, à Greenwood, il s'adresse – le poing levé – aux quinze mille manifestants. Tous exténués, mais galvanisés par ses mots. Deux, surtout. Plus que des mots, un slogan médité tout au long de la marche : « Black Power ! »

7

15 octobre 1966
Domicile de Huey, Oakland

C'était il y a cinq ans, en août. Il faisait chaud, si chaud qu'avec les émanations on ne voyait plus le bout de la 55e. Les mecs étaient torse nu, les filles se baladaient en soutif, les mômes faisaient péter les bornes d'incendie.

Bobby était allé à Baker Beach avec Roy, l'un de ses cousins. Celui-ci préférait pioncer sur la plage, alors c'est en solo que Bobby s'est baigné. À son retour, il l'a surpris en train de draguer une Noire, sexy à mort. Son corps, c'était un attentat. Elle lisait un bouquin, souriant à chaque compliment. Puis elle a posé le livre et elle est partie avec lui du côté des falaises, à l'abri des regards.

Depuis, Roy et Alicia vivent à Philadelphie avec leur fils. Ce jour d'été, Bobby ne l'oubliera jamais, puisqu'il est associé au bouquin que lisait Alicia : *Les Damnés de la Terre*, de Frantz Fanon.

« Dans les sociétés de type capitaliste, l'enseignement, religieux ou laïque, la formation de réflexes moraux transmissibles de père en fils, l'honnêteté exemplaire d'ouvriers décorés après cinquante années

de bons et loyaux services, l'amour encouragé de l'harmonie et de la sagesse, ces formes esthétiques du respect de l'ordre établi, créent autour de l'exploité une atmosphère de soumission et d'inhibition qui allège considérablement la tâche des forces de l'ordre. »

Esseulé, Bobby est allé s'allonger sur sa serviette. De l'attente à l'ennui, il est revenu prendre *Les Damnés de la Terre*. Ce qu'il a ouvert, ce n'est pas un livre, c'est sa conscience. Même effet sur Huey, et pour cause : Fanon avait raison sur tout. Leurs origines, leur quotidien, l'avenir qui s'ouvre à tous les Afro-Américains. Et tout ça, cette « atmosphère de soumission et d'inhibition », sera bientôt terminé.

Car les temps changent.

« Black Power ! »

Le pays change.

« Black Power ! »

Le peuple change.

« Black Power ! »

La soul change.

« Black Power ! » – ce slogan repris dans tous les ghettos. Certains se sont encore embrasés à Chicago, Cleveland, Detroit ou encore San Francisco. Huey et Bobby y étaient. Et les revoilà chez Huey, dans son salon. Clopes, bières et amitié – l'une de ces nuits mémorables qui font mentir le temps. Alors que 1967 se profile, l'heure est au bilan. Cette année, Calvin et Jerry sont morts, Al est allé bosser à Pittsburg chez son oncle et Shauna les a lâchés, excédée par ce qu'elle appelait leur « obsession antisystème ». Seule Artie est restée, évidemment.

Des dizaines de voisins se sont rapprochés d'eux, quand ils se sont mis à surveiller le carrefour. Depuis la mort de Little Billy, plus aucun accident. Du coup, ils sont devenus les stars du ghetto, ayant gagné le respect des habitants. Reste à obtenir celui des flics et des politiques.

« Le colonisé qui décide de réaliser ce programme, de s'en faire le moteur, est préparé de tout temps à la violence. Dès sa naissance, il est clair que ce monde rétréci, semé d'interdictions, ne peut être remis en question que par la violence absolue. »

Réunions, rencontres, lectures, ils ont fait le tour du sujet. Et cette nuit, ils reparlent de Reagan, de sa campagne en Californie, de l'Église de Satan, du LSD passé de médoc formidable à drogue interdite, et de ce Black Power qui déplaît à King, toujours agrippé à sa non-violence. King qui a tout de même réuni des milliers de gens, cet été. Viêtnam et droits civiques, même combat. Il y avait eu dix mille personnes à Berkeley et quinze mille à Montgomery, ils étaient plus de soixante mille à Chicago.

Alors, même si King leur semble trop mou, avec son évolution, il marque un point. Après tout, il y a du bon partout, chez les modérés comme chez les radicaux. C'est pourquoi, entre lucidité et ivresse, ils font la synthèse de leurs expériences.

De Fanon, ils ont gardé la révolution.
De Malcolm, ils ont gardé la rage.
De King, ils ont gardé la mesure.
Du Che, ils ont gardé l'anti-impérialisme.
De Bruber, ils ont gardé le culot.
Du SSAC, ils ont gardé l'attachement à leurs racines.
De l'AAA, ils ont gardé la réflexion.
Du RAM, ils ont gardé le droit à l'autodéfense.

Des CAP, ils ont gardé les patrouilles de surveillance des flics. Et toutes ces influences sont en train de créer quelque chose en eux, ils le sentent à chacun de leurs échanges. Quelque chose d'imminent, d'incroyablement excitant.

« Au plus profond de lui-même, le colonisé ne reconnaît aucune instance. Il est dominé, mais non domestiqué. Il est infériorisé, mais non convaincu de son infériorité. Il attend patiemment que le colon relâche sa vigilance pour lui sauter dessus. Dans ses muscles, le colonisé est toujours en attente. On ne peut pas dire qu'il soit inquiet, qu'il soit terrorisé. En fait, il est toujours prêt à abandonner son rôle de gibier pour prendre celui de chasseur. »

— Hors la loi… soupire Huey.

— Mm ?

— Les flics. En cognant les CAP, ils se mettent hors la loi, car les autres les agressent pas, ils ont juste des magnétos. Normalement, pas de provocation, pas de répression.

— « Normalement »…

— Faudrait patrouiller, nous aussi, mais avec des bouquins de droit. Ça ferait flipper les flics.

— Tu parles. Ils comprennent que les coups.

— Eh ben, quitte à se défendre, autant avoir des flingues.

— T'es sérieux ?

— Ils en ont bien, eux.

— C'est des flics.

— Et les friqués ? Ils sont flics, peut-être ? Tous les Blancs sont armés, alors pourquoi pas nous ? On est en Californie, on a le droit d'avoir des flingues.

— Tu veux te balader armé, dans les rues ?

— Dans les rues, sur le campus, partout. C'est comme ça qu'on se fera respecter.

Songeur, Bobby balade son regard. Tapisserie gondolée par l'humidité. Posters d'Ali. Photos de famille sur la commode. Classeurs et livres de droit sur l'étagère. Table basse avec cendrier, canettes vides et un Marvel des *Quatre Fantastiques*. Celui de juillet où, pour la première fois, un super-héros africain fait son apparition. Puis, au sol, un tract de la Lowndes County Freedom Organization. Bobby examine le logo et poursuit :

— Quand même, des flingues…

— Il s'agit pas de buter des flics. J'ai pas envie de ça et, pourtant, tu sais que beaucoup me font chier. Je veux qu'on me respecte, c'est tout.

— Tu sais combien ça coûte, un flingue ?

— On va se débrouiller. J'irai voir les mecs de Berkeley, tu sais, les fans de Mao. Ils ont plein d'exemplaires de son bouquin, ils savent plus quoi en foutre. Je vais essayer de les récupérer. Comme ça, on les revend…

— … sur les campus…

— … et avec le fric…

— … on achète des magnétos et des flingues. Artie sera partante, je la connais. Elle roule pas sur l'or, mais elle a mis un peu de côté. On pourrait aussi en parler au SNCC.

— J'en ai marre de suivre les autres. Faut créer notre propre truc.

— Une asso ?

— Un parti.

— À deux, c'est pas un parti, c'est un couple. On va passer pour des pédés.

— On est pas que deux. Des tas de mecs demandent qu'à nous rejoindre.

— Beaucoup sont de la racaille. Si on leur file des flingues, ça va dégénérer. Faudrait un règlement, une discipline à respecter, un programme.

— Ouais. Je te vois bien, comme chef.

— Pourquoi ce serait forcément moi ? On a qu'à trancher à pile ou face.

Ils fouillent leurs poches. Huey n'a aucune pièce, Bobby en sort une – « Pile, c'est toi, face, c'est moi » – et la lance en l'air. La pièce virevolte, au ralenti. Du moins, ils en ont l'impression. L'exaltation du moment, qui transforme cette pièce en soleil. Elle retombe dans la paume de Bobby. Face. Huey lui tape sur l'épaule :

— Félicitations, mec ! C'est toi le boss !

— Je préfère « président ». Et toi ? Tu serais quoi ?

— Ben, si t'es président, je suis ministre.

— De quoi ?

— Euh… de la Défense, tiens !

— Arrête tes conneries.

— C'est pas plus con que « monsieur le président » !

— Oh, un peu de respect ! Et puis, faut un nom pour notre parti. T'as une idée ?

— Non. Et toi ?

— On est deux, on a qu'à s'appeler « Ike & Tina »… Ah, merde, c'est déjà pris.

— Pff, t'es con.

— « Simon & Garfunkel » ?

— Arrête ! Eux, c'est de la merde. Et en plus, ils sont blancs.

— T'as raison. Faudrait un truc avec « noir ».

Ils réfléchissent, le regard vague. Huey finit sa bière, en décapsule deux autres, fait une suggestion qu'il renie aussitôt. Bobby propose « Organization of Black Unity » en hommage à Malcolm, mais, après réflexion, ils abandonnent cette idée et se remettent à chercher, concentrés. Leurs yeux parcourent le salon en quête d'inspiration, butant sur le poster d'Ali…

(Noir)

… le logo du tract…

(Panthère)

… puis le Marvel…

(T'Challa, roi du Wakanda, *alias* « La Panthère noire »).

Et leurs yeux pétillent, animés par une même flamme. L'une de ces idées forgées d'évidence. Le lendemain matin, après de nombreux cafés, ils finalisent le programme du Black Panther Party for Self-Defense, selon deux axes : « Ce que nous voulons » et « Ce en quoi nous croyons ».

1 - Nous voulons la liberté. Nous voulons le pouvoir de déterminer la destinée de notre communauté noire.

Nous croyons que le peuple noir ne sera pas libre tant qu'il ne pourra pas décider de sa propre destinée.

2 - Nous voulons le plein-emploi pour notre peuple.

Nous croyons que le gouvernement fédéral est responsable et tenu de fournir à chacun un emploi ou un revenu garanti. Nous croyons que si l'homme d'affaires blanc ne permet pas le plein-emploi, les moyens de production doivent lui être retirés et confiés à la communauté afin que le peuple puisse s'organiser, employer tout le monde et permettre de meilleures conditions de vie.

3 - Nous voulons que cesse le pillage de la communauté noire par les Blancs.

Nous croyons que ce gouvernement raciste nous a volés et nous demandons ce qui nous est dû, quarante acres et deux mules. Ce que l'on nous a promis, il y a cent ans, en réparation pour le travail des esclaves et l'acharnement meurtrier contre le peuple noir. Nous accepterons un paiement en argent, qui sera distribué à nos nombreuses communautés. Les Allemands aident aujourd'hui les Juifs en Israël. Les Allemands ont assassiné six millions de Juifs. L'Amérique a pris part à l'assassinat de plus de cinquante millions de Noirs, c'est donc une modeste requête que nous faisons.

4 - Nous voulons des logements décents conçus pour abriter des êtres humains.

Nous croyons que si le propriétaire blanc ne nous donne pas de logements décents, les logements et la terre doivent devenir des coopératives pour que notre communauté, avec l'aide du gouvernement, puisse construire des logements décents pour les siens.

5 - Nous voulons l'éducation pour notre peuple, un enseignement qui nous apprenne la nature de la société américaine décadente et notre véritable histoire, ainsi que notre rôle dans la société d'aujourd'hui.

Nous croyons en un système éducatif qui donne à notre peuple une connaissance de soi. Si un homme ne sait rien de lui-même, ni de sa position dans la société et dans le monde, il n'a que peu de chances de se lier à autre chose.

6 - Nous voulons que tous les Noirs soient exemptés du service militaire.

Nous croyons que les Noirs ne devraient pas être forcés de se battre pour un gouvernement raciste qui ne défend pas leurs droits. Nous ne nous battrons pas contre d'autres peuples de couleur qui, comme les Noirs, sont victimes de la suprématie de l'Amérique blanche. Nous nous défendrons contre la force et la violence de la police et de l'armée, par tous les moyens nécessaires.

7 - Nous voulons la fin immédiate de la brutalité policière et des meurtres des Noirs. Nous croyons que nous pouvons mettre fin à la brutalité envers la communauté noire en organisant des groupes d'autodéfense. Le deuxième amendement de la Constitution des États-Unis d'Amérique donne le droit de porter des armes. Nous pensons donc que les Noirs devraient s'armer pour l'autodéfense.

8 - Nous voulons la liberté pour tous les hommes noirs détenus dans les prisons fédérales, d'État, de comté et municipales. Nous croyons que tous les prisonniers noirs devraient être libérés des nombreuses prisons, car ils n'ont pas reçu de procès juste et impartial.

9 - Nous voulons que tous les Noirs, quand ils comparaissent devant un tribunal, soient jugés par un jury composé de leurs pairs, comme le stipule la Constitution des États-Unis.

Nous croyons que les tribunaux devraient respecter la Constitution afin que les Noirs soient jugés équitablement. Le quatorzième amendement donne à chacun le droit d'être jugé par ses pairs. Un pair est une personne ayant des origines économiques, sociales, religieuses, géographiques, environnementales, historiques et raciales similaires à celles de l'accusé. Pour cela, le tribunal devra choisir un jury de la communauté noire dont est originaire l'accusé. Nous avons été et sommes toujours jugés par des jurés blancs qui n'ont aucune compréhension de la communauté noire et de ce qu'il se passe dans l'esprit de l'homme noir.

10 - Nous voulons de la terre, du pain, des logements, un enseignement, de quoi nous vêtir, la justice et la paix, et comme objectif principal : un plébiscite supervisé par l'Organisation des Nations unies, se déroulant dans la colonie noire et auquel ne pourront participer que des sujets colonisés afin de déterminer la volonté du peuple noir quant à sa destinée nationale.

Ils relisent le tout, épuisés mais contents. Ce programme, au-delà de son contenu, scelle à jamais leur amitié. Un regard, un sourire, et les deux amis se séparent pour aller dormir, enfin. Tandis que Bobby retourne chez lui, Huey s'écroule sur son canapé. Dehors, le soleil se lève. Magistral.

8

7 décembre 1966
Adeline Street, Oakland

Artie les a suivis, évidemment. Séduite par le projet, elle a totalement adhéré au programme, proposant de participer à son financement. Mille huit cent douze dollars, économisés en cinq ans de ménage chez Kaiser. Tous les trois se sont accordés sur un point : ne pas évoquer le Parti en public, tant que son existence ne sera pas officielle.

En voiture, ils se sont rendus à Berkeley, à la permanence du SDS. Des étudiants, défoncés à la mescaline, les ont accueillis à bras ouverts. Malgré leur insistance, Huey et ses amis ont refusé de tripper avec eux, préférant parler politique. Ils sont ressortis peu après avec plus de deux cents exemplaires du *Petit Livre rouge*. Dix jours plus tard, le stock était écoulé. Dans cette Amérique en crise, Mao a la cote sur les campus.

Entre-temps, Huey et Bobby avaient revendu des meubles, fringues et autres bricoles. Doté de près de quatre mille dollars, le trio s'est alors réparti les tâches. Artie est allée acheter le magnétophone à cassettes. Elle a déniché un Grundig de dix kilos dans la boutique de Lloyd, ainsi que les vêtements. Six tenues identiques…

— Alors, Artie ? Tu refais ta garde-robe ?
— Si on veut.
— Pas très sexy, tout ça. Et la minijupe, c'est pour quand ?

… qu'elle s'est empressée de nettoyer. Après les fringues, les flingues : six Beretta négociés par Bobby auprès de Fat Pat, le receleur de la 57e. En bon commerçant, l'homme lui a offert plusieurs boîtes de cartouches…

— C'est pour un braquage ?
— Pourquoi ? Sinon, tu me les vends pas ?
— Si, mais pour un braquage, il vaut mieux des revolvers.

… tandis que Huey photocopiait le programme au Merritt College. Trois cents impressions à l'insu de la secrétaire, pendant sa pause déjeuner. Le lendemain, ils les ont distribués dans l'est de la ville, jusqu'aux limites des quartiers blancs. Enfants, parents et vieillards ont alors découvert l'existence du BPPFSD. Son projet ambitieux. Son logo hypnotique. Son siège situé au 5624 Grove Street, l'adresse de Huey.

Trois jours plus tard, on a cogné contre la porte. Huey terminait de réaménager son studio – posters de Malcolm, table avec deux chaises, bibliothèque de livres de droit, armoire verrouillée avec tenues et pistolets. Il a ouvert, se trouvant face à un ado…

— C'est ici les Black Panthers ?
— Ouais.
— Sympa, votre logo.
— Merci. Et notre programme, t'en penses quoi ?

— Ben, je voulais savoir… C'est du sérieux ?
— Tout ce qu'il y a de plus sérieux.
— Ah. Et vous avez besoin de quelqu'un ?
— Et toi ? T'as besoin de nous ?

… Tod Button, seize ans, la première recrue du Parti. Huey et Bobby ont longuement discuté avec lui, exposant en détail leur stratégie. Tod a bu leurs paroles, trouvant en eux une nouvelle famille. Avec un père décédé, une mère alcoolo et un grand frère en taule, il se sentait un peu seul.

L'entretien s'est prolongé jusqu'au soir. Tod a été questionné sur ses attentes, testé sur sa motivation. Puis, ils lui ont remis un exemplaire des *Damnés de la Terre*, de l'autobiographie de Malcolm et du *Petit Livre rouge*. Le lendemain, Tod – les yeux cernés – est revenu avec cinq de ses potes…

— Salut ! Tod nous a parlé de votre truc.
— Ça vous branche ?
— Ouais ! On a hâte de buter des flics !
— Tirez-vous.
— Mais…
— TIREZ-VOUS ! ET QU'ON REVOIE JAMAIS VOS GUEULES !

… et Tod a été rappelé à l'ordre quant à la ligne d'autodéfense du Parti. De tracts en discussions, d'autres chômeurs se sont présentés. Il y a eu d'autres briefings et, fin novembre, le BPPFSD comptait neuf membres entre seize et vingt-cinq ans. Parmi les plus motivés, Tod, Warren, Nelson (le frère de feu Little Billy) et Sherman. Un colosse qui réserve sa voix rauque au matin – « Salut, les mecs » – et à la nuit

– « À demain, les mecs ». Entre les deux, Sherman observe.

Ils sont tous là en cette soirée d'hiver, répartis dans deux Buick. Au volant de la première, Bobby. Dans l'autre, Artie et Huey. Lentement, ils roulent à travers Adeline Street. Leurs phares subliment la brume, réhabilitant le ghetto et ses bâtiments délabrés. Tous silencieux, branchés sur la même radio. KSOL et son DJ Sly, qui mixe autant la soul que le rock. Là, c'est Sam & Dave. Les cuivres offensifs. La batterie lourde. Le couplet, que tous entonnent en agitant la tête.

« Don't you ever feeeel sad !
Lean on me when the times are bad ! »

Bobby manœuvre le volant et s'engage sur la 7e, suivi de près par les autres. Lueurs, au loin. Des clochards, réunis autour d'un bidon enflammé. Ils regardent passer les voitures, intrigués. Bientôt, le Parti leur viendra en aide. Bientôt, mais pas ce soir, car Bobby et les siens ont autre chose à faire. C'est imminent, ils le savent. Pas besoin de rouler longtemps pour trouver ce qu'ils cherchent.

« When the day comes and you're down !
In a river of trouble and about to drown ! »

Ça y est, au loin, un véhicule de police. Deux flics sont dehors. L'un fouille un Noir, l'autre examine son portefeuille avec sa lampe. Bobby, Artie et Huey éteignent leurs phares, s'arrêtent sans couper le contact, s'adressent chacun à leur groupe :

— Trois mètres. Et les flingues bien en vue.

— OK.

Un regard dans le rétro intérieur, et les portières s'ouvrent. Après tant de gestation, le Black Panther Party for Self-Defense se déploie enfin dans les rues d'Oakland.

Vestes en cuir.

Bérets noirs.

Pulls noirs.

Pantalons noirs.

Chaussures noires.

Pistolet dans une main, livre de droit dans l'autre. Sherman, le plus costaud, porte le magnéto en bandoulière. Les portières claquent, les moteurs ronronnent et le groupe avance dans l'obscurité. C'est l'hiver et pourtant, c'est l'été. Le plus chaud jamais enregistré sur la côte Ouest, la saison de ces nouveaux justiciers faits de griffes et d'acier.

« Hold on, I'm comin'! »

Tandis qu'ils approchent, les flics asticotent leur proie. La bousculent. La plaquent violemment contre le capot. Scène du quotidien, épiée par des riverains craintifs, à leurs fenêtres. Encore quelques secondes, et cette fatalité sera balayée par les Black Panthers. Nerveux, mais confiants. Rien à craindre, rien à perdre, tout à accomplir. Huey n'a cessé de le répéter, ils sont dans leur droit.

« Don't have to worry, 'cause I'm here ! »

Les flics se retournent, alertés par le bruit de leurs pas. Le groupe s'arrête à trois mètres et Sherman lance l'enregistrement. Les voyant armés, les agents dégainent. Leur prisonnier s'inquiète.

— Qu'est-ce qui se passe ?

— Ta gueule !

L'un le maintient de force, l'autre interpelle Bobby :

— Qu'est-ce que vous foutez là ?

— Bonsoir.

— Je vous ai posé une question ! Et vos flingues ? Ils sont chargés ?

— Ouais. Si vous tirez, on tire.

Les policiers se crispent. De leurs lèvres s'échappe une vapeur saccadée. Celui à la torche revient à la charge :

— Pourquoi vous êtes armés ?

— Parce qu'on a le droit, en vertu du deuxième amendement de la Constitution. Et nos armes sont pas dissimulées, conformément à la loi de Californie.

— Mais… vous… vous êtes qui ?

— On est les Black Panthers.

Les policiers échangent un regard. Derrière eux, le jeune tourne la tête et découvre ses sauveurs. Impressionné, il se met à trembler. Le flic, à Huey :

— Qu'est-ce que vous voulez ?

— Rien. On vous observe, c'est tout.

— Vous n'avez pas à nous…

— « En vertu des lois en vigueur édictées par la cour suprême de Californie, tout citoyen a le droit d'observer un policier en train de faire son devoir tant qu'il reste à une distance raisonnable », soit trois mètres.

Des fenêtres s'ouvrent, puis une porte, et deux habitants sortent. D'autres les rejoignent, intrigués par la scène. Les policiers, fébriles, tournent sur eux-mêmes. La peur change de camp.

— QU'EST-CE QUE VOUS VOULEZ, BORDEL ?

— On vous l'a dit. On est juste là pour observer.

— Mais… Eh toi, là ! Arrête d'enregistrer !

— Il a parfaitement le droit de vous enregistrer.

— PUTAINS DE N...

Tous les regards sont braqués sur lui, suspendus à ses lèvres.

Allez, dis-le. « Négros ». Vas-y, insulte-nous, qu'on fasse écouter ta haine au tribunal. Et même si ça la fait chier, la justice sera obligée de nous donner raison. Tu veux te retrouver à la circulation ? Te faire muter dans une ville encore plus pourrie ? Tu veux imposer ça à ta femme et tes gosses ? Alors, vas-y, lâche-toi.

Sous le poids des regards, l'agent se censure. Une vieille, emmitouflée dans un manteau, murmure à Artie :

— Qu'est-ce qui se passe ?

— N'ayez pas peur, on s'assure juste que ces policiers font bien leur travail. Et d'ailleurs, messieurs, que faites-vous avec ce jeune ?

— Ça ne vous regarde pas !

— Vous êtes payés avec nos impôts. Nous avons donc le droit de savoir ce que vous faites. Vous l'avez surpris en train de commettre un délit ?

— Euh... non...

— Ah. Contrôle d'identité ?

— Oui...

— Et ses papiers, ils sont en règle ?

— Mm...

— Oui ou non ?

— OUI !

— Bien. Dans ce cas, bonne soirée.

Les agents avalent leur salive. D'hommes de loi, les voilà redevenus hommes, tout simplement. Des individus face à d'autres individus. Ici et maintenant cesse une domination blanche vieille de cinq siècles. Le duo de flics dévisage le groupe, puis se résout à rendre son portefeuille à l'adolescent qui rejoint les Panthers.

— Allez ! Cassez-vous, enculés !

— La ferme, dit Bobby. Pas de provoc'.

Les agents regagnent leur véhicule, s'empressent de redémarrer. Tandis qu'ils s'éloignent, Bobby et les siens expirent profondément, soulagés après tant de pression. Ils se tapent tous dans le dos, remerciés et applaudis par la foule. La 7e ressuscite, du trottoir aux fenêtres éclairées de sourires. Tod bombe le torse, oubliant ses seize ans l'espace d'une seconde. Sherman brandit fièrement le magnétophone. Artie et Bobby s'enlacent, rejoints par Huey. Leur étreinte s'étend à tout le quartier. Et désormais, rien ne sera plus comme avant.

9

5 janvier 1967
Capitole, Sacramento

La Californie, terre de conquête et du surpassement de soi. Ici plus qu'ailleurs, l'ambition s'écrit en majuscules. La Californie, c'est la ruée vers l'or, Hollywood, Jack London, un soleil éblouissant, une nature diversifiée, des laboratoires innovants, la Beat Generation, le Flower Power et – par extension – la contestation étudiante. Il fallait bien toute cette richesse pour éponger le sang des tribus amérindiennes.

Eh bien, ces trésors-là sont désormais sous la tutelle de Reagan. Élu gouverneur, il a les pleins pouvoirs en Californie, pouvoirs législatif et militaire. Tandis qu'il s'exprime au Capitole – *« Nous ne tolérerons pas l'anarchie sur le plan individuel ou collectif ! Nous agirons rapidement et fermement pour réprimer les émeutes où qu'elles se déclarent ! »* –, son discours est retransmis à la télé, suivi par la jeunesse de la côte Ouest : étudiants, chômeurs, satanistes, Hells Angels et musiciens. De nouveaux groupes aux noms inspirés – Grateful Dead, Jefferson Airplane, Quicksilver Messenger Service, pour ne citer qu'eux.

Rebelles et artistes voient donc d'un mauvais œil l'arrivée de cet ultraconservateur. Tous préoccupés, à l'image de Bobby, debout devant la fenêtre. Dix minutes qu'il râle, tandis que Huey mange un burger sur le canapé.

— Reagan… je sens qu'il va nous faire chier, celui-là !

— Mm.

— C'est tout ce que t'as à dire ?

— Mm.

— Mais tu l'as entendu ? Ça te fait pas flipper ?

— Non. Quoi qu'il fasse, on était là avant lui.

Bobby marque un temps d'arrêt, puis finit par sourire. Après tout, son pote a raison, car la Californie, c'est aussi la matrice du BPPFSD. Leur création, leur cadeau adressé à tous leurs frères. Et depuis un mois, leur « bébé » a grandi. Encore plus de patrouilles, de succès, de volontaires. Huey les a envoyés surveiller le carrefour entre la 55e et Market. Cinq heures chacun, de quoi évaluer leur motivation. La plupart ont vite laissé tomber.

En compagnie d'Artie, les autres sont allés à la rencontre des clochards. Distribution de cafés et de couvertures, après quoi ils ont suivi la même formation que Tod. Initiés à la pensée de Malcolm, ils ont passé le reste de la semaine à diffuser des tracts, ramenant des curieux au siège du Parti. Des Noirs nationalistes se sont pointés, eux aussi, avec des barres de fer. Furieux, soucieux de préserver leur monopole dans le ghetto. Bobby a tenté la diplomatie, en vain, alors Huey a allumé une clope. Lorsqu'il l'a écrasée, il y avait des gouttes de sang sur le sol. Les intrus, eux, s'étaient déjà enfuis.

Bref, l'essor du Parti commence à se savoir. Sa meilleure publicité ? Les habitants, mais surtout les policiers. Des jours qu'ils se plaignent. L'inquiétude remonte de sergent en lieutenant, de capitaine en chef, jusqu'au bureau du maire, tout aussi dérouté. À la question « Ces nègres ont-ils menacé de tirer sur nos hommes ? », le shérif du comté est bien obligé d'admettre que non. Tandis que les autorités restent vigilantes, Huey et Bobby trinquent à leur organisation. Les Panthers étaient neuf, ils sont désormais quinze de plus.

10

21 février 1967
Airport Access Road, San Francisco

Ça remonte à un peu plus d'un mois. Des centaines de hippies, réunis au Golden Gate Park. Aucune revendication, juste l'envie d'être ensemble. Dans la foule, un homme s'est distingué par son éloquence : Timothy Leary. Psychologue, directeur de recherche chez Kaiser, auteur d'ouvrages sur la méditation et les drogues hallucinogènes, il est surtout le pape du LSD. *« Dieu est-il mort ? »* se demandait le *Time*. La réponse est oui, puisqu'il a été détrôné par Leary. Depuis, la jeunesse californienne ne jure que par cet apôtre de la défonce.

Avec Anton LaVey et son Église de Satan, Leary est une cible de plus pour le nouveau gouverneur. Sitôt élu, Reagan a hérité de ces stars incontrôlables, de ces milliers d'insolents et de l'émeute à la prison de San Quentin. Si la presse a relaté la violence des affrontements, elle s'est bien gardée d'évoquer l'alliance entre gardiens et détenus blancs. Bobby et Artie l'ont appris par un ami, au parloir. En traversant l'enceinte, ils ont également constaté que le gang Aryan Brotherhood était très implanté sur place. Insultés, menacés, ils n'ont pas réagi. Une chance que

Huey n'ait pas été là, sans quoi ça aurait dégénéré. Il était au bureau en train de briefer les nouveaux. Vingt-huit Panthers, tous issus de West Oakland.

« I aaaam a back door man ! »

Bien sûr, il a fallu de nouveau refuser quelques excités. Ça a créé des tensions, certains ont même défié Huey. Alors, Sherman s'est levé et les « caïds » sont sortis. Discipline et respect : les mots d'ordre du Parti, basés sur la pensée de Mao. On ne bâtit qu'avec rigueur. Plus de fermeté, donc plus de recrues, plus de fric et par conséquent, plus de matos. D'ailleurs, fini les Beretta. À présent, ils sont équipés de fusils à pompe.

Après avoir longtemps vécu au rabais, ses fondateurs voient désormais les choses en grand, très grand. D'où leur initiative d'aujourd'hui. Un projet fou, quand on y pense. C'est Artie qui a lancé l'idée, avant de se raviser. Les autres l'ont reprise, sans trop y croire. Et pourtant, ils l'ont fait. Ils ont osé contacter Betty Shabazz, la veuve de Malcolm. Ayant appris qu'elle serait interviewée par *Ramparts*, ils ont cherché son numéro dans l'annuaire et lui ont proposé de l'escorter de l'aéroport à la rédaction. Touchée par leur invitation, Betty a accepté.

« When everybody's tryin' to sleep !
I'm somewhere making my midnight creep ! »

Et la voilà, ce matin, à l'arrière de leur Buick. Sa première apparition publique, deux ans jour pour jour après l'assassinat de son mari. Bobby, au volant, n'en revient toujours pas. Il croise le regard de sa passagère dans le rétroviseur. Digne et belle, si belle avec son manteau au large col. Son foulard qui laisse dépasser quelques mèches crépues. Ses pommettes généreuses, où bien des larmes ont dû couler.

Elle bat des cils, puis lui adresse un sourire. Bobby y répond timidement, tandis que Howlin' Wolf continue son blues salace. Huey, côté passager, se retourne.

— La musique vous dérange pas, madame ?

— Non, ça va.

— Dites-le, hein. On est à votre service.

— Merci, messieurs.

— Merci à vous. C'est un honneur, vraiment.

— Eh bien, vous êtes particulièrement aimables pour des panthères.

— Vous savez, la panthère est sympa tant qu'on est sympa avec elle.

Bobby ricane et, de sa main gantée, manœuvre le volant. Ils s'engagent sur Marsh Road, suivis par les quatre autres voitures. Toutes noires, évidemment. Loin derrière, deux camionnettes d'ABC et CBS. Venus filmer l'arrivée de Betty, les médias se sont retrouvés face aux Panthers. Super coup de pub.

Le convoi longe la baie, poétisée par la brume matinale. Sur les trottoirs, quelques joggeurs et vendeurs de hot-dogs bravent l'hiver. Huey, fusil sur les cuisses, surveille leurs arrières. Hormis ceux de ses frères et des médias, aucun véhicule ne les suit. Pourtant, les flics étaient une trentaine sur le tarmac, soi-disant pour protéger Betty, mais c'était en fait un message adressé au Parti. Nullement intimidés, Huey et les siens y ont vu une saine évolution. Maintenant, ils parlent le même langage, la police et eux.

Le trajet se poursuit sereinement, l'occasion pour Bobby d'exposer le programme du Parti à leur passagère. À l'issue du monologue, Betty acquiesce et conclut par cette phrase, qu'ils ne sont pas près d'oublier : « Malcolm serait fier de vous. »

Plus tard,
Menlo Park

Bobby ralentit, se gare devant le siège de *Ramparts*. Dehors, journalistes et policiers sont à l'affût, déroutés face à cette étrange milice. Huey sort, le fusil ostentatoire. Les flics se tiennent prêts, la main sur la crosse. La tension monte à l'apparition des autres. Noirs et Blancs se toisent…

« Clac ! »

… au son des portières…

« Clac ! »

… refermées bruyamment…

« Clac ! »

… sous les yeux de Betty, anxieuse. Elle tripote son sac à main, tassée à l'arrière de la Buick. Sherman et Nelson s'éloignent, l'index sur la détente. Un agent, à cran :

— Qu'est-ce que vous foutez ?

— Ce que vous êtes censés faire, sécuriser les environs.

La police serre les dents, assiste au déploiement des Panthers. Trois postés dans la rue, dix autour du bâtiment, cinq à l'entrée et le reste près des voitures. Tout ça sous l'œil des caméras. Huey tourne sur lui-même, surveillant les fenêtres, puis ouvre la portière de Betty. Micros, caméras et questions se bousculent.

— MADAME ! POURQUOI...

— Laissez-moi sortir !

— ... AVEZ-VOUS DÉCIDÉ...

— Je vous en prie !

— ... D'ACCORDER CETTE INTERV...

— Oh ! hurle Huey. Vous avez entendu ? Laissez-la sortir !

Il repousse la meute, aidé par trois nouvelles recrues. Un mec et deux filles de San Francisco. Des teigneuses, pour avoir longtemps subi les dragueurs de Hunter's Point. Les journalistes reculent, Betty s'extrait enfin de l'habitacle. Elle est escortée jusqu'à l'entrée, où l'accueille James Colaianni, le rédacteur en chef :

— Bonjour, madame.

— Bonjour.

— Merci infiniment d'être venue.

Puis à Bobby :

— Et merci à vous tous.

— De rien, mec.

Ils se serrent la main, puis Betty franchit la porte. Bobby, Huey et Artie lui emboîtent le pas dans les locaux de *Ramparts*. La revue qui, depuis cinq ans, bouscule l'Amérique conservatrice. Arts, politique, social, elle est sur tous les fronts, alliant culot underground et visée mainstream. Dernier coup d'éclat, ce papier intitulé *« Napalm : made in USA »*. Et c'est ici, dans ce temple de l'impertinence, que se trouve Betty Shabazz. Alors, oui, c'est un peu comme si Malcolm était là. Journalistes et Panthers, tous sont émus.

Tandis que Colaianni parle avec son invitée, le trio armé découvre les coulisses du magazine. Ils sont tous impressionnés par les unes encadrées, particulièrement audacieuses, qui tapissent les murs de la rédac'. Celle du mois est consacrée au frère de JFK, dont le cerveau abrite une flèche à deux directions. Robert Kennedy, homme de droite ou de gauche ? *Ramparts* a la réponse.

— Sympa, la couv' ! Kennedy a pas gueulé ?

— Que voulez-vous qu'il dise ? Il est le premier à admettre son évolution.

— Et vous y croyez ?

— Oh, la politique… En tout cas, il a condamné l'apartheid.

Sur le trajet, les membres de la rédaction se lèvent pour les saluer. L'un contourne les bureaux pour se presser jusqu'à eux. Un grand Noir en costume élégant, avec des Ray-Ban Aviator. Oui, même à l'intérieur, et ça lui donne une classe folle. Il retire ses lunettes, serre la main de Betty et se présente sous le nom de…

— … Eldridge Glazer, enchanté.

— De même.

— C'est avec moi que vous allez faire l'interview.

Il se tourne vers les autres.

— Alors, c'est vous, les Black Panthers ? Eh ben, chapeau ! Vous avez fait fort !

— On a fait que l'escorter.

— Je parle des patrouilles et du reste. Vous avez des couilles, et ici, on aime ça !

Il leur sert des cafés, puis, avec l'accord de Betty, leur propose d'assister à l'interview. Ils acceptent, évidemment. À l'issue de l'entretien, passionnant, Glazer débouche une bouteille de Cristal Roederer millésime 1960. En une gorgée, Artie et Bobby ne jurent plus que par le champagne, eux pour qui l'alcool se résumait jusqu'ici à de la bière bon marché. Huey, lui, ne digère pas son verre. La faute au burger de la veille.

Ça, c'est pour la petite histoire. Pour la grande, il faut attendre le 4 avril, où King s'exprime à l'église Riverside de New York. Discours virulent dans lequel il dénonce – pour la première fois – la guerre du Viêtnam, exigeant l'arrêt des bombardements et le retrait des troupes.

« Je suis convaincu que s'il nous faut regagner le bon côté de la révolution mondiale, nous devons en tant que nation entreprendre un renversement radical et révolutionnaire de nos valeurs ! Nous devons rapidement passer d'une société orientée vers les choses à une société orientée vers les personnes ! »

En conséquence, il se retrouve lâché par de nombreux donateurs blancs et par les principaux médias. Tandis que le *Time* l'accuse de démagogie, le *Washington Post* déclare qu'il a desservi sa cause et sa communauté. D'autant que le mot « révolution » a été prononcé.

Et ça, tout le monde l'a entendu.

Surtout au siège du FBI.

Ici, au dernier étage, où le fauteuil grince dans la pénombre. Une main constellée de taches de vieillesse éteint le téléviseur. Elle repose la télécommande, pianote trois secondes sur le bureau en bois laqué. Un soupir, lourd, et l'index caresse les lèvres crispées. Jusqu'à présent, Martin Luther King était sous surveillance. Il est désormais une cible.

11

14 avril 1967
Siège du Parti, Oakland

Denzil Dowell, vingt-deux ans, né à Richmond.

C'est également là qu'il est mort, le 1er avril, sous les balles de deux policiers. Vers 3 heures du matin, ils ont été alertés pour un cambriolage en cours dans un magasin. Sur place, le binôme a surpris deux Noirs en train de vider le rayon alcool. L'un s'est enfui, laissant Denzil face aux agents. Au tribunal, ceux-ci ont évoqué la légitime défense face au jury, composé de dix Blancs et de deux Noirs. Une demi-heure de délibération, à peine, pour conclure à un cas d'« homicide justifiable ».

C'était sans compter les Panthers, sollicités par la mère de Denzil et ses deux frères. Le lendemain, un rassemblement de soutien a été organisé à Richmond. Sur l'insistance de la famille, le Parti a ensuite enquêté. Rapport d'autopsie, témoins, profil de la victime, entourage… Ils ont étudié le « cas Denzil » avec un maximum d'objectivité, Bobby y a veillé afin qu'ils ne soient pas taxés de partialité. Treize jours après, les conclusions sont édifiantes :

— Les agents ont imputé six tirs à Denzil, alors qu'il était désarmé.

— Ils ont dit avoir tiré trois fois, alors que les témoins ont entendu six détonations.

— Le Richmond Police District et la presse locale ont situé la fusillade entre 4 h 59 et 5 h 01, alors que les témoins ont entendu les tirs à 3 h 50.

— La police prétend que Denzil s'est enfui en courant, mais il en était incapable en raison d'une blessure à la hanche causée par une anguille survenue quelques jours auparavant.

— La police n'a alerté aucun médecin, puisque Denzil a été découvert agonisant.

— Après l'autopsie, la famille n'a pas eu le droit de le photographier, ni d'accéder à ses vêtements, et n'a donc pas pu vérifier le nombre d'impacts.

— La presse a évoqué un « homicide justifiable » deux heures avant le verdict.

Ainsi, la famille Dowell est désormais en mesure d'exiger une révision du procès. Contre-enquête, contre-pouvoir, contre-attaque ; les Panthers ont réussi sur tous les tableaux, révélant notamment la connivence entre les autorités et les médias. Pourtant, aujourd'hui, Huey, Bobby et Sherman sont tendus. C'est à cause de Donald Mulford, un républicain qui a proposé un décret à l'Assemblée. Objectif : modifier la loi sur le port d'armes en Californie pour rendre les patrouilles du BPPFSD illégales.

— Fait chier !

— Fallait s'y attendre. On a défié le système, il nous répond. Mais ils peuvent pas revenir sur la loi, ça remettrait en question le deuxième amendement.

— Ouais…

— Tu crois vraiment que, pour nous atteindre, ils oseraient désarmer l'État ? Reagan perdrait son électorat. Il vise la présidence, il peut pas se permettre ça.

— T'oublies qu'on est une « armée effrayante ».

Huey sourit, amer. Il faut dire que le *Chronicle* n'a pas mâché ses mots, après leur enquête sur Denzil. Les médias n'aiment pas qu'on les critique, ça les met face à leurs contradictions. Bref, tous les journaux de la côte Ouest ont fait front, oubliant leur concurrence au nom d'un corporatisme consanguin. Tous sauf *Ramparts*, l'unique revue à avoir évoqué la ligne d'autodéfense du Parti.

Sherman, dans le canapé, cesse de lire son *Ebony*. Il allume une clope, puis leur propose le paquet. Seul Bobby accepte. Il actionne le briquet, balaie la fumée d'un geste de la main.

— Si le décret passe, on sera hors la loi.

— Il est pas encore passé. Et si ça arrive, on réagira.

— Tu parles… On a tous les médias sur le dos.

— Les médias, on les subit ou on les encule. Ils parlent que de nos flingues ? On va leur filer autre chose à bouffer. On pourrait distribuer des repas, un truc dans le genre.

— Et le fric, on le trouve où ?

— Pas besoin de fric. Si chacun donne un peu, on peut nourrir plein de gens. Ça se saura dans toute la ville et les journaux seront obligés d'en parler.

— Surtout si on réclame les invendus aux supermarchés. Sherman, t'en penses quoi ?

« Super », répond le pouce du colosse. Ils le regardent rouvrir son magazine et Huey poursuit :

— Plus on fera du social, plus ils auront du mal à faire passer leur décret.

— J'espère. Le problème, c'est qu'on est isolés… Faudrait s'ouvrir à d'autres villes.

— J'y pensais. À Richmond, les frères sont chauds, et à Los Angeles aussi.

— Faut cibler tous les ghettos. Ceux qu'ont suivi Watts, comme Chicago et Cleveland.

— Tu connais du monde, là-bas ?

— Non, mais j'ai un cousin à Philadelphie. Je pourrais leur parler de ce qu'on fait et…

On tape à la porte. Ils sursautent, s'emparent chacun de leur fusil. Sherman se lève et, le canon pointé, avance lentement jusqu'à la porte. Il se décale sur la droite, hors de portée, puis s'adosse contre le mur. Ses deux chefs se tiennent prêts à tirer.

— C'EST QUI ?

— Eldridge Glazer !

Huey et Bobby échangent un regard. Le premier fait claquer les verrous, ouvre la porte. Ray-Ban, costard et sourire, le journaliste est fidèle à lui-même.

— Salut, les mecs ! Sympa, le comité d'accueil !

Il entre. Glazer ou l'aisance incarnée. Et toujours cette classe magnétique. Des mecs avec une telle aura, on n'en voit jamais sur Grove Street. Sherman referme la porte, dévisage le visiteur. Les autres reposent leurs fusils, puis Bobby lui serre la main.

— Monsieur…

— Pas de ça entre nous. Je boirais bien une bière, moi !

Huey ouvre le frigo, sort quatre Bud et lui en tend une. Glazer la décapsule, avale trois gorgées en les observant. D'abord Huey, ensuite Bobby, puis Sherman. Il retire ses lunettes, s'assied sur le canapé, croise les jambes :

— Vous avez fait fort avec Dowell. Maintenant, les porcs réfléchiront avant de tirer, et c'est grâce à vous.

— Ouais. Du coup, on commence à se faire emmerder.

— Je sais. Vous prenez pas la tête, ils cherchent juste à vous mettre la pression.

— Mm. Bon, qu'est-ce qui t'amène ?

— J'ai lâché *Ramparts*, je veux bosser avec vous.

Bobby en est bouche bée. Huey, tout aussi éberlué.

— T'es sérieux ?

— J'aime ce que vous faites, l'espoir que vous redonnez à nos frères. J'avais pas vu ça depuis Malcolm. Et moi aussi, je veux faire bouger les choses.

— C'est ce que tu faisais à *Ramparts*, non ?

— Écrire, ça me suffit plus, je veux passer à l'action. Et pour ça, j'ai besoin de vous, comme vous avez besoin de moi. Je suis en contact avec le SDS, le SNCC, le…

— Tu connais Bruber ?

— Je l'ai déjà croisé, on a vachement accroché. Les mecs, votre parti est fragile. Il lui faut un réseau et, surtout, une « voix ». Le vrai pouvoir, aujourd'hui, c'est les médias. Ils vous discréditent ? Ripostez avec votre propre journal.

— C'est pas con, dit Bobby.

Huey acquiesce. Sherman, quant à lui, va même jusqu'à sourire. C'est dire si Glazer a fait mouche. Huey, excité comme un gosse :

— Bobby, on le recrute ?

— Euh…

— Prenez votre temps, les mecs. Et pour que tout soit clair entre nous, je dois vous dire un truc. J'ai fait de la taule.

— Moi aussi. J'ai planté un mec, il y a deux ans. Et toi ?

— Je me suis tapé quelques Blanches. Ma réponse au système.

Glazer ponctue sa déclaration par un rictus malsain. Bobby se tourne vers les autres, mal à l'aise, comme lui. De la tête, il désigne la chambre à Huey.

— On revient.

— Pas de souci.

Ils s'éloignent, laissant Glazer face à leur pote. Bobby entré, Huey referme la porte derrière lui :

— Je sais ce que tu vas me dire…

— C'est un violeur. Tu te vois avec lui, tous les jours ?

— Écoute, ça me dérange autant que toi, mais…

— Ça me dérange pas, ça me révolte. Et un viol, ça a rien de politique.

— Ouais… mais il aurait pu nous le cacher.

— Et alors ? Ça fait de lui un mec bien ?

— On a recruté des braqueurs, des agresseurs de vieilles. Tu crois que c'est mieux ?

— Un braquage, c'est pas un viol. Putain, ce mec a brisé des vies. On peut pas le prendre, je veux pas qu'il touche à Artie.

— T'inquiète, il le fera pas, je l'aurai à l'œil.

— De toute façon, elle pétera un câble. Elle me pardonnera jamais de l'avoir recruté.

— Elle est pas obligée de connaître son passé. Écoute, je condamne ce qu'il a fait, mais il a un sacré réseau et de bonnes idées. On peut le tester. S'il emmerde les filles, on lui défonce la gueule et on le vire.

— Mm.

— Je cherche pas à te convaincre. T'es le président, c'est toi qui décides. Je te demande juste de bien réfléchir.

Bobby le fixe une longue, très longue seconde, au terme de laquelle il va se poster devant la fenêtre.

Dehors, un groupe de gamins armés de tuyaux imitent les Panthers.

Quelques minutes après, Eldridge Glazer intègre officiellement le Parti. Nommé ministre de l'Information, il devient également rédacteur en chef du journal, dont le premier numéro paraît le 25 avril. En une, la photo de Denzil Dowell avec le compte-rendu de leur enquête. Quant à l'édito de Glazer, il donne le ton : *« Le flic blanc est l'instrument envoyé dans notre communauté par la structure blanche au pouvoir pour garder les Noirs silencieux et sous contrôle. Il est temps de nous libérer de cette oppression. Le BPPFSD a conçu un programme qui vise à en finir avec cette domination. »*

12

2 mai 1967
10th Street, Sacramento

La voilà, enfin. La plus majestueuse des fleurs, sur le point d'éclore. Longtemps, les hommes l'ont fantasmée. Longtemps, ils lui ont tout sacrifié, le meilleur comme le pire : elle, la révolution. Les Beatles le sentent bien, c'est pourquoi ils la peaufinent dans les studios d'Abbey Road. Cloîtrés, ils apportent la touche finale à leur prochain LP. La richesse des compositions, la finesse des textes, l'innovation du livret, tout a été pensé pour illuminer le monde.

« We're Sgt. Pepper's Lonely Hearts Club Band !
We hope you will enjoy the show ! »

Une révolution parmi d'autres, dans ce monde meurtri. Et plus on saigne, plus on s'insurge au Viêtnam, au Nicaragua, en Grèce ou encore aux États-Unis. Tandis que les campus se déchaînent, pour les Panthers, c'est le grand jour. Jusqu'ici, leurs actions n'étaient relayées que par la presse de Californie, mais, bientôt, le pays entier saura.

Alors, même si Bobby est courageux, là, il flippe. Artie, Tod, Eldridge, Warren et les autres aussi. Tous tendus, dans les bagnoles. Clope au bec, cramponné au volant, Bobby guide le convoi. À sa droite, Artie pianote nerveusement contre sa portière. Ils n'osent pas se regarder, de crainte de se renvoyer leur angoisse respective. Dans le couple, on est censé tout partager, mais là, c'est trop lourd.

Il ralentit, coupe le contact. Dehors, des fantômes déambulent sous un soleil anthracite ; vision onirique due à ses Ray-Ban. Une goutte de sueur cisèle sa joue jusqu'à sa moustache, qu'il laisse pousser depuis peu. Émancipation. Comme Artie, qui s'est décidée à se lâcher les cheveux. Coiffure dense, extension de son esprit libéré.

Bobby fume en pensant à Huey, absent. « Trop risqué », ce que beaucoup ont dit à la réunion. Alors ils ont voté et son pote est resté à Oakland. En ce moment, il est en train de briefer le nouveau : Emory Anton, un graphiste de grand talent. Dès qu'ils ont vu ses dessins, ils ont pensé à lui pour le journal et l'ont nommé ministre de la Culture. Bobby consulte sa montre, jette son mégot, se tourne vers Artie :

— Je t'aime.

— Je t'aime.

Un tendre baiser, et Bobby ouvre sa portière. Tous sortent, foulant le trottoir. Vingt-quatre hommes et six femmes, équipés de revolvers et de fusils à pompe. Canons levés, conformément à la loi. Lentement, ils se dirigent vers le Capitole. Sur la pelouse, des journalistes filment Reagan en train de discuter avec une centaine d'écoliers. Tous blancs, évidemment. « Les futurs leaders », comme il les appelle.

Le groupe arpente l'allée en formation serrée. Jamais le cuir n'a été aussi lumineux. La foule s'étonne, puis panique, et l'hystérie s'empare de la rue. Alerté, Reagan découvre ce qu'il croit être un commando. Il blêmit. Vacille. S'enfuit en bousculant les enfants. Des policiers accourent, devancés par CBS, quand Bobby fait signe aux siens de s'arrêter. Les caméras l'assaillent :

— QUI ÊTES-VOUS ?

— Je m'appelle Bobby Stills…

— QUE VOULEZ-VOUS ?

— … et je suis le président des Black Panthers.

Les flics observent, la main sur leur arme. Harcelé par les journalistes, Bobby fouille sa poche et sort un papier, qu'il déplie. Les micros se tendent davantage. Sgt. Pepper's ? Non, pas encore, même si *We hope you will enjoy the show* :

« Le Black Panther Party for Self-Defense appelle le peuple américain, et la communauté noire en particulier, à prendre conscience du caractère raciste de la législation californienne qui maintient les Noirs désarmés et sans pouvoir. Alors que, dans le même temps, les différentes polices racistes intensifient la terreur, la brutalité, le meurtre et la répression de la communauté noire à travers tout le pays. »

Ses mots embrasent les écrans, les foyers. Du nord au sud, des millions d'yeux s'écarquillent. Étudiants, salariés, retraités et détenus sont médusés…

« Depuis la naissance de ce pays, l'esclavage des Noirs, le génocide perpétré contre les Amérindiens et le confinement des survivants, le lynchage sauvage de milliers d'hommes et de femmes noirs, le largage des bombes sur Hiroshima et Nagasaki, et maintenant le lâche génocide au Viêtnam, tout atteste que face aux peuples de couleur, l'État raciste d'Amérique n'a qu'une politique : répression, terreur et matraque. »

… à l'instar de King, sidéré dans son salon, entouré de sa famille. Sa stupeur n'a d'égale que l'émotion de Betty Shabazz…

« Le peuple noir a supplié, prié, signé des pétitions, manifesté, pour que l'État raciste américain reconnaisse les torts qui lui ont été infligés. Tous ces efforts n'ont eu pour réponse que davantage de répression, de fourberie et d'hypocrisie. Alors que l'agression de l'Amérique se poursuit au Viêtnam, la répression de la police s'intensifie contre les Noirs dans tous les ghettos du pays. »

… tandis qu'on exulte au SNCC. Admiratif, Stokely Bruber contacte le Parti, que le président Johnson vient lui aussi de découvrir…

« Le temps est venu pour le peuple noir de s'armer contre cette terreur. Le projet de loi Mulford est un pas de plus vers l'heure de l'affrontement. Un peuple qui a tant souffert doit, à un moment donné, fixer la limite. Les Noirs d'Amérique doivent se dresser comme un seul homme, pour mettre fin à un mouvement qui les mène vers leur destruction totale. »

… et Bobby range son papier. Émue, Artie ne le quitte pas des yeux. À cet instant précis, elle veut un enfant de lui. Micros et caméras tremblent, pour avoir capté ce qui fait déjà partie de l'Histoire. Le groupe se remet en chemin, suivi par les agents de police.

Des porcs, selon Eldridge, et c'est lui qu'ils interpellent :

— Où allez-vous ?

— Dans le Capitole.

— Vous n'avez pas le droit !

— Tout citoyen a le droit d'y accéder.

À l'entrée du bâtiment, deux gardes se cramponnent à leurs fusils. Livides, ils se décident à descendre les marches et s'interposent. Même interdiction, même réponse. La chaleur monte d'un cran. Un troisième garde apparaît :

— Vous… vous êtes des terroristes ?

— Non. On veut juste accéder à l'Assemblée.

L'homme fixe les verres teintés de Bobby, qui lui renvoient sa peur. Mal à l'aise, il dévisage les autres, lorsque Warren l'apostrophe :

— Bon ! Vous nous laissez entrer ?

— Euh…

— On a le droit et vous le savez.

Le garde se résout à leur céder le passage, alors ses pairs s'indignent. Tandis que le trio se déchire, les Panthers investissent le hall, effrayant quelques Blancs cravatés. On lâche sa mallette, on s'enfuit dans les couloirs. La police rejoint les intrus devant le grand escalier. Le lieu bouillonne, une bombe à l'explosion imminente. Les regards, les haines s'aiguisent. Bobby le voit, c'est pourquoi il s'empresse de chercher l'Assemblée. Là-bas. Non, c'est le Sénat. Et merde. Et les flics. Et les journalistes. Et cette tension de plus en plus palpable, lorsqu'un nouveau s'écrie :

— C'est en haut !

Tous se lancent à la conquête de l'escalier. Les flics leur ordonnent de redescendre, en vain. Leur impuissance, filmée en direct, devient humiliation.

L'atmosphère s'envenime. Un Blanc frôle un Noir, ou l'inverse, et c'est le clash. D'autres voix s'élèvent, comme celle de ce flic noir accusé d'être un traître. Bobby et Eldridge recadrent leurs troupes jusqu'à l'étage, où interviennent des gardes :

— Descendez !

— Laissez-nous passer !

— Descendez !

— Laissez-nous passer ! Vous violez nos droits et tout le pays en est témoin !

Les gardes se découvrent filmés, les Panthers passent en force. Les éclats de voix reprennent, portant l'instant à ébullition. Bobby repère un ascenseur, puis l'entrée de l'Assemblée, et s'y dirige d'un pas ferme. Devant la porte, un garde – blanc, la quarantaine – le supplie en protégeant son visage. Bobby, impérial :

— On va rien te faire, on veut juste entrer.

L'homme, terrorisé, leur ouvre l'accès. Un esclave. Rien que pour ça, l'opération valait le coup. Ce que se dit Bobby en pénétrant dans l'Assemblée. Des centaines de politiciens le fixent, tétanisés. Et parmi eux, quelque part, ce salaud de Donald Mulford. Bobby avance, lorsque l'un des policiers arrache son revolver à Tod.

— Oh ! Pourquoi t'as pris mon flingue ? Rends-le-moi !

Bobby ressort, Tod s'énerve.

— Rends-le-moi, putain !

Eldridge exige que l'arme soit rendue. Refus. Panthers et policiers s'affrontent de nouveau, sous les flashs des journalistes. Les heurts dans l'escalier n'étaient qu'une répétition. Artie tente d'apaiser Tod, si furax qu'il en est méconnaissable. Seize ans, mais la rage de toute une vie. La bombe qui menace d'exploser depuis le début, c'est lui.

— JE SUIS EN ÉTAT D'ARRESTATION, OUI OU NON ? PARCE QUE, SI JE LE SUIS PAS, TU DOIS ME RENDRE MON FLINGUE !

— Tod, calme-toi…

— LAISSE, ARTIE ! ALORS, ENCULÉ ? TU M'ARRÊTES ? SI TU M'ARRÊTES, TU DOIS ME DIRE POURQUOI ET ME LIRE MES DROITS !

Il a retenu la leçon, briefé par Huey. La législation de Californie est sa meilleure alliée, bien plus que ce revolver qu'il ne cesse d'exiger. Le policier le décharge sous ses yeux et Tod s'insurge de plus belle. Son pote Nelson apostrophe l'agent :

— Vous le coffrez, c'est ça ? Alors vous devez tous nous coffrer !

Un autre policier noir apparaît. Il est baraqué, la version flic de Sherman. L'homme s'adresse aux Panthers :

— Tout le monde se calme ! C'est qui, votre chef ?

— C'est moi.

— Alors, dis-leur de redescendre.

— Pourquoi ? Tu nous arrêtes ?

— Recommence pas !

— Je t'ai posé une question, mon frère.

— Je ne suis pas ton frère !

— Si, tu l'es. Suffit juste de retirer ton uniforme.

— TU TE PRENDS POUR QUI ? ALLEZ, ÇA SUFFIT !

Les policiers les dirigent de force vers l'ascenseur, gênés par les cameramen. Bobby et les autres résistent, les bombardant de la même question. Allez, dites-le. Dites qu'on est en état d'arrestation, qu'on sache enfin pourquoi. La loi est de notre côté, vous le savez. Coffrez-nous et c'est vous qui serez hors la loi, bande de cons. Mais les flics ne répondent pas, se contentant de les pousser. Les mecs leur résistent et les filles les griffent. Bobby se retrouve dans l'ascenseur, plaqué contre la paroi, la joue écrasée, comme Eldridge.

— Mon frère, je crois qu'on a réussi.

— Ouais.

Le groupe, finalement arrêté pour entrave à la circulation, est placé en détention. Le lendemain, tous sont libérés sauf Bobby. Défendu par l'éminent avocat Charles Garrison, un Blanc, il se retrouve condamné à deux mois de détention pour trouble à l'ordre public. À l'issue du verdict, Artie applaudit son mari, admirative. Ses yeux pleurent, ses lèvres sourient.

De retour à Oakland, les autres fêtent avec Huey le succès de leur action. Certes, Bobby est incarcéré, mais tout le pays connaît désormais l'existence du Black Panther Party for Self-Defense. Une organisation rebaptisée « BPP » pour ne pas effrayer l'opinion. Mais il est trop tard, puisque leur coup de force au Capitole a réveillé les peurs profondes de l'Amérique blanche. Cette Amérique schizo, qui accueille l'immigré mais redoute l'étranger. Or, de la schizophrénie à la violence, il n'y a qu'un pas. Et trois initiales : FBI.

13

21 juin 1967
Siège du FBI, Washington

« Aussi nous a-t-il fallu, encore et encore, subir le cruel paradoxe de voir sur nos écrans des garçons noirs et blancs tuer et mourir ensemble pour un pays qui n'avait pas été capable de les faire asseoir à côté dans les mêmes salles de classe. Aussi les avons-nous vus, unis par une brutale solidarité, brûler les huttes de pauvres villages, tout en sachant qu'ils ne vivraient jamais côte à côte dans les rues de Detroit. Je ne pouvais garder le silence devant une si cruelle manipulation des pauvres. »

Les yeux scrutent, les oreilles analysent, le stylo note. Nouveau rapport pour Steve Clark, l'un des sept mille « G-Men » au service du gouvernement. À trente-trois ans, ce cravaté en costume gris est un pur produit du FBI : blanc, diplômé de l'université George-Washington, formé à Quantico et bâti comme une star du Super Bowl.

Longtemps, Clark n'a été qu'un agent parmi d'autres, surveillant syndicalistes et activistes. Docile, performant, il a gagné la confiance de ses supérieurs, au point de se voir confier le pôle informations de Chicago.

L'actuel fief de King, dont il visionne le discours donné à Riverside. Un brûlot, avant qu'Ali en remette une couche…

« Mes ennemis sont les Blancs, pas les Vietcongs, les Chinois ou les Japonais. Ce sont les Blancs qui me combattent quand je veux être libre, quand je veux être traité avec justice, quand je veux être traité en égal. Vous ne me défendez pas en Amérique, vous ne défendez pas mes convictions religieuses et vous voulez que j'aille quelque part pour combattre, alors que vous refusez de me défendre dans notre propre pays. »

… à sa sortie du tribunal, furieux. Non pas pour cette amende de dix mille dollars, ni pour cette peine de cinq ans de prison. Ça, il s'en fout, il fera appel. S'il s'insurge, c'est parce qu'il a été déshonoré, privé de sa licence et de son titre de champion du monde. Le prix à payer pour avoir refusé son incorporation.

King et Ali, deux Noirs anti-Blancs. C'est ce que pense Hoover, et c'est pourquoi il a commandé à « Clark l'expert » une énième étude sur eux. Déplacements, réseaux, interviews, il épluche tout. Cependant, même si les Noirs s'agitent, pour lui, l'info du moment, c'est qu'Elvis s'est marié. Clark en est très contrarié, d'autant qu'un mariage précède souvent une naissance. Peut-on être père et rester rock'n'roll ? Voilà un sujet à méditer, mais ce n'est pas pour ça qu'on le paie.

On cogne à la porte, à trois reprises. Il pose son stylo, stoppe le magnétoscope et – « Entrez ! » – se retourne. La porte s'ouvre sur l'agent Welch, l'homme qui a défié la Mafia et dirigé Miburn[1]. Clark se lève, intimidé :

— Bonjour, monsieur Welch.

— Il veut vous voir.

— Euh…

— Rien de personnel, rassurez-vous.

Clark s'apaise quelque peu. Sur le coup, il a cru qu'il était bon pour une énième pesée. Le chef du FBI, obsédé par son poids et celui de ses hommes ? Dans un roman, personne n'y croirait, mais c'est pourtant la vérité. S'il en est là, c'est que l'heure de la retraite a sonné. Mais ici, chacun sait qu'il restera jusqu'à son dernier souffle.

Clark range le cahier dans son tiroir. Il était détendu, le revoilà nerveux. Un tour de clef, et le duo arpente le couloir sous l'œil des caméras. Ils croisent deux autres agents, des clones, après quoi ils s'arrêtent devant l'ascenseur. Welch appuie sur le bouton.

— Ça avance, votre rapport ?

— Je fais de mon mieux, mais mon étude sera maigre.

— Il veut un rapport, pondez-lui un rapport. Ça le calmera.

Pour se détendre, certains ont besoin d'une clope ou d'une branlette. Le boss, lui, a besoin de dossiers. Il en accumule depuis cinquante ans sur des milliers de personnalités – sénateurs, juges, stars –, ayant fait du Bureau sa propre banque de données. L'ascenseur s'ouvre, ils entrent et Clark poursuit :

— On raconte qu'il a tout un dossier sur Elvis.

1. « Mississippi Burning », opération menée en 1964 qui a conclu à l'assassinat de trois militants du Congress of Racial Equality par des membres du KKK.

— On raconte beaucoup de choses.
— Mais ça, c'est vrai ?
— Oui.
— Pourquoi Elvis ?
— Pourquoi pas ?

Les portes se rouvrent au dernier étage. Nouvelles caméras, nouveaux agents. Uniquement des hommes ; pour le boss, le FBI, c'est « les couilles du Président ». Ils longent le couloir jusqu'à la dernière porte, que Welch franchit d'un pas assuré. Helen, la secrétaire, raccroche son téléphone. D'ordinaire accueillante, elle se contente ce matin d'un sourire forcé. Aucun doute, la journée s'annonce mal.

— Bonjour, Helen.
— Bonjour, messieurs. Il vous attend.

Clark lisse sa cravate, Welch toc-toque délicatement. La porte s'ouvre sur William Sullivan, de la section Domestic Intelligence. D'après certains, il serait également en charge du programme BNHG – Black Nationalist Hate Group. Sullivan leur serre la main, puis les accueille dans le lieu assombri. Persiennes. Hautes armoires. Volutes de tabac hachées par le ventilateur au plafond.

Sullivan referme derrière eux. Clark foule le tapis et, aujourd'hui encore, se crispe à la vue du masque en plâtre. La face de Dillinger, le célèbre gangster, moulée après son exécution. Un autre visage, plus glaçant, s'impose à lui :

John Edgar Hoover
72 ans
1,79 mètre
87 kilos de rigueur, de racisme et d'anticommunisme.

Figé sur son trône, derrière son bureau, entre ses deux drapeaux, ses deux lampes, son téléphone et sa bible. Noire, comme son âme. Lui qui sait tout sur tout le monde, qui a usé six présidents et façonné Hollywood. Ce vieux lion, gras et teigneux, qu'une mort de plus en plus proche ne fait qu'endurcir.

À sa droite, debout, Tolson fume une cigarette. L'élégant Clyde Tolson, l'éminence grise de Hoover et, à en croire la rumeur, son amant. Le boss, un gay qui persécute les gays ? Pourquoi pas. Après tout, il n'est plus à une contradiction près.

— Asseyez-vous, Clark.

L'agent s'installe, croise les jambes, simule un air décontracté qui ne dupe personne. Hoover le regarde avec insistance, la joue écrasée contre son poing gauche. Ses rides en sont accentuées, lui conférant une mine de déterré. Le FBI n'a jamais été aussi puissant et pourtant, ça pue la fin de règne.

— Votre rapport, où en êtes-vous ?

— J'ai bientôt terminé, monsieur. Il y a eu des contacts avec le SNCC, mais rien de concluant. Ali continue avec Nation of Islam et King reste isolé avec sa non-violence.

Tolson tire sur sa cigarette, esquissant un sourire. Il était là quand King a été reçu ici et sait pourquoi il joue au pacifiste. Pas pour préserver ses frères, oh non, mais pour sauver son mariage. Chantage à l'adultère : classique mais efficace.

— « Non-violence »… Il appelle tout de même à la révolution, comme cette Angela Davis. Du nouveau ?

— Elle a rencontré Bruber et enseignera la philosophie à Los Angeles.

— Mm. Et les Black Panthers ? Que savez-vous d'eux ?

— Ce que j'en ai vu aux infos : un groupe marxiste, un de plus.

— Pas un groupe, une armée.

Hoover ouvre l'un de ses tiroirs et extrait un dossier, épais, titré « BPP ». Il le tend à Sullivan, qui le transmet à Clark. Celui-ci délie la sangle, feuillette les pages. Welch lorgne par-dessus son épaule. Clichés. Fiches signalétiques. Journal. Articles virulents envers la police. Tandis que Clark lit, effaré, son supérieur poursuit :

— C'est le rapport de William. Ses conclusions sont alarmantes.

— Je vois ça… Deux mille recrues en huit mois ?

— Nous n'avons rien vu venir, le pays bouge tellement… gauchos, hippies… Mais ces nègres sont les pires. Ils sont organisés, ils ont leur propre journal, un « président » et des « ministres ».

— Ils se prennent au sérieux.

— Ils le sont. Sous couvert d'actions sociales, ils paradent avec leurs armes.

— Et ce décret ?

— Il va passer. Reagan y veille.

— Bien. Ils seront donc en infraction, ce qui simplifiera les choses.

— J'en doute. Leur chef a été libéré sous caution et, à peine sorti, il s'est remis dans le bain. Les Panthers sont deux mille aujourd'hui, combien demain ?

— Ils sont tous à Oakland ?

— Non. Depuis, ils ont ouvert des bureaux à Los Angeles, Philadelphie et Chicago.

Là, Clark comprend. Cet après-midi, il se rendra dans l'Illinois et donnera une mission prioritaire à son équipe : surveiller la cellule locale des Panthers. Mais ce n'est pas tout. Si c'était le cas, il aurait reçu l'ordre par un mémo. Si le boss l'a convoqué, c'est qu'il y a autre chose. Quelque chose qui pousse Welch à sortir de son silence :

— Monsieur, en quoi ma présence… ?

— Le Président s'inquiète.

— Il était temps, avec un déficit de treize milliards. La guerre, ça coûte cher.

— Les sarcasmes aussi, ça peut coûter cher. Et puisque vous évoquez la guerre, sachez que le BPP a pris contact avec l'Armée de libération du Sud-Viêtnam.

— Ah…

— Il propose d'envoyer des volontaires et Nguyen Thi Dinh a accepté l'offre. Rien pour l'instant, mais vous comprendrez aisément l'inquiétude de Johnson. Il a peur et je partage ses craintes. C'est pourquoi nous avons décidé de réactiver Cointelpro.

Counter Intelligence Program.

L'arme absolue, créée il y a onze ans pour détruire « l'ennemi intérieur » – les communistes – en quatre étapes : surveillance, infiltration, déstabilisation et neutralisation. Stratégie implacable testée par Sullivan, avec succès. Welch avale sa salive. Cointelpro, il connaît lui aussi, pour l'avoir appliqué durant l'opération Miburn. Si le Klan a été affaibli, lui et ses agents ne s'en sont jamais vraiment remis. Il se racle la gorge, puis s'adresse à Hoover :

— Désolé, monsieur, mais je refuse.

— Je ne vous ai encore rien ordonné.

— C'est inutile. Je vous le répète, c'est non.

Hoover s'enfonce dans son fauteuil, le fixe durement. À ce jour, aucun haut responsable n'avait osé lui dire « non ». Sullivan se tourne vers Welch.

— Qu'y a-t-il ?

— Vous le savez. Cointelpro est trop risqué.

— Le risque, c'est notre métier.

— Je suis agent, pas suicidaire. Dans le Sud, mes hommes et moi avons failli y laisser notre peau. Et vous voulez que je les renvoie dans la gueule du loup ?

— « Panthère », sourit Hoover.

— Monsieur… il existe d'autres méthodes, plus légales et moins dangereuses.

— Vous me décevez. Nous reparlerons de tout ça plus tard.

Le message est clair. Welch les salue d'un hochement de tête, puis se dirige vers la porte. Sullivan la lui rouvre, précipitant sa disgrâce. Il referme, Clark resserre ses doigts sur les accoudoirs. Il étouffe face aux trois hommes, lorsque Hoover poursuit :

— Clark, aimez-vous notre pays ?

— Oui, monsieur.

— Vous n'allez donc pas me décevoir, vous aussi ?

— Non, monsieur.

— Bien. Votre bureau est désormais en alerte. Oubliez la Mafia et concentrez-vous sur le BPP. Les détails de votre mission sont dans le dossier.

— Merci, monsieur.

— Ne me remerciez pas, Cointelpro n'a rien d'un cadeau. Toutefois, en cas de succès, il vous vaudra une promotion. En dernière page du dossier, vous trouverez la liste de nos objectifs : les fondateurs Bobby Stills et Huey Norton, le rédacteur en chef du journal, Eldridge Glazer, et enfin Fred Carlson. Ce dernier dirige la cellule de Chicago, très active. Carlson est votre cible.

« Cible » – le mot a été prononcé. Dès lors, Clark comprend que le boss fera tout pour gagner ce qui sera sans doute sa dernière guerre.

FBI *vs* BPP.
White America *vs* Black Power.

Clark referme le dossier, Sullivan lui tapote l'épaule, Tolson écrase sa cigarette et l'histoire peut enfin commencer.

Let's rock.

II

WHAT WE BELIEVE

14

2 juillet 1967
Philadelphie

CHARLENE

Non, pas possible. Je les observe dans le miroir, les palpe. Ben voilà, il va falloir changer de bonnet. Terry avait raison, « Les Noires ont trois atouts : leur cul, leurs seins et leurs seins. » Je sens que cet été, je vais me faire draguer. Bon, je me plains pas, j'attends que ça. Et puis, ils sont pas si gros. C'est juste que je suis maigre, alors ça se voit plus. J'espère qu'ils vont s'arrêter là, pas envie d'être bossue à seize ans.

Je mets mon soutif, un tee-shirt, puis m'examine de profil. Finalement, ça me va bien. Au moins, je passerai pas inaperçue. Des jours que je pense à y aller, j'espère qu'ils me prendront. Aujourd'hui, dans ma vie, je vois que ça. Personne pour me dire d'aller en cours, personne pour me faire la morale. Maman s'est cassée quand j'étais bébé et papa est tout le temps sur les chantiers. Je prends le pain, la bouteille de lait, déjeune en écoutant la radio. Viêtnam, encore. Bombardements, toujours.

J'enfile mes baskets, sors en claquant la porte, descends l'escalier. Murs pourris et rats crevés : mon décor jusqu'à la rue, bordée d'ordures et de bagnoles déglinguées. Vlan ! Paf ! Bang ! Le ghetto palpite entre bastons et défonce. Cash, tu deales. Flash, tu planes. Crash, tu tombes. Et si ça se fâche, ça se règle en trash. C'est ça, ma ville.

Je devrais être fière d'habiter Philly, car c'est là qu'ils ont signé la Déclaration d'indépendance, mais j'aurais préféré naître à San Francisco, avec les plages et tout. Mieux, à Monterey. Comme ça, je serais allée au festival. J'aurais vu Otis et ce Hendrix dont tout le monde parle. J'ai vu les images, quand il a cramé sa guitare. À genoux, les doigts en serpents. Ça sentait le cul et la mort, ça m'a fait des choses.

Plus tard,
Lansdowne Avenue

Un chien surgit et s'arrête au carrefour, la langue pendante. Il attend son maître, un joggeur qui me dépasse. Ils s'éloignent, l'un aboyant et l'autre boxant dans le vide. Je les regarde disparaître, dépasse la vitrine de Cornelius. J'adore sa boutique. Déjà, il y a tous ces comics empilés. Puis ce long comptoir avec sa collection de vinyles, en dessous. Toute la soul du monde, des hits aux trucs les plus rares.

Je prends la 59e, qui ressemble à ma rue. J'y trouve la même crasse, les mêmes camés, les mêmes puceaux assis sur les mêmes marches. L'un d'eux s'approche :

— Eh ! Tu t'appelles comment ?

— Casse-toi.

— Vas-y, c'est quoi ton prénom ?

— Je m'appelle « Va te faire foutre ».

Il insiste, rejoint par ses potes. Tous me collent au cul, qu'ils cherchent à toucher. « Lâchez-la ! » – ça, c'est le clodo, à l'angle. Il leur lance un sac-poubelle, le groupe l'insulte avant de se disperser. Je poursuis mon chemin et croise mon sauveur.

— Merci.

— De rien, chérie ! Va falloir me remercier, maintenant !

— PUTAIN ! C'EST QUOI, CE QUARTIER DE PERVERS ?

Je shoote dans sa gamelle, renversant les pièces. Il est fou de rage et je longe le terrain vague, où des gamins refont le Viêtnam. Au loin, trois mecs m'observent. Chapeaux, débardeurs, chaînes de vélo – les Black Lords, les ennemis des Midgets, le gang de ma rue. Tête baissée, j'accélère et quitte leur territoire avec soulagement. West Columbia Avenue, enfin. Je sors le tract, suis les numéros jusqu'au 1928 : « Black Panther Party », c'est peint sur la vitrine.

Gênée, intimidée, mal à l'aise, je suis tout ça à la fois mais j'entre, car j'en peux plus d'hésiter. Je referme derrière moi et découvre le local. Bureau. Chaises. Rideau au fond. Bibliothèque. Posters de Malcolm X, de Bobby Stills et Huey Norton, fusil à la main. Leur look, c'est trop la classe. Et des flingues, il y en a plein l'armoire, je les vois à travers les portes vitrées. Le rideau s'ouvre sur un mec super baraqué, avec un gobelet de café.

— Je… désolée… c'était ouvert, alors…

— Pas de souci.

— C'est toi, le chef ?

— Non. Roy ! Ramène-toi !

Ce que je prenais pour l'arrière-boutique est une cour donnant sur le boulevard, où fument d'autres Panthers. Le fameux Roy apparaît. Ses yeux, son visage… la même beauté que Belafonte, une beauté qui rassure. Je souris, avant de découvrir la cicatrice sur sa gorge, qui s'étire jusqu'à ses oreilles. Il croque un donut, me détaille de haut en bas.

— Salut.

— Salut. Alors, c'est toi le chef ? Tu connais Stills ? Et Norton ?

— Ben, ouais. Et Bobby, c'est mon cousin.

— Sérieux ?! C'est dingue ! Il vient ici, des fois ?

— Si t'es une groupie, tu peux te tirer tout de suite.

— Non… c'est juste que… je veux faire partie des Panthers.

L'autre me lorgne, Roy poursuit :

— T'as quel âge ?

— Seize ans.

— Et t'es pas censée être en cours ?

— J'y vais plus. Ça me saoule.

— Je vois… Tu t'appelles comment ?

— Charlene.

— Écoute, Charlene, le prends pas mal, mais on est pas un centre de vacances.

— Le prends pas mal, mais je t'emmerde.

Le colosse me sourit. Il se tourne vers son chef, qui se rapproche :

— Mais c'est qu'elle a du répondant, la p'tite ! Et pourquoi tu veux être Panther ?

— Pour me faire respecter.

— Par les Blancs ?

— Tout le monde. Avec un flingue, les mecs me lâcheront la grappe.

— Dis donc, t'as un sacré tempérament. D'où tu viens ?

— Master Street.

— Ah, forcément… J'avais un pote, là-bas. Il s'appelait Terry.

— Terry Powell ?

— Ouais. Tu le connaissais ?

— C'était mon frère.

— Mm… C'était pas un tendre, mais il méritait pas de crever.

— Je suis pas venue parler de lui. Tu me recrutes ou pas ?

Il plonge ses yeux dans les miens, me détaille entre deux bouchées de donut. Le reste de l'équipe apparaît, et me voilà jaugée par huit révolutionnaires vêtus de cuir. Des jeunes avec des gueules de vieux, sculptées au ras-le-bol. J'ai envie de m'enfuir, mais je tiens bon. Roy s'essuie les lèvres du revers de la main :

— Tu sais lire ?

— Ben, ouais.

Il se dirige vers la bibliothèque, prend trois bouquins. Il revient et me les met entre les mains.

— Tiens. Potasse tout ça.

Je regarde les couvertures. L'autobiographie de Malcolm X (super !), puis *Les Damnés de la Terre* de Frantz Fanon (connais pas) et *Le Petit Livre rouge* de Mao Tse-Toung (pas envie de connaître, sa photo sur la couv', elle fait flipper).

— Merci. Et après ?

— Si ça te parle, reviens nous voir.

Il ajoute un exemplaire de leur journal. La une m'apprend que la Californie a adopté une nouvelle loi et que les Panthers de là-bas ont plus le droit d'être armés. Je les connais pas, mais ça me fait chier pour eux. Quoique. Après tout, c'est trop la classe d'être hors la loi. Moi, ça me plairait bien.

15

22 juillet 1967
Los Angeles

NEIL

« Seigneur, dans le silence de ce jour naissant, je Te demande la paix, la sagesse et la force. Je veux regarder aujourd'hui le monde avec des yeux remplis d'amour. Être patient, compréhensif, doux et sage, voir au-delà des apparences tes enfants comme Tu les vois Toi-même, et ainsi ne voir que le bien en chacun. Ferme mes oreilles à toute calomnie, garde ma langue de toute malveillance, que seules les pensées qui bénissent demeurent en mon esprit. Que je sois si bienveillant et si joyeux que tous ceux qui m'approchent sentent Ta présence. Revêts-moi de Ta beauté, Seigneur, et qu'au long de ce jour je Te révèle. Amen. »

Je fais mon signe de croix et me redresse. Au-dessus du lit, sur le mur, Jésus m'ouvre les bras, comme tous les jours depuis vingt-huit ans. Je L'aime, Il m'aime, nous nous aimons, mais c'est devenu insuffisant. Six ans de solitude, ce n'est plus du célibat, c'est une malédiction. Ma punition pour ne pas avoir su garder Gail, la femme de ma vie, avant qu'elle devienne la femme de la vie d'un autre.

Alors, chaque matin, après avoir enfilé mon uniforme, je prie le Seigneur pour qu'il mette une femme sur mon chemin. Une nouvelle Gail, croisée au hasard d'une patrouille. Le problème, c'est que mon trajet se réduit à Slauson Avenue-Century Boulevard et Century Boulevard-Slauson Avenue. Une zone où l'on peut tout croiser – misère, drogue, violence – sauf l'amour.

Mon quotidien, c'est la haine.

Le racisme de mes collègues.

Le racisme de tous ceux que j'emmène au poste : Noirs, Latinos, Chicanos, mais Noirs, surtout. Ils représentent 75 % des délits, soit deux interventions sur trois, de jour comme de nuit. Évidemment. On les a parqués et affamés, alors ils survivent comme ils peuvent, entre deal et recel. Je réprouve tout ça, à commencer par les homicides, mais je comprends. Cela dit, ça ne m'empêche pas d'appliquer la loi. Moi, l'« enculé de Blanc ».

Mal considéré, mal payé, j'encaisse sans me plaindre. Enfant, je voulais devenir vétérinaire, mais mon grand-père était flic à L.A., mon père était flic à L.A., alors je suis flic à L.A., perpétuant la tradition des O'Brien. Il faut bien que quelqu'un fasse le sale boulot. Sale et dangereux, depuis Watts. C'est pour ça que j'avais voté Kennedy, un catholique d'origine irlandaise, comme moi. On était des millions à vouloir la paix, le changement, mais Oswald nous en a privés. Un fou. Un communiste. Un pion au cœur d'un complot, selon le procureur Garrison. Encore un qui veut se faire remarquer.

6 h 51. Je passe de ma chambre à la cuisine. Tasse. Café. Interrupteur. Attente. Télé…

« Malgré le cessez-le-feu, les tensions persistent entre Israël et la Syrie. Par ailleurs, de nouveaux affrontements se sont produits dans la partie est de Jérusalem, depuis annexée à l'État hébreu. »

… et CBS me pourrit les yeux, les tympans. C'est le Summer of Love et pourtant, je n'entends parler que de guerre froide, de guerre au Viêtnam et de guerre des Six-Jours. Aujourd'hui, tout est guerre, et moi j'en suis encore à rêver d'amour. Soit je suis naïf, soit je suis con, mais dans tous les cas, ça me permet de tenir le coup. J'éteins la télé et m'en remets à la radio…

« No way to delay !
That trouble comin' every day ! »

… où je reconnais les Mothers. Sympas, tous ces nouveaux groupes. J'aime le rock. Ses chanteurs sont souvent vulgaires et durs envers le Seigneur, mais leur musique me fait du bien. Le rock, c'est mon seul vice. Je ne fume pas, je ne bois pas, je suis droit au quotidien, je ne me masturbe que deux fois par semaine, alors, par moments, j'ai besoin de liberté.

Je sucre mon café, regarde par la fenêtre. Au loin, le soleil nuance l'horizon pollué, où le smog étouffe les buildings. J'avale une gorgée, observant mon quartier et ses premiers passants. Chapeaux, kippas, foulards… À Hancock, tout le monde cohabite et j'aime ça. Autre gorgée, et je repense à Gail, puis à mon père. Son enterrement. Son insigne que je garde dans le tiroir de ma commode, sans savoir pourquoi.

Je lave ma tasse dans l'évier – ce sera ça de moins à faire ce soir –, puis me rends dans l'entrée, pour décrocher mon arsenal du portemanteau. Je boucle ma ceinture, ajuste mon revolver, ma matraque, lorsque le klaxon retentit. Il est 7 h 02, mon équipier me presse de le rejoindre. Je mets ma casquette et sors enfin.

« Protéger et servir ».

16

2 août 1967
Chicago

TYRONE

9 heures. Le soleil cogne déjà. Encore un jour à suer, à Cook County. Un an que je pourris entre ces barbelés, mon dernier horizon. Tout ça parce que j'ai saigné Big Joe. Sauf que cette montre, elle valait bien plus que cinquante dollars. Ce salaud le savait, mais il a voulu m'entuber. Son erreur, ça a été de me traiter de « sale nègre ».

Depuis, j'attends. Je glande dans la cour, avant de regagner mon trou. Les coups des matons, les avances des pédés, j'en peux plus. Et les Muslims, qui m'emmerdent avec leur religion. Dieu, c'est des conneries. S'il existait, je serais pas né dans la crasse. Et puis, je serais pas ici, avec un codétenu qui se cache même plus pour se branler. Si seulement je pouvais crever… Je suis censé y passer dans six mois mais, d'ici là, la peine de mort aura peut-être été suspendue.

« Pas conforme à la Constitution », d'après certains. Alors, je tourne sans fin, condamné au rien. Et à vingt-deux ans, c'est dur.

Je me retourne, aperçois deux matons au loin. Un Noir et un Blanc. Ils me regardent de travers, ça veut dire qu'ils sont au courant de mon trafic de médocs. J'ai dû être dénoncé par un autre dealer. Ou l'Aryan Brotherhood. Ou l'un des trois mille freaks qui gangrènent avec moi.

Je traverse la cour et, une fois encore, ça me fait bizarre. Jamais vu autant de Noirs au mètre carré, même dans mon quartier. Regards. Murmures. Haleines puant la clope et le foutre. L'angoisse pèse entre mes omoplates, emprisonnant mes cervicales. Sur le trajet, je croise le vieil Horace.

— Bon courage, mec.

— T'inquiète.

Lui, il est cool. Je l'ai rencontré à la menuiserie. On s'y casse les mains pour trois cents de l'heure, alors forcément, ça crée des liens. Je continue d'avancer, épié par les Latinos et les Portos à travers leurs grillages respectifs. Tandis que j'approche, les matons se raidissent, agrippés à leurs fusils. Je serre les poings.

— Quoi ? Qu'est-ce qu'il y a ?

— Tu verras bien.

Ils m'escortent de près, comme si j'étais une bête sanguinaire. Au fil des pas, le ciel bleu devient plafond jaunâtre, craquelé. Ils me menottent, me ferrent les chevilles. Là, c'est clair, je vais en chier. Le jeu des matons : t'attacher pour mieux te bastonner.

Ils me poussent et on s'enfonce dans le couloir. Caméra. Grille. Couloir. Caméra. Grille. Couloir. Caméra. Grille. Cellules, d'où les Blancs me jettent leur merde – « Bouffe, négro ! » Blasé, j'avance et les imagine en train de chier, récolter leur truc pour le garder au chaud en attendant de se farcir un Noir. Autre grille, et on m'arrête devant une porte blindée.

— Je peux enfin savoir ce que…

— Ton nouvel avocat veut te voir.

— Le nouveau ? Parce que j'en avais un, avant ?

Le Noir soupire, puis sort son trousseau. Le verrou claque, suivi de la porte, derrière moi. Installé à une table, un Blanc examine ses ongles. La trentaine chic, de ses cheveux gominés à ses Rockport cirées. Chaussures de pédé. J'avance, faisant tinter mes chaînes jusqu'à lui. Il se lève et, souriant, me serre la main.

— Bonjour, Tyrone.

— Salut.

Je libère mes doigts, il se rassied et m'invite à faire de même. Je m'affale sur la chaise, pose mes mains liées sur la table. Il plonge son regard dans le mien.

— Comment allez-vous ?

— Super. Alors, comme ça, vous êtes mon nouvel avocat ?

— Non. Je suis l'agent spécial Clark du FBI.

— Si c'est une blague, j'ai connu mieux.

Il ouvre son portefeuille, révélant une carte plastifiée. La même que celle d'Efrem Zimbalist Jr. dans la série *The FBI.* Sauf que ce mec, devant moi, il a pas la gueule à jouer dans un épisode du dimanche soir. L'angoisse resurgit et là, je sais qu'elle me lâchera pas.

— Que… qu'est-ce que vous me voulez ?

Il plonge la main dans la poche de son pantalon et en extrait un paquet de Marlboro. Il me le tend, j'accepte et le FBI allume ma clope. La première bouffée a le goût du plaisir, la suivante celui du malaise. Clark reprend :

— Tu veux un soda ?

— Non.

— T'es sûr ?

— Qu'est-ce que vous me voulez ?

— J'ai une proposition à te faire.

— Je fais pas de marché avec les Blancs.

— Tyrone, je pourrais faire semblant d'être vexé et me diriger vers la porte jusqu'à ce que tu me dises « Attendez ! », mais j'ai pas que ça à foutre. Alors tu vas m'écouter.

À cran, je tire sur ma clope. Clark ouvre son attaché-case, en sort un dossier portant mon nom. Celui de mes parents et de mes ancêtres, sous un coup de tampon. Marqué au fer rouge, aujourd'hui encore, au XXe siècle. Il feuillette mon dossier, commente à haute voix :

— Cambriolages, braquages, homicide… Sacré palmarès. Pourtant, avec le moratoire, tu vas peut-être échapper au gaz. T'as de la chance, tu le sais, ça ?

— De la chance d'être ici ? Je crois pas.

— Ça pourrait être pire.

— Crever, je m'en fous. J'attends que ça.

— Ta tirade « même pas peur », ça marche peut-être avec tes copains, mais pas avec moi. Si tu voulais vraiment crever, tu te serais pendu, mais tu l'as pas fait, ce qui prouve que t'y tiens, à ta vie de merde. Or la peine de mort est toujours appliquée, ici.

— Pour l'instant.

— Je pourrais accélérer les choses.

— Vous essayez de me mettre la pression ?

— Je veux juste m'assurer que j'ai toute ton attention. Les Black Panthers, ça te parle ?

— Ouais. Je les ai vus à la télé, ils ont des couilles.

— Épargne-moi tes commentaires. Figure-toi que, depuis le Capitole, ils ont pris du galon. Ils se développent un peu partout.

— Et alors ?

— Tu t'en fous ? Pourtant, c'est pour les gars comme toi qu'ils se démènent.

— Il paraît. Mais moi, ils sont pas venus m'aider.

— T'étais déjà ici, quand ils se sont installés sur Madison. Et pour info, en à peine deux mois, ils sont déjà trois cents.

— Ah ouais ?

— Ça t'épate, hein ? Eh ben, j'ai une bonne nouvelle : tu vas les rejoindre.

Ping.

— Vous… vous voulez que je les infiltre ?

— Et que tu gagnes la confiance de leur chef.

Pong.

— Non… Je trahirai jamais mes frères.

— Big Joe était ton « frère » et ça t'a pas empêché de le saigner.

Ping.

— Je peux pas faire ça… surtout pour un Blanc.

— C'est pour toi que tu vas le faire. Pour te sortir de cette taule.

Pong.

— C'est trop risqué !

— Pas plus que ce que t'as déjà fait.

— Personne n'y croira… Rien qu'ici, vous êtes censé être mon avocat et jamais un Blanc ferait sortir un gars comme moi.

— Pas forcément. Tu sais, le chef du BPP, c'est un Blanc qui l'a fait libérer.

— Sérieux ?

— Eh oui. T'es déçu ?

— Ben… Je pensais qu'ils faisaient du bizz qu'avec nous.

— Sûrement pas. Ce sont des opportunistes, ils bossent avec le Peace and Freedom.

Ce sadique épluche mon âme, patiemment. Il harponne mes yeux, les vrille jusqu'aux nerfs optiques. Étincelles. Mèches. Bombe – mon cerveau enfiévré. J'appuie mon front contre mes mains. Les menottes glacent mes paupières, et j'enchaîne, blasé :

— Le mec que vous voulez, c'est qui ?

— Fred Carlson. Tu connais ?

— Jamais vu… Son nom me dit quelque chose, mais…

— C'est la star du South Side. Un intello qui collabore avec toutes les communautés, même les Blancs. Bref, je compte sur toi.

— Désolé, je peux pas faire ça.

— Oh si, tu vas le faire, car c'est ta seule chance de sortie.

— Si on me voit dehors, on trouvera ça louche et je serai soupçonné.

— Je t'arrangerai ça, en faisant passer ta libération avec un vice de procédure. T'auras trois cents dollars par semaine et tu pourras retourner chez oncle Warren.

— Vous savez, pour l'appart'?

— Je sais tout, de ton oncle au cimetière, à ta mère qui crache ses poumons. Si tu fais ce que je te dis, elle pourra bénéficier du Medicare et aller au sanatorium. Alors ?

— Je sais pas… Non, vraiment…

— Avec vous, les nègres, c'est toujours pareil. On vous file un prix Nobel, un oscar, du fric, mais ça ne vous suffit pas. Il faut toujours que vous la rameniez.

J'avale une nouvelle bouffée. Elle me file la nausée, mais je continue de fumer. La fièvre s'intensifie, je le sens à mes tempes brûlantes. Leur sueur me crame la peau, la chair, les muscles, les os. Perdu, je suis perdu.

— Pourquoi moi ?

— Parce que t'es une merde. Et que le BPP ne recrute que des merdes comme toi.

— L'armée aussi. À ce qu'on dit, il y aurait beaucoup plus de Noirs que de Blancs envoyés au Viêtnam.

— Il faut bien que vous serviez à quelque chose. Et ici, dans cette taule, tu sers à rien. Ça te manque pas de baiser ? D'aller au ciné ? De bouffer un bon burger ?

— C'est dégueulasse ce que vous faites.

— Je sais. Pourtant, je ne te veux aucun mal. J'ai peut-être l'air comme ça, mais j'aime bien ta gueule. Pour tout te dire, tu me fais de la peine, Tyrone. J'imagine que si t'as mal tourné, c'est que t'avais pas vraiment le choix. Eh ben, aujourd'hui, tu l'as. Alors ?

17

11 septembre 1967

CHARLENE

Alors, j'ai lu les bouquins. Le seul que j'ai pas fini, c'est celui de Mao, trop chiant, mais les autres m'ont passionnée. Depuis, je suis incollable sur Malcolm, son enfance, son passage en taule, son combat. *Les Damnés* aussi, ça m'a plu. C'était compliqué, mais j'ai appris des tas de trucs. Que mes ancêtres s'étaient révoltés. Que même si je suis née en Amérique, je suis africaine. Et tout ça, on me l'avait jamais dit à l'école.

Ce qui m'a le plus « parlé », c'est le journal du Parti. Une bouffée d'air, comme des vacances, mais des vacances intellos. Je me suis sentie informée, révoltée, excitée. En le refermant, j'étais une Panther. Roy l'a vu tout de suite quand je suis revenue. On a causé, il m'a présenté à sa femme Alicia, à leur fils et aux autres. Ils sont cool, ils ont tous la vingtaine. Grâce à eux, j'ai enfin une raison de me lever le matin. Et une veste en cuir. Et un froc neuf. Et des journaux à distribuer, alors je me grouille.

— Salut, Charlene !

Ça, c'est « Papi Mytho ». Assis devant chez lui, sur les marches, sa bière à la main.

— Salut ! Ça va ?

— Ouais, j'attends Sid.

— Sid ?

— Eh ben, Sidney Poitier ! Il m'a appelé hier soir. Il galère sur son tournage, il lui manque un figurant. Du coup, je vais le dépanner.

Je me retiens de rire, comme toujours. Lui, si tu l'écoutes, il a baisé avec Aretha et il a été le premier entraîneur d'Ali. C'est pas bien, mais je le relance :

— C'est super, ça. Sid doit être vachement content.

— Écoute, si ça peut lui rendre service…

— Tu me raconteras ? Allez, j'y vais, je suis en retard.

Je repars, pressée. À l'angle, la borne d'incendie est transformée en douche pour le plus grand plaisir des gamins. J'ai vu que ça, cet été. Ça et des bagnoles de flics, qui passaient devant le bureau. Pff, comme si ça pouvait nous impressionner. Je traverse la foule jusqu'à la station de métro. Fidèle au poste, Jamal attend à la sortie, en djellaba. C'est le look de Nation of Islam, et franchement, le nôtre a plus de classe. Il me sourit, avec ses *Muhammad Speaks* sous le bras. Son paquet a réduit, il a pris de l'avance sur moi.

— *As salam aleikoum !*

— Salut !

— Non, pas « Salut ». Je t'ai déjà dit que…

— Commence pas.

Je me poste en face de lui. Allez, c'est parti, cinquante exemplaires à vendre. Ce mois-ci, on fait la une sur la commission Kerner. Ce con de Johnson l'a chargée d'analyser les émeutes pour qu'elle propose des solutions, mais on les connaît déjà : respect, embauche et logement. Pendant qu'ils « analysent », nous, on aide la communauté. Les premiers voyageurs apparaissent. Jamal et moi, on attaque…

— *As salam aleikoum*, mon frère !
— Hé ! salut, mon frère !

… en tendant nos journaux. La foule nous ignore…

— Rejoins les tiens, lis *Muhammad Speaks* ! Vingt-cinq cents !
— Révolte-toi, lis *Black Panther* ! Vingt-cinq cents, à peine !

… mais on lâche rien. Il en vend trois et j'en vends quatre, dont deux d'affilée. C'est pas la première fois. Au Parti, on fait tout pour que ça marche. Pendant que je suis là, les autres distribuent des fringues dans le ghetto. J'aimerais, moi aussi, mais je peux pas tout faire. Déjà, avant de vendre les journaux, faut que je lise ceux des Blancs pour voir les conneries qu'ils racontent. Rien que ça, ça me prend beaucoup de temps.

Entre chaque flux, on fait une pause avec Jamal. Deux minutes pour reprendre notre souffle. Je compte mes exemplaires restants, quand il m'interpelle :

— Ma sœur, tu te trompes de voie.
— C'est toi qui te trompes.
— Non. C'est pas Marx que tu dois suivre, c'est Elijah Muhammad.
— Ton Elijah, il a pas été sympa avec Malcolm.
— Des mensonges fabriqués par les Blancs. Ils cherchent à nous diviser, tu sais bien.
— Et vous faites quoi contre ça ? Rien. Nous, on agit, on informe les gens.

— Nous aussi. Et pour ça, on a pas besoin de suivre des Juifs.

— Hein ?

— Marx, Lénine, c'est des Juifs.

— Eh ben, je m'en fous. Au Parti, on combat avec tous ceux qui veulent nous suivre, qu'ils soient juifs ou…

J'entends du bruit : nouveaux voyageurs. On reprend, « Mon frère ! » par-ci, « Ma sœur ! » par-là, et malgré mes efforts, Jamal remporte cette manche. Mais moi, j'ai vendu un exemplaire à un couple de Blancs. Des chevelus, sympas. On a parlé du Viêtnam, de Rosa Parks… J'adore échanger avec les autres. Et si on est pas d'accord, c'est pas grave. Au moins, on discute, il se passe des choses. Jamal me nargue :

— Eh ben ! Tu faiblis, ma sœur !

Je réponds pas. C'est pas que je suis vexée, mais une patrouille de flics s'est arrêtée au coin de la rue. Ils nous observent, avant de se focaliser sur moi. Ils vont venir, je le sens, et ils me confisqueront mon stock.

— Charlene ? Ça va ?

Non, ça va pas. Le cœur battant, je serre les journaux contre moi. Mon bouclier. Ils me dévisagent et je me cramponne aux articles, au Parti. Putains de flics… qui redémarrent, puis disparaissent sur Spring Garden. J'en reviens pas. Ils ont flippé. Ces porcs ont eu peur de moi. Ou alors ils étaient juste en repérage. Mais ils reviendront, je le sais. Tout à l'heure, demain, la semaine prochaine. Je m'en fous, car je me suis pas démontée. Je les ai défiés, je les défierai jusqu'à ce qu'ils me respectent, et c'est Malcolm qui conclut : « par tous les moyens nécessaires ».

18

28 octobre 1967

NEIL

5 h 42.

Nuit.

Énième ronde avant d'aller dormir.

En attendant, je traverse une dernière fois ma ville, bercé par ses halos et sa faune. Los Angeles, l'enfant bâtard de Sodome et Gomorrhe. En cinq ans, j'en ai vu, de la détresse. J'en ai vu, des clodos bouffer des rats morts, des toxicos vendre leur cul, des putes mutiler le vagin d'une concurrente, mais je n'ai jamais perdu la foi. Tous ces néons, ces lumières dans les ténèbres, c'est le Seigneur. Il veille sur nous, au son de KGFJ, ma radio préférée :

« Will I live tomorrow ? Well I just can't say ! »

Quel son. Quel génie, ce Hendrix. Un phénomène qui met tout le monde d'accord, des Blancs aux Noirs, des rockeurs aux jazzmen. Tout le monde sauf Doug, mon équipier. Des heures que sa voix couvre l'autoradio. Cette fois encore, c'est moi qui conduis et c'est lui qui vocifère. En hiver, il râle à cause du froid. Au printemps, il se plaint de ses allergies. En été, il peste contre la chaleur. Et puisqu'on est en automne, il s'en prend à l'air sec, mais aussi aux noctambules :

— Et allez, encore une pute ! Regarde-moi ces pouilleux !

— Mm.

— C'est tout ce que ça t'inspire ?

— Cette misère, c'est pas nouveau. Johnson devrait investir dans les villes, au lieu de claquer notre fric au Viêtnam.

— Qu'est-ce que t'y connais, à la guerre ? T'as fait la Corée ? Moi, oui ! On a raison de bombarder les Viets ! Regarde nos rues ! Putes, camés, nègres… Tout ça, c'est à cause de Kennedy ! S'il avait fait son boulot à Cuba, on en serait pas là !

— C'est quoi le rapport ?

— C'est bien une remarque d'Irlandais, ça ! T'es con ou tu le fais exprès ? Si on avait buté Castro, ça aurait envoyé un signal à tout le monde et ces déchets oseraient pas se montrer !

Il enchaîne avec Mao, qui pourrait crever la gueule ouverte, comme le Che, et tous les enfoirés de cocos. Moi, jamais je ne me réjouirai de la mort d'un homme. Nos ennemis doivent être jugés, condamnés et – s'il le faut – exécutés, mais de là à applaudir… La justice, oui, la haine, non.

Un virage, et je m'engage sur Slauson. À l'angle, six Noirs fument en surveillant l'avenue. Chapeaux, pulls, Ray-Ban : leur uniforme. Avant, c'était des bandes. Maintenant, ce sont des gangs. Les Slausons, les Gladiators de la 54e, les Businessmen de Vernon et les autres, ils ont tous leur territoire. Les Noirs nous fixent, je resserre mes doigts sur le volant et les dépasse, le cœur battant.

— Neil, t'incarnes la loi.

— Pourquoi tu me dis ça ?

— Tu sais très bien pourquoi. C'est pas à toi d'avoir peur, c'est aux nègres.

Et allez, c'est reparti. « Les nègres ceci », « Les nègres cela », j'entends ça tous les jours en patrouille, au poste, au vestiaire. La plupart de mes collègues sont obsédés par les Noirs, comme l'était mon père. Je n'ai jamais compris. Lui, raciste, alors que nos ancêtres ont été expulsés et ont dû se réfugier ici, où ils ont été brimés et exploités. Des martyrs, à l'instar des Noirs, des Indiens et…

… une Buick surgit au carrefour. Je freine de toutes mes forces, évitant le choc. Doug renverse son café – « Merde ! » Je braque le volant, il active la sirène. Adrénaline. Devant, le chauffard accélère. Ce con est en train de pourrir ma fin de service. Je le rattrape, notre moteur gronde et mon équipier aussi.

— POLICE !

Je dépasse la Buick, devine deux Noirs à l'avant. Je me rabats sur la droite et freine d'un coup sec, les obligeant à s'arrêter. Leurs pneus crissent. Les piétons se retournent, observent, puis se remettent en chemin. L.A., éternellement blasée.

Doug sort, furieux, éclaboussé d'arabica. Il active sa torche et je le rejoins. Avoir l'aplomb, être digne de mon uniforme, malgré la fatigue. Nos matraques claquent contre nos cuisses jusqu'à la Buick, d'où me parvient un solo de guitare. Hendrix. Ces mecs écoutent KGFJ, eux aussi. Je trouve ça plutôt chouette, mais Doug n'est pas de cet avis :

— Coupe ça !

Ébloui, le conducteur plisse les yeux et éteint l'autoradio.

— Désolé… on parlait et j'ai pas vu le feu…

— Permis ! Papiers ! Allez, plus vite que ça !

Le gars obtempère. Doug lui arrache le tout et retourne à notre véhicule en râlant. Je prends le relais, surveille les deux types avec ma lampe. Le regard fixe et la main droite sur ma crosse ; l'habitude. Avec les chauffards, tout peut arriver, alors je me tiens prêt. Le stress est là, mais je gère. J'ai été formé pour ça.

« Allô ? Central ? » – Doug, derrière moi. Je l'imagine, voûté, cramponné au micro. Il réitère son appel, plus fort. Je redoute une réaction des Noirs, mais ils attendent, immobiles. Je lorgne mon équipier, qui vérifie enfin leur identité, puis reviens sur les autres. Toujours calmes. En général, à cette heure-ci, ça tourne vite au conflit et je sais quoi faire. Là, non. Alors, je me sens con avec ma lampe. Je pense à Gail et au héros qu'elle voyait en moi, avant que je lui raconte mon quotidien. Trop, sans doute.

J'attends que Doug termine, mais ça dure, je l'entends parler avec le central. Le sommeil m'appelle, me picotant la nuque. Je me ressaisis, concentré sur les Noirs. Le passager allume une cigarette – clic ! – et mon cœur implose. Car je réalise qu'ils ont chacun un béret. Et un pull noir. Et une veste en cuir. Et je reconnais celui qui fume : Huey Norton. Le chef des Black Panthers. Ceux qui traquent mes collègues d'Oakland et qui ont pris d'assaut le Capitole. Aucun doute, c'est bien lui que j'ai vu, dans le *News*. Qu'est-ce qu'il fait ici, si loin de chez lui ?

Seigneur, aide-moi.

Aide-moi à ne pas paniquer.

Car Norton ne me lâche pas du regard. Il sait que je sais. Son pote me scrute, lui aussi. Ils sont calmes, mais je sens que ça peut péter à tout moment. Partir.

Il faut qu'on les laisse partir. Pas d'amende, pas de risques, et je pourrai rentrer dormir. Doug réapparaît.

— Ils sont en règle.

— Bon… alors, on y va.

— T'es sérieux, là ?

— Oui… je suis crevé.

Il leur tourne le dos et me chuchote :

— Moi aussi, je suis crevé, mais on doit les verbaliser.

— Ça va nous faire plus de paperasse… pour une fois qu'on peut finir à l'heure…

Doug lorgne sa montre et je sais ce qu'il pense. Il se dit que j'ai raison, que Martha va encore râler s'il rentre avec du retard. Il soupire :

— T'es chiant. Tu le sais, ça ?

Il rend les documents au chauffeur.

— Allez, tirez-vous ! Et que je vous reprenne pas à rouler comme des cons ou je vous colle une… Eh ! Je te reconnais, toi ! T'es le chef des autres, là ! Les Panthers !

Et voilà, ce que je redoutais vient de se produire. Norton tire sur sa clope, échange un regard avec son pote. Mon équipier, lui, inspecte l'habitacle avec sa lampe. Le faisceau parcourt le tableau de bord, le sol, la banquette arrière, et nous révèle un fusil à pompe. Doug, au chauffeur :

— Oh ! C'est quoi, ça ?

— Ça va…

— Non, ça va pas ! C'est interdit, maintenant, et vous êtes bien placés pour le savoir ! C'est à cause de vous, ce décret à la con !

— Pas la peine de gueuler.

— Quoi ? Pour qui tu te prends, négro ?

À ce mot, leurs regards s'embrasent. Ils étaient hommes, ils deviennent panthères. Norton serre les dents et l'autre s'empare du fusil. Je sors mon arme – « NON ! » – mais Doug tire avant moi. Le sang jaillit, éclabousse ma mémoire. Watts. Émeutes. Apocalypse. Je me retranche derrière notre véhicule. Nos balles, les leurs… Mes tympans explosent. Je n'entends plus, mais je les vois nous viser.

Seigneur, non, je ne veux pas mourir.

Pas comme ça.

Pas en service, comme mon père.

Tirs, encore. Leur pare-brise éclate, nos pneus se dégonflent, des hurlements déchirent la nuit. Los Angeles panique et s'enfuit en se piétinant. Norton secoue son pote – « GENE ! » – à la face ensanglantée, alors que Doug convulse à mes pieds. Norton surgit de la Buick. Je me jette sur lui, le plaque au sol, et lui appuie mon canon entre les yeux.

— LÂCHE TON ARME ! LÂCHE-LA OU JE TE BUTE !

Il obéit. Non, son flingue est tombé tout seul. Blessée, ma proie s'est évanouie, me laissant seul avec deux morts. Deux morts de plus dans ma ville, dans ma vie.

19

13 novembre 1967

TYRONE

8 h 47

Tee-shirt délavé, vieux jean, baskets boueuses, ceinture usée, billet de vingt dollars froissé, douze cents, Zippo, quatre Marlboro asséchées, trousseau avec clefs de l'appart' et de la cave. L'un des trois gardiens s'impatiente :

— Il manque quelque chose ?

— Non.

— Alors grouille-toi !

Je signe le registre et me désape devant les autres. Humilié, une fois de plus. Allez, matez-moi, je m'en fous. Bientôt, je verrai plus vos sales gueules. J'enfile mon tee-shirt, puis mon jean. Il tombe un peu ; j'ai maigri. Je serre ma ceinture, puis récupère mon trousseau. À son contact, je me sens déjà chez moi.

Ils me font signe d'avancer et me collent au cul. Leurs clefs tintent, précédant l'ouverture de la porte. La cour apparaît, terne, comme ce matin d'hiver. Un frisson, et je me souviens que je suis en tee-shirt. Je traverse, rongé par le froid, en direction de la grande porte. J'aurais dû sortir il y a un mois mais, après l'arrestation de Norton, les Feds ont préféré jouer la sécurité. Attendre un peu, pour observer la réaction du BPP.

La serrure parle, la porte s'ouvre – « À bientôt, négro ! » – et ils referment derrière moi. Dans la rue, Hawk est là, comme prévu. Il me serre contre lui, m'étouffe de ses bras invisibles. Hawk, ce vent venu du lac pour glacer ma liberté et me rappeler – au cas où je l'aurais oublié – qu'elle est fragile. J'allume une clope, pense à Clark, à mes vingt dollars. Café ? Burger ? Pute ? Non, juste le bus. J'en vois un et je lui fais signe. Il s'arrête pas.

10 h 11

Dix minutes de métro, dix minutes de malaise, et c'est que le début. La South Side Line, ça a toujours été l'enfer. Urine séchée et acier rouillé, l'odeur de mon enfance. Dès que je suis monté, on m'a repéré. Faut dire que je suis le seul à être en tee-shirt. Depuis, je guette ma station, oppressé par cette foule d'enrhumés. Tout ce que Chicago compte de microbes et de misère s'est donné rendez-vous ici.

Nouvel arrêt, et ça se remplit. Quelques vieux, beaucoup de mecs de mon âge. Deux d'entre eux s'interpellent à travers le wagon, à propos d'une fille. Ils s'insultent, puis ça vire en *dozen* : ici, quand t'as pas de flingue, tu shootes avec les mots. Leur joute s'éternise jusqu'à la station suivante, où l'un d'eux descend. On me tape sur l'épaule. Je sursaute et reconnais Lester, un pote de la 62e.

— Eh ! Tyrone !

— Salut, mec !

Redoutant ses questions, je préfère attaquer :

— Alors, quoi de neuf ?

— Rien de spécial. Et toi ? Qu'est-ce que tu fous là ? T'étais pas en taule ?

Je lui parle de mon vice de procédure. Il y croit, mon procès ayant été expédié en une demi-heure. On cause filles et Motown, ce qui me détend un peu. Après quoi il se casse en lançant : « Appelle-moi ! » Mon sourire lui ment.

11 h 02

Racine Avenue, enfin chez moi. Infiltrations et champis ; mon appart' est comme je l'avais laissé. Aucun cambriolage. Vu le quartier, ça me surprend. Je referme la porte, traverse le salon jusqu'à la fenêtre. L'usine est toujours là, évidemment, avec sa forêt de cheminées. Leurs fumées noircissent le ciel, gribouillant mon humeur.

Je vais dans ma chambre, en bordel. Son atmosphère me rappelle la taule… comme cette grande enveloppe, sur le lit. FBI. Ils sont venus ici, ils ont inspecté, fouillé, violé mon intimité. Peut-être même qu'ils ont placé des micros. Je pourrais vérifier, mais j'ai pas envie. J'ouvre l'enveloppe et trouve un dossier sur Fred Carlson avec photos, entourage, parcours. J'apprends qu'il est né à Monroe en 48. Ce mec a à peine dix-neuf ans et il dirige les Panthers de la troisième ville du pays. Un champion, diplômé du Proviso East High School et étudiant en droit au Triton College.

Au fond de l'enveloppe, je trouve aussi un p'tit magnéto et une cassette « Discours/interviews ». Je l'insère, la voix de Carlson se répand. Les mots claquent, quasi incantatoires. J'écoute une dizaine de secondes, le temps de comprendre pourquoi il fait flipper les Feds. Clark a pas perdu son temps et cette enveloppe, ça veut dire « Au boulot ». Alors j'enfile un pull, ma parka, et je ressors.

15 h 26

Quatre heures à marcher dans le froid. Ces rues où j'ai grandi, où j'ai si souvent frimé, j'y traîne maintenant la tête baissée et le cul serré. À chaque block, j'ai peur de tomber sur le frère de Big Joe. Jusqu'ici, j'ai croisé que des potes, Wayne sur la 64ᵉ, Ed sur Pershing et d'autres. Ils étaient surpris de me voir. Comme si nous, les Noirs, on avait pas le droit d'être en liberté. Ils m'ont tous payé une Bud pour trinquer à ma sortie.

Ma mère y a cru, elle aussi, avant de me gifler. « Fils indigne ! », « Tu me fais honte ! », puis elle m'a viré de chez elle. Celle qui m'a mis au monde me renie et je voudrais que le Blanc du coin me respecte ? Envie de fuir, de disparaître dans un autre bled… où Clark finira par me retrouver. J'ai peur de ce qu'il me fera si je foire. Non, je foirerai pas. Avec le FBI, c'est « marche ou crève », alors je marche sur Madison, direction le 2350. Je traverse la rue, quand résonnent des éclats de voix :

— Cassez-vous !

— C'est à vous de vous casser !

Au loin, devant le local du BPP, un Panther fait face à deux mecs. Ray-Ban, treillis et flingues dépassant de leurs frocs – les Blackstone Warriors, le gang le plus chaud de la ville, pire que les Spanish Cobras. L'un des gars remet ça :

— Ici, c'est notre territoire ! On était là avant vous !

— Et on sera encore là après vous !

— Je crois pas ! Toi et tes potes, vous feriez mieux de…

Une sirène de flics, quelque part. Les Blackstones reculent, ça leur ressemble pas. Ils redoutent un contrôle, ils ont de la came sur eux. Le Panther les nargue :

— Vous partez déjà ? On commençait à peine à s'amuser !

— T'inquiète ! On reviendra, pédé !

— Pour que je vous encule ? Quand vous voulez !

Les Blackstones le fusillent du regard, avant de disparaître au coin de la rue. Je les entends gueuler et, le ventre noué, m'approche du mec :

— Euh…

— QUOI ? QU'EST-CE QU'IL Y A ?

— Je… je viens m'inscrire.

— Ben, entre !

Il m'ouvre la porte et je bascule dans un autre monde, frénétique. Une ruche, tourbillon de Panthers. Ça sent le cuir, la sueur, il fait si chaud que j'en oublie l'hiver. Là, certains peignent des banderoles « Libérez Huey ». Ici, d'autres teignent des tee-shirts avec le même slogan. Parmi eux, je reconnais des habitants de Racine, tous ex-taulards. Au fond du bureau, j'aperçois une cour avec la même effervescence ; chassé-croisé de cartons débordant de tracts et de badges.

« Pardon ! » – un boutonneux, avec des rouleaux de chatterton. Je le laisse passer, quand une nana chargée de journaux se plante devant moi. Grande et bandante dans son uniforme. Je lui adresse un sourire, auquel elle répond pas.

— Qu'est-ce que tu veux ?

— Je viens m'inscrire.

— Ça se fait pas comme ça. D'où tu viens ?

Sa question me pète à la gueule. Là, je flippe. Soit je mens, soit je dis la vérité. Et c'est elle que je choisis, conformément aux conseils de Clark : « N'en fais pas trop. Pour tromper quelqu'un, il n'y a pas mieux que la vérité. »

— Je sors de taule.

— Eh ben, là, on est occupés. Reviens demain.

— Un problème, Linda ? intervient une voix grave.

Carlson, à ma droite. Je le découvre encore plus charismatique que sur les photos. Dans toute cette agitation, je vois que lui. Son regard hypnotique, ses rouflaquettes d'aventurier, ses discours…

« Il y a des Blancs dans ce pays qui, comme nous, veulent encourager la révolution ! Et on s'alliera avec tous ceux qui veulent la révolution ! On est pas racistes, car on sait que le racisme est un alibi, un sous-produit du capitalisme ! Tout devrait revenir dans les mains du peuple et on devra tout lui remettre ! Chacun dans l'Illinois prendra part à la révolution, car elle aura lieu ! »

… et son aura à laquelle je succombe, comme l'ont fait des centaines d'autres avant moi. Dix-neuf ans à peine, et ce mec, c'est déjà un grand. La fille lui répond :

— Il veut postuler, mais je lui ai dit de revenir.

Carlson se tourne vers moi.

— Tu t'appelles comment ?

— Tyrone.

— Fred. C'est moi qui gère tout ça.

— Ah. Ça en fait, du boulot.

— Surtout depuis que Huey s'est fait coffrer. Alors ? Tu veux nous rejoindre ?

— Ouais.

Carlson soutient mon regard. Aucune méfiance, ni provoc'. Il me fixe, tout simplement, et c'est ce qui me met mal à l'aise. Un gros s'interpose :

— On se connaît, non ? T'es de la 37e ?

— Racine Avenue.

— Et tu traînes jamais du côté de la 37e ?

— C'est rare.

— Mm… ça y est ! Le *Barney's Records*, à l'angle ! C'est là que je t'ai vu ! C'est toi qu'as saigné Big Joe, hein ?

Linda fronce les sourcils. Carlson ne me quitte pas des yeux. Tout ce que j'étais en train de bâtir depuis cinq minutes s'écroule. Carlson fait signe au mec de nous laisser, puis allume une clope. Chacun de ses gestes, chacune de ses attitudes témoigne d'une assurance incroyablement précoce. Il recrache la fumée :

— C'est vrai, pour Big Joe ?

— Je voulais pas le tuer, mais il m'avait entubé…

— … comme il l'a fait avec plein de gens, ici. Je te félicite pas, mais tu nous as débarrassés d'une belle enflure. Ce mec était une honte pour notre communauté.

— Qu'est-ce que tu fous dehors ? m'attaque Linda.

— Vice de procédure. J'ai eu de la chance.

— Jusqu'à ce que le frère de Joe te retrouve.

— Je lui parlerai, dit Carlson, t'en fais pas !

Il me tape sur l'épaule, m'adresse un sourire comme jamais j'en ai reçu. Je suis abasourdi, Linda aussi :

— Fred…

— On a besoin de monde. Tyrone, t'es plutôt King ou Malcolm ?

— Malcolm.

— Et Castro, t'en penses quoi ?

— Il est cool.

— Et Mao ?

— Il a un look de merde.

— Parfait. Bienvenue au BPP, mec !

20

10 décembre 1967

CHARLENE

— Permanence du BPP, j'écoute !

— *Allô ! Salut, négro !*

— Ah ! L'enculé de Blanc ! Comment tu vas, aujourd'hui ?

— *Je vais bien, mais j'irais encore mieux si tu crevais la gueule ouverte.*

— Sauf que je suis bien vivant et mes potes aussi.

— *Plus pour longtemps.*

— Encore des menaces ? Et si tu passais à l'acte, pour changer ?

— *T'inquiète, ça va venir.*

— Super, on a hâte de défoncer vos p'tits culs de pédés. Bon ! Contrairement à toi, j'ai une vie, alors je vais devoir te laisser. À plus tard, fils de pute !

— *C'est ça, à bientôt, négro !*

Roy raccroche, on s'esclaffe. Les appels anonymes, même si ça fait chier, c'est bon signe, ça veut dire qu'on dérange. On finit tous nos cafés et on se met au boulot : Alicia, Stan, Mumia, Tina, Herbert… qu'on surnomme « Hulk ». Tellement énormes, ses poignets, que les flics arrivent jamais à lui passer les menottes.

Avec ma nouvelle famille, on s'éclate trop. C'est pour ça que j'arrive de plus en plus tôt et que je repars de plus en plus tard. Je dors que cinq heures, mais je m'en fous, je suis pas née pour me reposer.

Souvent, je pense à mon frère. S'il était encore là, il serait Panther, lui aussi, et il serait fier de moi. Maintenant, je distribue plus les journaux, Roy m'a chargée de la collecte de bouffe et de la campagne pour Huey. C'est chaud, vu qu'on l'accuse d'homicide, et en Californie, ils ont encore la peine de mort. Sauf que c'était de la légitime défense, ce que veut prouver l'avocat du Parti.

— Et les patrouilles ?
— Pour l'instant, occupe-toi des banderoles.
— OK, mais…
— Bientôt.

J'ai pas osé insister. De toute façon, tant qu'on te propose pas un truc, ça sert à rien de réclamer. Mais je suis jalouse ; il y en a qui sont arrivés après moi et qui surveillent déjà la police. C'est pas juste. Moi aussi, j'aimerais trop avoir un flingue. Je crois que Roy veut me préserver, il dit que c'est vraiment tendu avec les porcs. Alors, une fois par semaine, avec Don, on fait le tour des épiciers du ghetto. Chacun donne 2 % de sa marchandise, ça nous permet de bien remplir le coffre. Pâtes, riz, conserves… on stocke tout au bureau, en attendant de redistribuer aux habitants.

— On commence à manquer de place.
— Je sais.
— C'est quand qu'on distribue ?
— Bientôt.

« Bientôt », le mot fétiche de Roy. Je râle, mais c'est le chef et il sait ce qu'il faut faire, il organise bien les choses. C'est vrai que pour la bouffe, vaut mieux bien préparer sinon ce sera le bordel. Il paraît qu'à Oakland et Chicago, les autres font pareil. Le Parti est vachement organisé. On a même un règlement avec interdiction d'être bourré ou défoncé. Tous les matins, pendant le p'tit déj', on fait une réunion. Et chaque jour, on reçoit des appels du siège et des nouvelles de Huey.

— Allô ?
— *Salut, c'est Bobby.*
— Bobby… Stills ?
— *Non, Bobby Kennedy. À ton avis ? Bon ! Roy est là ?*

Eh ouais, j'ai déjà eu notre président au téléphone. C'était pas à moi de décrocher, mais Bart était aux chiottes. D'ailleurs, faudrait qu'il aille voir le doc, parce que passer après lui, c'est une putain d'épreuve. La dernière fois, l'odeur m'a cramé les yeux. Bref, j'ai échangé quelques mots avec Bobby Stills. C'était fou. Le mec qu'a terrorisé Reagan et qu'est entré dans le Capitole a parlé avec moi. J'ai trop frimé devant les autres.

À part ça, je participe à la campagne pour Huey. Tracts, badges, tee-shirts, on en distribue tous les après-midi sur Broad Street. La colonne vertébrale de Philly, là où tout le monde passe. Et grâce à nous, de plus en plus de gens savent qu'il est en taule. Que c'est injuste. Que le procès a été repoussé. Qu'ils veulent user notre chef et, à travers lui, affaiblir le Parti. Mais on lâchera rien, on fera tout pour qu'il soit libéré.

— Et le lycée ? Tu comptes y retourner ?

— Putain, papa ! Je te dis qu'on va faire la révolution !

— Me parle pas sur ce ton ! Et j'aime pas que tu traînes avec tous ces gars !

— C'est mes potes ! Et il y a pas que des mecs, il y a aussi des filles !

Ouais, j'ai plein de copines, elles ont toutes les cheveux lâchés. Moi, j'ose toujours pas. Comme avec Stan. J'arrive pas à lui parler, il est trop beau. La nuit, je me touche en pensant à lui. Mon clito ; je le fais rouler et le caresse par vagues, où Stan me harponne sans fin, sans pitié, sans respect, pour faire de moi ce qu'il veut.

En attendant, je prépare la révolution. Chaque jour, il y a des nouveaux, on a aussi des vieux qui viennent nous encourager. Les Grey Panthers, c'est comme ça qu'ils s'appellent. Hier, l'un d'eux nous a dit qu'il avait jamais ressenti cette fierté. Je le crois, d'autant que dans les autres villes, ça bouge aussi. J'ai seize ans et je fais partie d'un mouvement. Un truc tellement unique que ce soir, la radio parle encore de nous :

« ... Black Panther Party vient d'ouvrir un nouveau bureau à Los Angeles. Selon nos informations, son chef serait Alprentice "Bunchy" Parker, ex-leader du gang des Slausons, libéré après quatre ans de prison pour vol à main armée... »

— Et allez ! enrage Roy. Toujours pareil !

— Quoi ?

— Ils parlent jamais de nos actions !

— Pour en parler, faudrait qu'ils les voient.

— Ils savent très bien ce qu'on fait, mais ils préfèrent nous discréditer ! Ils ont fait de Huey un raciste, un « tueur de flics », et maintenant…

— C'est faux, ce qu'ils disent sur Parker ?

— Il a braqué, comme son frère et la plupart d'entre nous, mais ça me fait chier que la radio, la télé parlent que de ça ! Ils nous foutent en taule, ils nous parlent de réinsertion et quand on « change », ils nous replongent dans la merde !

« ... nouvelles tensions à Detroit, après les émeutes survenues en juillet. Rappelons qu'à ce sujet la commission Kerner enquête toujours sur les causes de... Ah ? La régie me fait signe... »

Une seconde de silence, et la voix reprend :

« ... euh... hum... nous apprenons à l'instant le décès d'Otis Redding... à l'âge de vingt-six ans... alors qu'il se rendait à Madison pour un concert, son avion privé s'est écrasé dans le lac Monona, aux alentours de 15 h 30. Ses musiciens voyageaient avec lui et... »

Je tremble. Les autres aussi, tout le monde. Roy vacille, s'appuie contre le mur et baisse la tête. On est tous abattus. Vieille, je me sens vieille, malade. À moitié sourde, je capte que des sons lointains, déformés. Frottements, murmures, trompette, et la radio rend hommage à mon idole avec *Try a Little Tenderness*. On se prend dans les bras, on se serre fort et nos larmes pleuvent sur les banderoles. Otis, à jamais avec nous.

21

17 février 1968

NEIL

Elle a la vingtaine, comme moi. Elle est blonde, comme une Californienne. Et elle est chiante, comme tous les psys. « Docteur Lindsay Stubmann, diplômée d'UCLA, membre de l'American Psychiatric Association », c'est écrit dans le cadre. Pas très glamour, tout ça. Heureusement, elle a un air de Raquel Welch, la même arrogance féline.

Assis face à elle, je la regarde feuilleter son carnet de rendez-vous, noirci de noms. Beaucoup de dépressifs à L.A., je me sens moins seul. Stubmann referme le cahier et, manipulant son stylo, me scrute à travers ses lunettes.

— Je vous écoute.

— Que voulez-vous savoir ?

— C'est pour me parler que vous êtes venu, non ?

— Je suis venu car vous m'avez redonné un rendez-vous.

— Vous ne vouliez pas revenir ?

— Ce n'est pas ce que j'ai dit.

— Mais vous l'avez pensé.

Je n'ajoute rien, déjà agacé. Quatre mois que ça dure. C'est moi le flic, mais c'est elle qui enquête. Son objectif est de m'amener à accepter ma « névrose traumatique » afin de ne plus la subir. Alors, tous les samedis matin, je reviens sur la fusillade, sur la mort de Doug… J'en parle comme on crève un abcès. Le problème, c'est qu'il se reforme après chaque séance, et ma mutation aux archives n'y change rien. Le docteur Stubmann pose son stylo dans son pot à stylos, croise les mains sur son sous-main.

— Neil, je ne suis pas votre ennemie. Je vous rappelle que c'est vous qui vous êtes présenté à mon cabinet.

— Je sais…

— Et vous le regrettez ?

— Non… Enfin, je ne sais pas…

— La semaine dernière, vous disiez vous sentir mieux.

— Un peu mieux.

— C'est plutôt encourageant, non ?

Ça, c'est ce qui m'irrite le plus. Ses « non ? » à la fin des questions pour m'inciter à répondre « oui ». Le pire, c'est quand je lui parle de Gail. D'ailleurs, je ne lui en parle plus.

— Neil ?

— Oui… c'est encourageant.

— Lorsque vous dites « un peu mieux », ça se traduit comment dans votre quotidien ?

— Maintenant, j'arrive à redormir… grâce aux médocs.

— C'est surtout grâce à vous. Le traitement n'est là que pour vous accompagner. Sans votre volonté, il serait inutile.

— Je ne pleure plus, c'est vrai… mais je sens que c'est toujours là.

— Bien sûr, c'est pourquoi nous continuons à nous voir.

— Et ça va durer longtemps, je le sens…

— Je vous trouve bien fataliste, aujourd'hui. Votre semaine s'est bien passée ?

— Mm.

— Aucun problème ? Aucune tension avec vos confrères, vos supérieurs ?

— Non. Tout le monde est sympa avec moi depuis… depuis ce qui s'est passé.

— Alors comment expliquez-vous votre humeur ?

— Je ne sais pas.

Là, j'ai menti. Évidemment que je sais, mais la liste est trop longue : trois millions de chômeurs, des émeutes à travers le pays et des milliers de victimes au Viêtnam, voilà ce qui « explique mon humeur ». Détresse, violence, mort – je vis avec ça au quotidien. Le même discours mortifère à la radio, à la télé, au boulot, dans la rue.

Le docteur Stubmann reprend le stylo, le tripote, s'enfonce dans son fauteuil. Elle croise les jambes et j'entrevois ses genoux, admirablement sculptés. C'est ce qui manque, dans ma vie. De beaux genoux à caresser le soir, devant la télé.

— Vous êtes démotivé et pourtant, vous voulez reprendre les patrouilles.

— J'en ai besoin… Je m'ennuie aux archives. Je suis seul toute la journée, je gamberge.

— Demandez une autre affectation.

— Ça ne changera rien. Je suis un flic de terrain, pas un bureaucrate.

— Pourtant vous êtes bien placé pour savoir à quel point la rue est devenue dangereuse.

— Elle l'a toujours été et, en cinq ans, c'est la première fois qu'un truc pareil m'arrive.

— Une fusillade, oui, mais les tensions sont récurrentes. C'est vous qui me l'avez dit.

— Le rejet, les insultes, ça ne m'a jamais empêché de faire mon job. Et mon job, c'est « protéger et servir », pas « classer et ranger ».

— J'entends votre requête, mais n'est-ce pas trop tôt ?

— Par rapport à quoi ? Mon traumatisme ? Dès le début, vous m'avez dit qu'il serait toujours là, que je devais apprendre à vivre avec.

— Vous n'y arriverez que dans un cadre apaisé.

— Le calme, ça m'oppresse. La rue me manque. La foule, le bruit, c'est ce qui me ressource. Je le sens dès que je sors.

— À ce point ?

Peu après,
Elysian Park Avenue

La porte se referme dans mon dos, rouverte par un quinqua en costard. Aussi chic que l'immeuble, dont il est sans doute un résident, à moins que ce ne soit un autre patient du docteur Stubmann. Peut-être aura-t-il plus de chance que moi. « Désolée, Neil, je ne peux à ce jour recommander votre réaffectation. » J'ai insisté, contenant ma colère, mais tout ce que j'ai obtenu, c'est :

« Toutefois, je vous promets d'y réfléchir. » En attendant, je vais devoir rester aux archives. Une cage. Et quand j'en sors, je ne croise que des regards gênés.

Mes collègues, qui me regardent désormais avec compassion. Moi, le survivant.

Je boutonne mon manteau, arpente l'avenue en direction de ma Rover. Une odeur d'oignons frits attire mon attention sur un vendeur de hot-dogs, à l'angle. Je le dépasse, me mêlant aux passants. Parmi eux, quelques supporters des Dodgers. Un peu de bleu dans ma grisaille. Ils se dirigent vers le stade, lorsqu'un cortège apparaît. Une, deux, dix, vingt Buick noires. Et à l'intérieur, des Black Panthers.

« LIBÉREZ HUEY ! »

Stress.

« LIBÉREZ HUEY ! »

Tachycardie.

« LIBÉREZ HUEY ! »

Je me fige dans la foule, tout aussi médusée. Une mère prend son fils dans les bras et s'éloigne. Je recule moi aussi, butant contre le vendeur de hot-dogs.

— Désolé… Qu'est-ce qui se passe ?

— Vous n'êtes pas au courant ? Ils vont à Oakland.

— Et…

— Une manif pour leur chef, il paraît que c'est son anniv'. La mairie s'attend à en voir mille. C'est dingue.

Pétrifié, je regarde passer le convoi, qui disparaît sur Sunset. Mille personnes, ça ne vaut pas la manifestation au Pentagone, mais quand même. Mille militants armés, exigeant la libération de l'homme qui a tué mon équipier.

22

23 février 1968

TYRONE

L'ampoule clignote et lacère mon reflet dans le miroir, où je me reconnais à peine. Quatre heures de sommeil, trois mois que ça dure. Le strict minimum, de quoi tenir debout, mais c'est tout. Même en taule, je dormais mieux.

J'ouvre le robinet, me rince la gueule. Glacée, la flotte achève de me réveiller, déblayant mes pensées. D'abord ma mère, puis Clark, et la pute d'hier soir, quand elle m'a sucé. Elle a mis le paquet, on aurait dit un aspirateur. Eh ben, malgré ses efforts, j'ai pas réussi à bander. Moi, le traître. Un rat, entre ces panthères et ces porcs.

7 h 21

Béret, pull, cuir et Beretta – comme d'hab', on voit que moi dans le métro. Tous ces regards, c'est ma première épreuve de la journée. Tenir bon, me concentrer sur ma clope, assumer mon look de « révolutionnaire » et putain, c'est dur. Ma station, enfin. Je descends, prends l'escalier et sors, happé par le blizzard. J'ai pas froid, bouillant d'angoisse à l'idée de revoir Carlson.

J'avance et la rue s'ouvre à moi, repoussant ses ordures pour me laisser passer. On me salue, on m'applaudit aux fenêtres. Tous ces gens, s'ils savaient… Je leur souris, remercie cette vieille qui m'offre un café. Elle me fait penser à ma mère, qui doit être en train de se réveiller au sanatorium. Elle refusait d'y aller, mais je lui ai pas laissé le choix. Et maintenant, la voilà soignée par l'Amérique, après l'avoir tant subie. Arrivé à la section, je jette ma clope et entre, simulant un sourire.

22 h 06

Il est blanc et il pue la pisse. Les yeux vitreux, les cheveux gras, il est avachi sur son fauteuil roulant d'où dépassent ses moignons. Sur sa veste kaki, une Silver Star. Encore un héros de l'armée. Il y a plein de gens, mais c'est moi qu'il interpelle :

— Eh ! T'as pas une p'tite pièce ?

Je l'ignore, quand survient un grondement. Il s'intensifie, accompagné d'éclairs, et le métro surgit du tunnel. Celui de 22 h 07, que je prends tous les vendredis. La rame s'arrête, des voyageurs descendent. Montent. Se bousculent. S'engueulent et me cassent les couilles. J'entre juste avant la fermeture, et balaie le quai du regard. Aucun Panther ; toujours peur d'être suivi. Je me dirige vers l'extrémité du wagon, m'installe dans un carré vide – côté vitre – et attends en comptant les passagers. Onze Noirs et six Blancs dont deux flics, qui détournent le regard. Ils flippent, mais pas autant que moi.

— Salut, mon pote.

La voix de Clark, à ma droite. Je l'ai pas entendu s'asseoir. Pas la peine de le regarder pour savoir qu'il est encore déguisé avec jean et casquette. Il fait semblant de lire son *Bridgeport News*, comme un prolo antiraciste. Le regard fixe, je murmure :

— Je suis pas votre « pote ».

— Un, tu changes de ton. Deux, je t'écoute.

Personne nous regarde, on nous a pas entendus. Le métro, temple de l'indifférence. J'avale ma salive et poursuis, concentré sur les autres :

— Rien de nouveau. Journaux, tracts… comme d'hab'.

— Toujours pas de patrouilles ?

— J'en ferai pas. Trop risqué, avec mon passé de taulard. À part ça, on continue de stocker la bouffe. Pour la distribution, je sais pas.

— Carlson ?

— Je le vois peu. Il va souvent à Peoria, il va y avoir une autre section.

— C'est prévu pour quand ?

— J'en sais rien. Il parle surtout de Los Angeles, des frères Parker, d'Angela Davis. Il la trouve super, il aimerait qu'elle rejoigne le BPP.

— Il est en contact avec elle ? Avec le Club ?

— C'est quoi, ça ?

— Le Che-Lumumba Club, la section nègre du PC. Davis s'y rend de plus en plus. Si Carlson parle d'elle, t'es forcément au courant du Club.

— Ben, non.

— « Je sais pas », « J'en sais rien »… Si je t'ai fait sortir, c'est pour que tu bosses. Alors t'as intérêt à te bouger le cul.

— Je fais ce que je peux. C'est pas ma faute si…

Je me tais, à l'approche d'un clodo. Un vieux Noir, avec un manteau moisi et un énorme sac à dos. Sa puanteur se referme sur ma gorge.

— 'Tite pièce, s'il vous plaît !

Clark se concentre sur son journal, alors le mec passe à moi :

— Et toi, mon frère ?

Je fouille mes poches. Une pièce d'un dollar et quelques cents. Avant, j'aurais gardé ça pour moi mais, avec ce que me file le FBI, je peux bien dépanner mon « frère ». Le clodo me remercie, et s'en va mendier auprès des autres. Clark reprend :

— Tu fais peut-être ce que tu peux, mais ça suffit pas. Je commence à me demander si tu sers à quelque chose.

— Ça fait trois mois que je vous renseigne. Que je risque ma peau pour vous.

— Pourquoi ? Tu sens qu'ils se méfient ?

— Je crois pas, vu qu'on me file de plus en plus de trucs à faire. Carlson m'a même invité à boire un coup chez lui, avec les autres.

— T'y es allé, j'espère.

— Ben non, c'était ce soir.

— Tu te fous de moi ? Leur chef t'invite chez lui et…

— J'y serais allé si j'avais pu vous prévenir, mais je sais pas où vous joindre.

Station Roosevelt. Clark attend. Moi, j'étouffe, pris en étau entre lui et mon reflet. La rame échange deux adultes blancs contre trois gamins noirs, fascinés par mon look et mon flingue. Ils me saluent avec respect, s'affalent dans un coin, leurs baskets sur les sièges d'en face. Les flics leur disent rien, craignant que j'intervienne, et le métro repart. Clark enchaîne :

— La prochaine fois, t'iras. Tu lui as dit quoi pour ce soir ?

— Que j'étais claqué.

— Et à part ça, t'as d'autres secrets ou « rien de nouveau » ?

— On va peut-être refaire une grande manif avec tout le monde.

— Dis donc, heureusement que j'ai insisté.

— J'attendais que ça se confirme. Si je vous annonce un truc et que c'est annulé…

— Je vais mettre les choses au clair, une dernière fois. Tout ce que tu entends, tout ce que tu vois, tu me le dis. OK ?

Son mépris, son chantage, c'en est trop. D'un revers, je vire son journal. Clark panique, comme les autres. Je le prends par le col, sors mon Beretta – « NON !!! » – et le lui enfonce dans la bouche, lui cassant deux dents. Il crache du sang, me supplie, se pisse dessus. Sa dernière action, avant que je lui explose la gueule… Mais non, car j'aurais jamais les couilles de faire ça.

— OK, dis-je enfin.

— C'est dans ton intérêt, tu sais. Et si un retour en taule ne suffit pas à te mettre la pression, sache que je peux te faire buter à tout moment.

— Vous êtes vraiment une ordure.

— Comme ça, on est deux.

— Dites, j'aimerais savoir… je suis le seul à infiltrer les Panthers ?

— Ça te regarde pas.

— Je vois… On est nombreux ?

— Tyrone, cherche pas la merde. Alors, cette manif, c'est pour Oakland ?

— Memphis. On ira soutenir les éboueurs, quand ils feront grève.

— Ça fait un moment qu'ils en parlent. C'est le BPP qui les a contactés ?

— Ouais. Le siège leur a conseillé de retarder, le temps de s'organiser avec les gauchos. Mais c'est compliqué, King a prévu d'y aller lui aussi.

— Je sais. Vous iriez quand, à Memphis ?

— En avril, peut-être la première semaine.

— N'y va pas.

— Mais…

— N'y va pas, je te dis.

— Pourquoi ?

Clark se lève. Le métro s'arrête à Cermak, il descend, se dirige lentement vers l'escalier. Les portes se referment et j'expire, enfin, soulagé à l'idée de plus entendre sa voix pendant une semaine. Le métro repart, les flics me dévisagent, et moi, je baisse les yeux.

23

1er mars 1968

CHARLENE

« La nation est scindée en deux sociétés distinctes : l'une noire, l'autre blanche, séparées et inégales. »

Sans blague. Il a fallu huit mois à la commission pour comprendre ça. Les Blancs nous prennent vraiment pour des cons. Et puis, ils croyaient quoi ? Qu'en mettant un frère à la Cour suprême, on arrêterait tout ? Et Johnson ? Comme si échanger des p'tits Noirs et des p'tits Blancs dans les écoles, ça suffirait à nous calmer. De toute façon, c'est pour la télé qu'il fait ça. Les élections approchent, alors il met le paquet.

Nous aussi. Ça y est, on a commencé à distribuer la bouffe. Tous les dimanches, sur le boulevard, c'est la folie. Les plus baraqués gèrent la foule, pendant que nous, on file le même lot à chacun : trois boîtes de conserve, un steak, du lait, des corn-flakes, du savon et du dentifrice. Les habitants sont trop contents, j'en ai même vu qu'ont chialé.

Ça m'a émue, mais je me suis retenue. Je veux pas que Stan me voie comme ça. Faut que je lui parle. C'est compliqué, on est jamais seuls avec toutes ces manifs.

J'étais pas à celle d'Oakland, je suis restée ici pour surveiller le bureau, mais je sais qu'il y avait du monde. La prochaine fois, on sera encore plus nombreux. Et à Memphis aussi, j'espère. Se rassembler dans le Sud, là où il y a plein de racistes. Ils vont flipper, ces cons. Ça va chier, j'ai trop hâte.

— Charlene !

La voix de Roy, quelque part. Tellement de monde que je sais pas où il est. Ah ! là-bas, accroupi. Je pose le carton dans un coin, à quelques mètres de Stan. Lui, faut vraiment que je lui parle. Aux cours du soir, là où c'est plus tranquille, même s'il y a les enfants. C'est cool, on leur apprend à écrire, à lire, à compter et…

— Charlene ! Ramène-toi !

— J'arrive !

Je me fraie un passage parmi les autres et rejoins Roy, en train d'examiner plein de baskets. Inventaire, avant la distribution aux clodos.

— Qu'est-ce qu'il y a ?

— Je me trompe ou c'est bientôt ton anniv'?

— Ouais, le 8. Pourquoi ?

— Je me disais que, comme cadeau, tu pourrais monter en grade.

— Et participer aux patrouilles ?

— Non, mais bientôt.

— Avec toi, c'est toujours « bientôt ».

— Ça vaut mieux que « jamais ».

Il sourit. Moi aussi, même si ça me fait un peu chier qu'il décide toujours tout. Il se relève, regarde les autres et poursuit, à voix basse cette fois :

— Je promets de te mettre sur le coup avant la fin de l'année.

— Mm.

— Sois pas déçue, j'ai mieux à te proposer. On va ouvrir une clinique à Oakland.

— Sérieux ?

— Ouais, avec des soins gratuits. L'idée, c'est d'en finir avec les bénéfs en médecine. On prévoit d'autres cliniques, c'est le nouveau projet du Parti.

— Super idée !

Ça, j'adore. Les Blancs ont cru que l'arrestation de Huey nous freinerait, mais c'est le contraire qui s'est produit. On a jamais été aussi ambitieux, et c'est grâce à lui. Il paraît que Bobby va le voir tous les jours, au parloir. L'un propose et l'autre tranche. Leurs discussions, ça doit être quelque chose. J'aimerais trop les rencontrer.

— C'est prévu pour quand ?

— Le mois prochain. Avec le printemps, ça va se remettre à draguer. Si on peut en soigner un maximum avant qu'ils se refilent des saloperies…

— C'est sûr. Et moi, dans tout ça ?

— Avec Bobby, on pourra pas y aller, on a un mariage dans la famille. Eldridge ira à la clinique avec Tod, Bunchy et d'autres. Il m'a demandé d'envoyer quelqu'un.

— Tu veux que… ?

Il acquiesce et moi, j'en reviens pas :

— Mais… je suis pas trop jeune ?

— Au Parti, il y a pas de jeunes, pas de vieux, il y a que des Panthers. T'iras en avion.

— J'aimerais trop, mais mon père sera pas d'accord.

— Je lui parlerai, il comprendra. Alors, c'est bon ? Je peux confirmer à Eldridge ?

— Ouais… ouais, ouais.

— Super. Pour l'instant, ça reste entre nous. Et maintenant, au boulot.

J'acquiesce, puis avance parmi les autres. Moi, Charlene Powell, seize ans et bientôt dix-sept, je vais prendre l'avion. Pour la première fois de ma vie, je vais prendre l'avion, putain. Je vais survoler le pays pour aller à Oakland, là où tout a commencé. Et non seulement je vais y aller, mais je vais aussi rencontrer Tod Button, le premier à avoir rejoint le Parti. Une légende, comme Eldridge Glazer, notre ministre de l'Information, et aussi Bunchy de Los Angeles… Je vais tous les voir, et c'est grâce à Roy. Le plus beau cadeau qu'on m'ait jamais fait : la confiance.

24

13 mars 1968

NEIL

— *Lorsque vous dites « un peu mieux », ça se traduit comment dans votre quotidien ?*

— *Maintenant, j'arrive à redormir... grâce aux médocs.*

Je déteste mentir, mais je ne peux pas dire la vérité au docteur Stubmann. Les insomnies, les migraines… Si je lui raconte tout, je ne suis pas près de reprendre mon poste. Alors, avant chaque séance, je prends de la vitamine C pour être plus vif. Quant à mes cernes, j'ai inventé du boucan chez mes voisins. Les vieux Anderson, j'en ai fait des jeunes qui passent leurs nuits à faire la fête. Ma psy semble y croire, mais elle ne recommande toujours pas ma réaffectation.

En attendant, je m'occupe comme je peux. Je vais au parc, je fais des courses, je relis ma bible. Médocs oblige, j'ai du mal à rester attentif plus d'une demi-heure, alors je regarde la télé, que des programmes courts comme *Max la Menace* ou *AM San Francisco*. Et aussi, je pense à Gail. Beaucoup. Le mois dernier, je l'ai cherchée dans l'annuaire, mais je n'ai pas trouvé son numéro. Elle a dû déménager. C'est peut-être pour ça que, parfois, j'ai des crises d'angoisse. Quand ça m'arrive, je ressors l'insigne de mon père et je le pose sur le canapé, à côté de moi. Ça finit par m'apaiser, jusqu'à ce que je repense à lui.

Je zappe, d'un reportage sur les prochains JO à une grève d'éboueurs noirs, à Memphis. Au micro, l'un d'eux exige le même salaire que leurs collègues blancs, puis parle de sa communauté. D'après lui, 38 % des siens vivraient dans des taudis envahis de cafards. Ça me paraît beaucoup, quand même. Autre reportage, cette fois consacré aux Beatles, en Inde. À l'écran, ils sont tous assis dans l'herbe, avec Mia Farrow et d'autres. En retrait, au pied d'un arbre, Donovan joue de la guitare. Il s'arrête, écrit sur un carnet et reprend, concentré sur son prochain tube.

« Thrown like a star in my vast sleep,
I open my eyes to take a peep. »

Ça a l'air sympa, l'Inde. En tout cas, on dirait qu'ils s'éclatent. Normal, ils sont loin d'ici, de toute cette merde. L'inflation, les émeutes et cette guerre qui n'en finit pas. L'offensive du Têt, ça a été le coup de grâce pour nous. On ne s'était pas pris une telle raclée depuis Pearl Harbor. Raclée politique et médiatique.

Au début, on était nombreux à soutenir notre armée. Puis, en voyant tous ces morts aux infos, les partisans sont devenus minoritaires. Du coup, McNamara a démissionné. Lui, l'homme qui avait préconisé l'usage des toxines contre les civils. Il a fini par comprendre que tout ça nous menait droit dans le mur, contrairement à Johnson, qui s'entête. Encore plus de bombardements, de barbarie. Et dire que je commençais à lui faire confiance… Je me sens trahi, humilié dans mes valeurs. Je suis un flic, j'ai la loi dans le sang et pourtant, on continue de me refuser ma place.

« Then when the hurdy gurdy man,
Came singing songs of looove ! »

On m'a même repris mon arme de service. Ils disent que je n'en ai plus besoin, mais c'est parce qu'ils ont peur que je me tire une balle. Mon chef, ma psy et les autres n'ont rien compris. Je ne suis pas suicidaire. Si c'était le cas, je me serais pendu depuis longtemps. Je suis juste traumatisé par la mort de mon équipier et surtout, je suis seul, comme des millions de compatriotes. Seul et vulnérable sans mon uniforme, mon badge, mon revolver. Smith & Wesson modèle 14, calibre .38 et six balles…

« "Hurdy gurdy, hurdy gurdy, hurdy gurdy, gurdy",
he sang ! »

… qui ébranlent la 111e, dans l'indifférence de Los Angeles. Le sang jaillit, virevolte en arabesques. Les molécules dansent et flirtent, balayées par une deuxième détonation. La chair se déchire, crachant une vapeur pourpre…

« "Hurdy gurdy, hurdy gurdy, hurdy gurdy, gurdy",
he sang ! »

… et le corps s'affaisse. Il bascule, désarticulé, avant de valser sous d'autres tirs. Éclairs rouges et or, dans cette nuit si noire. Une dernière balle, entre les yeux, et l'homme s'écroule devant ses bourreaux…

« "Hurdy gurdy, hurdy gurdy, hurdy gurdy, gurdy", he sang ! »

… en uniformes. Ils rangent chacun leur arme dans leur étui, inspectent les environs et, en l'absence de témoins, retournent à leurs véhicules. Lentement, sereins. Tandis qu'ils disparaissent, leur victime rend son dernier soupir. Et regrette, sans doute, d'avoir pointé son arme lors du contrôle.

Arthur, vingt-deux ans.

Arthur Parker.

Arthur Parker, le frère de Bunchy.

25

4 avril 1968

TYRONE

— Ils nous ont déclaré la guerre ! Faut se venger !

— Non, surtout pas.

— Mais… Fred…

— On en a déjà parlé. Huey a tué l'un des leurs et ils ont riposté, c'était prévisible.

— Alors, pour toi, on en reste là ?

— Ouais. Ça me fout la gerbe, mais c'est comme ça.

— Et la solidarité, alors ? Tu dis tout le temps « nos frères », et là…

— Je suis solidaire de Bunchy, mais buter les porcs, ça réglera rien.

Carlson parle et les autres écoutent, admiratifs, ensorcelés par son charisme. 18 heures passées et le même débat, aujourd'hui encore. L'assassinat de Parker a divisé le BPP, séparant ses deux courants politique et militaire. Depuis, les autres sections arrêtent pas d'appeler et une cinquième s'est créée à New York. Pourtant, au début, Stills avait opté pour l'apaisement. Après l'enterrement, il a causé à Bunchy. Il paraît que ça a duré tout l'aprèm' et que le soir, l'autre avait renoncé à se venger.

Assis par terre, je les écoute s'indigner. Il paraît que Parker était un connard, mais personne mérite de crever comme ça. L'écran noir de la télé – éteinte, pour une fois – reflète mon imposture. Cinq mois que je mens, même à Wayne, mon pote. Je l'ai ramené pour qu'on voie en moi une bonne recrue. Carlson m'apostrophe :

— Et toi ? T'en penses quoi ?

Tous les regards convergent vers moi et j'étouffe. Self-control. Je tire sur ma clope, préparant ma réponse. La violence, j'en veux pas. Si on attaque les flics, ça va dégénérer et je suis pas sorti de taule pour crever.

— Tyrone ? Alors ?

— Je suis d'accord avec toi.

Silence dans le bureau. Les autres pensaient que j'appellerais à la vengeance, alors forcément, ils me fusillent du regard. Les anciens comme les nouveaux, et parmi eux, Ronnie. Ronnie et son anus artificiel, qu'il se trimballe en permanence. Les flics, il les connaît bien, surtout leurs matraques. Furieux, il me prend à partie :

— Comment tu peux... ?

— Bunchy lui-même a refusé de se venger.

— Il a pas eu le choix ! Là-bas, ils peuvent plus être armés ! Nous, oui !

— On veut la paix, pas la guérilla.

— Si t'avais subi ce qu'ils m'ont fait, tu dirais pas ça !

— Je sais ce qui t'est arrivé. Je comprends ta haine. Mais si on attaque les porcs, on passera pour des sauvages.

— Ce serait pas la première fois, on s'en fout !

— Non. Faut montrer à tous les racistes du pays qu'on est plus intelligents qu'eux.

Ronnie serre les dents, les poings. Quoi que je dise, il sera jamais d'accord et c'est normal. Les autres échangent des regards, murmurent entre eux. On dirait que j'ai fait fort. J'ai même droit à un sourire de Linda. L'autre, celle aux gros seins. Depuis le début, elle me traque. Je pourrais y aller, mais j'ai pas la tête à ça. Et puis, tout le ghetto lui est passé dessus, alors je risque pas d'y tremper ma bite. Carlson allume une clope.

— Tyrone a raison. La mort d'Arthur, même si ça fait mal, ça concerne la section de L.A., on peut pas y répondre au niveau national.

— Mais…

— Si l'un de nous se venge, ici ou ailleurs, ça impliquera tout le Parti. Bunchy a fait le choix le plus responsable, il faut s'aligner sur sa décision. Samedi, on ira manifester à Memphis, comme prévu, mais sans violence.

— C'est ça ! Avec King ! Je croyais que nous, on était des durs !

— Les mecs…

— Si c'était un Blackstone qui s'était fait buter, les siens auraient déjà réagi !

— Sauf qu'on est pas un gang. Notre objectif, c'est la justice, la révolution.

— Quelle révolution ? Le marxisme, c'est un truc de Blancs ! Ils connaissent rien à notre vie et toi, tu t'entêtes !

Carlson espérait clore le débat, mais il l'a relancé malgré lui. Certains l'accusent de trahir l'héritage de Malcolm, alors forcément, ça clashe. Cette tension me contamine, je la sens qui traverse ma peau pour se répandre en moi. Mon cœur s'emballe, mes intestins s'entortillent en serpents. Leurs langues frétillent, remontent jusqu'à ma gorge et claquent contre mon palais. Je vais gerber. Non, ouais, je sais pas, mais je me lève. Hank m'apostrophe du haut de son mètre quatre-vingt-douze :

— Où tu vas ?

— Je vais pisser.

Je me fraie un passage jusqu'aux chiottes et m'y enferme. Seul, enfin. Je m'adosse contre le mur, inspire, expire, inspire, expire, inspire, expire profondément en pensant aux autres infiltrés. Et eux, comment ils font ? Est-ce qu'ils arrivent à dormir ? Est-ce qu'ils se branlent cinq fois par jour pour faire baisser la pression ? Moi, j'en peux plus. Mais si, allez. Jusqu'ici, j'assure et il y a pas de raison que ça change, alors du calme.

Mon cœur s'apaise, pas mon bide. Envie de pisser. Je me soulage, coupé des autres. Instant détente pendant lequel je pense à Ali, puis Johnson et son air affligé, l'autre soir. Il aura fallu des milliers de morts pour qu'il annonce le retrait de l'armée. Et surtout, il se représentera pas. Qu'il aille se faire foutre.

Je tire la chasse, retiens ma respiration et me décide à ressortir. Là-bas, le groupe poursuit sa discussion et fait d'Arthur un martyr. Ça me fatigue, il est temps que je me casse. Je referme la porte des chiottes… et sursaute, face à Carlson.

— Oh ! Tu m'as fait peur !

— Désolé. Je voulais te dire que t'as assuré. C'était bien, ce que t'as dit.

— Ça a pas l'air de les avoir fait réfléchir.

— Ça viendra. À part toi et moi, il y a que des enragés, ici. Faut rester sur notre ligne et on évitera le chaos. Je compte sur toi, Tyrone. T'es un bon.

— Toi aussi.

— Tu te sens toujours de me remplacer, ce week-end ?

— Euh…

— Oakland, la clinique. T'as oublié ?

— Non… je suis claqué, c'est tout. Et ouais, je ferai le job, t'inquiète pas.

Des cris surviennent. Stridents, en provenance de l'extérieur. Flics ? Blackstones ? Non, c'est autre chose. Quelque chose de bruyant, terrible, bordélique. Carlson se précipite pour ouvrir la porte et on le rejoint, paniqués. La rue, je la reconnais plus. Adultes, gamins, tous hystériques. Certains sont à genoux, la tête entre les mains, pendant que d'autres défoncent des bagnoles. Carlson interpelle une fille en pleurs :

— Qu'est-ce qui se passe ?

— KING ! IL EST MORT !

— QUOI ?

On vacille tous dans un même frisson. King ? J'y crois pas, c'est impossible. Carlson se mêle à la foule.

— QU'EST-CE QUI S'EST PASSÉ ?

— IL S'EST FAIT BUTER PAR UN BLANC !

Les autres me bousculent pour sortir à leur tour. Dans le bureau, il reste que moi et Linda, assise sur une chaise, abasourdie. Je pense à ma mère qui, en ce moment, doit être effondrée. Dehors, des insurgés foutent le feu à une bagnole, puis deux autres. Les flammes s'emparent de la rue jusqu'à Western Avenue, elle aussi embrasée. Le ghetto se déchire, se mutile à en brûler le soleil. Sous le choc, je me dirige lentement vers la télé et l'allume, tombant sur un flash info :

« ... tué d'une balle dans la tête, alors qu'il se trouvait sur le balcon de sa chambre d'hôtel. Le pasteur

King était venu apporter son soutien aux éboueurs noirs de Memphis, en grève depuis le 12 mars... »

Le journaliste relate en détail l'assassinat, avant de revenir sur le discours de King, hier, au Mason Temple. Eh ben, voilà. Un an après avoir dénoncé la guerre, il s'est fait tuer. Mort. Martin Luther King est MORT, putain de merde, mais c'est pas à ça que je pense. Ce qui m'obsède, ce qui me glace de l'intérieur, c'est la voix de Clark :

— *Vous iriez quand, à Memphis ?*
— *En avril, peut-être la première semaine.*
— *N'y va pas.*
— *Mais...*
— *N'y va pas, je te dis.*

26

6 avril 1968

CHARLENE

« James Brown a sauvé Boston. » C'est ce qu'un mec a dit à son fils, tout à l'heure. Et c'est vrai, James a fait fort après la mort de King. Une journée entière d'émeutes, du nord au sud. Ma ville, je l'avais jamais vue comme ça. Partout du feu, des cris, comme à Chicago, Detroit, Boston… où James avait un concert. Les organisateurs ont voulu annuler, mais il a refusé. Alors, la mairie s'est arrangée avec la télé locale pour qu'elle diffuse le show, que les habitants restent chez eux et que ça se calme.

Eh ben, ça a marché. Dès son arrivée, James a recadré les spectateurs – deux mille insurgés – et il a évité un carnage. La soul, plus forte que la politique. Et si certains ghettos crament encore, c'est en train de se tasser. Bon, peut-être pas à Memphis. C'est pour ça qu'on a annulé notre manif là-bas, mais on a maintenu l'inauguration de la clinique. Vu le chaos à Oakland, il y a du monde à soigner.

« Dernier appel pour les passagers du vol 842 Delta Air Lines ! »

Alors, comme prévu, ce soir, je suis à l'aéroport de San Francisco. Papa voulait pas, mais Roy l'a convaincu de me laisser partir. Six heures de vol et de magie : les plaines de l'Ohio, les montagnes de l'Utah… Aujourd'hui, j'ai vu le soleil se lever à Philly et se coucher à Columbia. C'était trop beau, j'en ai presque oublié l'assassinat de King. D'abord Kennedy, puis Malcolm, et maintenant lui. Tous ceux qui nous défendent se font buter. Ça peut plus durer, Tod l'a dit aux infos, hier.

J'attends dans le hall. Des dizaines de Blancs me dévisagent – cadres, hippies, vieux. Bande de cons. Je pose mon sac, vois passer deux porcs. On se jauge et ils se cassent, remplacés par deux autres. Ils se demandent si je suis armée. Rien que pour ça, j'aurais aimé avoir un flingue, mais Roy a refusé à cause du décret et… Tout le monde se fige. Intriguée, je me retourne, puis souris.

Eldridge et Tod d'Oakland.

Fred de Chicago.

Dave de New York.

Bunchy de Los Angeles.

Ils se dirigent vers moi, fusil à l'épaule. Tous magnifiques, de leurs bérets à leurs rangers. Ils avancent en se balançant, on dirait un film au ralenti. Waow. Wah-wah et Charley, la musique de leurs pas. Les Blancs flippent et reculent, laissant passer mes frères. Les porcs pourraient les désarmer car la loi est de leur côté, mais ils osent pas. Trop risqué, vu la foule. Glazer se plante devant moi, super impressionnant.

— Salut, Charlene !

— Bonsoir, monsieur Glazer.

— « Eldridge ». Désolé pour le retard. Il est où, ton flingue ?

— J'en ai pas. Roy a dit que c'était interdit, ici.

— Pff ! Il est chiant à toujours flipper !

Glazer me fait rire. Sur CBS, ils ont dit qu'il avait violé des femmes, mais un mec aussi sympa ferait jamais ça. Bunchy se présente à son tour ; un géant. Il a l'air crevé, on m'a dit que la mort de son frère, il s'en remettait pas. On se tape tous dans le dos.

Contacts intenses, pour consoler nos deuils. Eux aussi, ils sont meurtris par la mort de King. C'était pas notre pote, mais c'était pas notre ennemi non plus. Pour nous, il était comme un voisin. Et un voisin qui crève, même s'il était chiant, c'est jamais cool.

— Tod, t'as été super aux infos.

— J'ai fait de mon mieux. Pas trop long, le voyage ?

— Non, c'était trop cool !

Je prends mon sac, ils m'escortent : Eldridge et Fred devant, Tod à droite, Dave à gauche et Bunchy derrière. Jamais je me suis sentie autant en sécurité. Je les connaissais pas il y a une minute et pourtant, ça groove entre nous. On dépasse les Blancs. Ils flippent – yeaaaah, c'est trop bon ! – et on sort. La Californie, enfin. Je respire, me remplis les poumons de cet air nouveau. Ni chaud ni frais, juste tiède. Je contemple la baie, ses lumières, ses reflets. On dirait un tableau, c'est super beau.

Devant moi, deux Buick. Au volant de la première, Emory, le graphiste du journal. Les porcs en uniforme, bien gras et bien cons, c'est lui. Dans la deuxième, Kathleen, la femme d'Eldridge. Je m'installe à côté d'elle, Bunchy et Fred à l'arrière, Tod et Dave montent dans l'autre bagnole. Eldridge s'adresse à moi :

— La clinique, c'est pas avant une heure. T'as mangé ?

— Non, et j'ai trop la dalle.

— Ça tombe bien, des pizzas nous attendent.

— Cool ! On va au siège ?

— Chez un pote. On sera plus tranquilles pour discuter.

Il rejoint Emory, qui met le contact. Leur bagnole avance, Kathleen la suit et moi, je pense à Otis. Là-bas, tranquille, *sittin' on the dock of the bay, wastin' time.*

Bayshore Freeway

— Alors ? Ça a chauffé à Philadelphie ?

— Ouais, mais on a tenu le ghetto. Et Huey, comment il va ?

— Il attend son procès. On va le voir tous les jours.

— Faut qu'il sorte, putain.

Bay Bridge

— Et Bobby ? Paraît qu'il a encore eu une perquisition ?

— Sans mandat, comme pour nous.

— Les enculés…

— On a l'habitude. Pendant qu'ils fouillent, on leur sert le café.

MacArthur Boulevard

— Bruber ? Stokely Bruber ?

— Ouais. Il nous a rejoints avec Brown et Forman.

— Roy aurait pu me le dire.

— Ça date d'aujourd'hui. Bobby l'a nommé Premier ministre.

Market Street

— Malcolm, c'est la CIA qui l'a buté. Il devenait gênant.

— Pourtant, à la fin, il était moins radical.

— Justement. Avant, il parlait qu'à nous, mais quand il a dénoncé la guerre, c'est là que le gouvernement a flippé. Pareil pour King.

Emory s'engage dans une rue, suivi par Kathleen, et voilà, je suis à Oakland, notre capitale. Eh ben, je suis un peu déçue. Les mêmes gravats, les mêmes bagnoles cramées qu'à Philly. Une émeute, et tous les ghettos se ressemblent. À l'arrière, Fred et Bunchy discutent de leurs problèmes avec les gangs. Bunchy, clope au bec :

— Et allez ! Regarde-moi ces cons !

En face, encore une patrouille de police. La sixième, depuis le pont. Et quand ils passeront, on les ignorera, eux aussi. J'aimerais trop leur faire un fuck, mais Fred a dit qu'il fallait pas les provoquer. La bagnole d'Emory croise celle des flics. Nos phares éclairent leurs gueules, leurs uniformes… et leurs flingues, pointés sur Eldridge.

Kathleen hurle.

Emory accélère sous les balles.

Ses passagers ripostent, quand surgit une autre patrouille.

Je comprends que, depuis le début, les flics préparaient leur coup. Kathleen me couche sur le côté – « Chéri ! » – et fait marche arrière. Comment elle peut les abandonner ? Je comprends pas/je comprends rien/je comprends que le plus important, c'est pas eux, c'est le Parti. Et s'ils crèvent, il faut qu'on survive pour le Parti. Flics. Sirènes. Tirs, dirigés vers nous, cette fois. Fred et Bunchy canardent. Les pare-brise volent en éclats.

J'ai peur, papa, Roy, Otis, aide-moi.

On s'engouffre dans une ruelle, bloquée par d'autres porcs. Kathleen freine, recule, percute un kiosque. Ma nuque ; j'ai mal. Elle remet le contact, en vain, et s'acharne. Les porcs accourent en canardant. Fred recharge son fusil et riposte, quand le moteur vrombit enfin. On leur fonce dessus, ils nous esquivent et trois bagnoles nous poursuivent.

« Boum ! Boum ! »

C'est pas des balles, ça. Je me redresse, paniquée, et découvre des habitants. Ils tapent contre le sol pour attirer notre attention. Kathleen fuse dans leur direction, ils nous laissent passer et bloquent la rue en caillassant les flics…

« Boum ! Boum ! »

… tandis que d'autres riverains signalent leur présence, quelque part. Je cherche, mais je les vois pas. Si, là-bas, dans cette ruelle. Kathleen s'y engouffre. Nos frères et sœurs d'Oakland se referment derrière nous…

« Boum ! Boum ! »

… et des vieux nous orientent vers une avenue. Ça y est, plus personne à nos trousses. Le ghetto nous a protégés. Putain, j'aime le Parti. C'est grâce à lui que je suis encore en vie, c'est pour lui que je vivrai jusqu'à mon dernier souffle. Bunchy m'arrache à la bagnole et on part en courant. La sueur, la rue, la puanteur me montent au cerveau. Ça brûle entre mes cuisses, je me suis pissé dessus. J'ai honte.

Fred entre dans une cabine téléphonique – « Je préviens Bobby ! » – et ressort aussitôt, furax. Combiné arraché, évidemment. Il retraverse la rue. Deuxième cabine, deuxième échec. À bout de souffle, il interpelle des gosses à une fenêtre :

— Eh ! Vous... vous avez... le téléphone ?

— Ouais !

— Appelez... le BPP !

Au loin, résonnent fracas et insultes. Les porcs continuent de se faire caillasser. Je m'arrête pour reprendre ma respiration, Kathleen me tire par le bras :

— Allez, on est bientôt arrivés !

— Où... où ça ?

— La baraque !

Détonations, tout près. Fred m'entraîne derrière un amas de poubelles. Les autres nous rejoignent. Accroupie, je tremble de partout. De mes cheveux pleuvent des bris de verre. Je balade mon regard, de la lune au panneau de la 28e. À une centaine de mètres, deux silhouettes se précipitent vers une maison. Je reconnais Tod et Eldridge. La police resurgit ; plein de bagnoles. Leurs pneus crissent, me vrillent les tympans. Nos frères se réfugient dans la baraque, canardée par les porcs.

— Faut y aller !

— Chut, dit Fred, on va se faire repérer.

Du bruit, derrière nous. Je sursaute, avant de reconnaître Emory, transpirant. Bunchy, l'épaule en sang :

— Et Dave ?

— Je sais pas où il est. Ils nous ont coincés, on a dû lâcher la bagnole.

Là-bas, l'assaut continue. Et si les porcs arrêtent de tirer, c'est pour recharger – « Rendez-vous ! » – avant de recommencer. Enragés, Tod et Eldridge pulvérisent leurs pneus, leurs phares. Ils ont blessé un flic, il gémit au sol. Fred fouille ses poches et soupire, accablé. Plus de cartouches. Pareil pour Kathleen et Bunchy. Emory examine son barillet, où je devine deux balles. Deux, à peine, alors j'accuse le coup. Kathleen me prend dans ses bras.

Pour les obliger à sortir, les flics passent aux grenades lacrymos. Une, deux, trois sont lancées à l'intérieur. La dernière EXPLOSE !!! et un incendie se déclenche. Les flammes éclairent la rue, révélant encore plus de flics. Une cinquantaine contre deux, tout un symbole. Les siècles d'injustice subis par mon peuple sont là, sous mes yeux.

J'entends Eldridge hurler. Le crépitement couvre ses mots, mais je sais ce qu'il dit à Tod. L'ordre du Parti, en cas d'assaut – se désaper et sortir à poil pour montrer qu'on est pas armé. Il faut qu'ils se rendent, maintenant, ou ils brûleront vifs. Kathleen craque et s'élance, Emory la retient :

— Non ! On peut rien faire !

Elle bégaie, avant de s'effondrer. Son cri, on l'entend pas, puisqu'elle se mord le poing. J'y vois du sang, toute la souffrance du monde. Des riverains s'insurgent aux fenêtres. Ceux qui descendent dans la rue sont arrêtés, bastonnés. Nous, « on peut rien faire ». Si on intervient, on se fait coffrer. Ou buter, puisque je suis avec deux chefs de section et la femme du n° 3 du Parti.

L'incendie s'intensifie, emprisonnant la baraque. Fumée noire et lune de feu ; Oakland revit son traumatisme des derniers jours. La porte de la maison s'ouvre alors. Tod apparaît, totalement nu, les mains levées. Mon frère Tod Button qui s'est battu sans peur, qui avance sans armes… et meurt sans sommation.

27

25 avril 1968

NEIL

« Il aurait pu être mon fils », c'est ce qu'a dit le shérif à l'enterrement de mon confrère d'Oakland. Eddy Mulligan, vingt-neuf ans, marié et père d'un petit garçon qui grandira sans lui. On m'a raconté ce qui s'est passé. Les menaces des Panthers, le piège tendu à mes collègues… Tout ça pour venger l'un des leurs.

« Il aurait pu être mon fils », c'est aussi ce que Brando a déclaré à l'enterrement du Noir. Oui, il y était. Il paraît que cette histoire l'a chamboulé. Aux infos, ils ont même dit qu'il a appelé les Panthers pour leur témoigner son soutien. Il me déçoit. Sa carrière bat de l'aile, il devait avoir besoin de publicité. En tout cas, ça en a fait au BPP. Si je pense à tout ça, c'est que sur la table basse, le *News* refait sa une sur l'affaire : la mort de Button, la blessure de Glazer et son arrestation. Bien fait pour lui. Des mois que cette ordure insultait notre corps.

— Neil ! Vous pouvez venir !

Je me lève, passe du couloir au bureau. La porte refermée, j'avance de deux pas et croise les mains dans le dos. Assis en face, Reddin feuillette mon dossier. Six mois que je n'avais pas vu mon chef, le plus compétent à ce jour. Depuis Watts, il fait tout pour améliorer nos rapports avec les Noirs, misant sur une police de proximité.

— Content de vous revoir, Neil.

— Moi aussi, chef.

— Comment allez-vous ?

— Mieux.

— Êtes-vous toujours sous traitement ?

— Non. J'ai arrêté les somnifères, je n'en ai plus besoin.

— Et donc, selon vous, vous êtes apte à reprendre.

— Oui.

— C'est aussi ce que pense le docteur… (Il se replonge dans le dossier.) … « Stubmann ». Eh bien, malgré ses recommandations, j'en doute. Vous n'êtes pas prêt et vous le savez.

Ses mots me cassent. Tout l'espoir que j'avais en franchissant la porte disparaît. Je me sens amoindri, humilié par Reddin dont je découvre l'attitude paternaliste.

— Chef…

— Je connais les psys, moi aussi. On leur dit ce qu'ils veulent entendre et le tour est joué. Or, six mois, c'est trop court pour se remettre d'une telle épreuve – si tant est qu'on puisse s'en remettre. Toutefois, vous allez réintégrer le service.

— Je ne comprends pas. Vous dites que je ne suis pas prêt et…

— Nous avons tous notre traumatisme : une attaque, une bavure, alors un psycho de plus ou de moins… Ne le prenez pas mal, hein.

Je suis vexé – évidemment – mais n'en révèle rien, craignant qu'il ne revienne sur sa décision. Bientôt, les patrouilles. Enfin.

— Merci, chef.

— Ce n'est pas une faveur que je vous accorde. J'ai besoin de vous, c'est tout.

— Je reprends quand ?

— Le mois prochain.

— Ah…

— Ne soyez pas trop pressé. Depuis votre arrêt, ça a empiré, dehors.

— Il paraît. Et sachez que, malgré ce qui s'est passé, je n'ai aucune envie de venger Doug. Je saurai me tenir en cas de provocation des Panthers.

— S'il n'y avait qu'eux…

Je sais ce qu'il sous-entend. Dans les rues, je retrouverai le BPP, mais aussi les gangs parmi lesquels le redoutable United Slaves. Entre eux et les Panthers, c'est chaud. Encore une fusillade, hier. Et puis, il y a tous ces manifestants, ces enragés qui occupent les campus un peu partout. La télé parle d'un million d'étudiants en grève, du jamais vu. Une aubaine pour Timothy Leary, dont le LSD pourrit toute la côte Ouest.

— Neil, êtes-vous sûr de vouloir retourner sur le terrain ?

— Oui. Ça me manque… Les gens me manquent.

— Qui ? Les dealers ? Les violeurs ?

— Leurs victimes. J'ai besoin de les aider, c'est important pour moi.

— Je vois que la mort de Doug n'a pas entamé votre idéalisme.

— Ni ma foi en notre Seigneur.

— Et l'homme, vous y croyez ?

— Oui.

Ses lèvres, jusqu'ici crispées, se détendent quelque peu. Sourire timide, regard blasé. Reddin n'a plus d'espoir et ça me fait de la peine pour lui. Il me fait signe de sortir, je le salue et le laisse à son amertume. La porte refermée, j'arpente le couloir, absorbé par mes pensées. Oui, je crois en l'homme. Plus que jamais. Comment ne pas y croire avec Robert Kennedy, à Memphis, le lendemain de la mort de King ?

« Il existe une autre violence, plus insidieuse mais tout aussi destructrice qu'un coup de feu ou qu'une bombe dans la nuit. C'est la violence des institutions, indifférentes et passives. C'est la violence infligée aux pauvres, qui empoisonne les relations entre les hommes sous prétexte que leur peau est d'une couleur différente. C'est la lente destruction d'un enfant par la faim, ce sont des écoles sans livres et des maisons sans chauffage en hiver. »

Un discours, et toute une population apaisée. Blancs et Noirs menaçaient de s'étriper, mais il a su éviter le pire. Robert Kennedy, l'homme qu'il nous faut pour en finir avec la violence et les injustices. « Bobby », pour qui j'ai hâte de voter. Vivement les primaires.

28

10 mai 1968

TYRONE

— Je crèverai pas au Viêtnam !
— JE CRÈVERAI PAS AU VIÊTNAM !
— Je crèverai pas dans un accident de bagnole !
— JE CRÈVERAI PAS DANS UN ACCIDENT DE BAGNOLE !
— Je crèverai pas à cause des porcs !
— JE CRÈVERAI PAS À CAUSE DES PORCS !
— Je crèverai pour le Parti !
— JE CRÈVERAI POUR LE PARTI !
— Car je vis pour le Parti !
— CAR JE VIS POUR LE PARTI !
— Et pour notre peuple !
— ET POUR NOTRE PEUPLE !

Carlson s'excite avec son mégaphone et on lui répond, hurlant dans la cour. Torse bombé, nos fusils entre les mains. Le nouveau rituel, depuis la mort de Button. Au retour d'Oakland, Carlson était plus le même. Maintenant, sa cause est un combat auquel on se prépare chaque matin. Manifs, patrouilles, tout s'est durci, accéléré, les ventes du journal ont explosé. Six mille en trois jours ; pareil dans les autres villes. C'est grâce à Brando. En soutenant le BPP, il a obligé les médias à relayer la mort de Button et ça a fait une sacrée pub. Plus de recrues, plus de dons, plus de flingues.

— Le pouvoir au peuple !

— LE POUVOIR AU PEUPLE !

Fred m'a dit que Bunchy et les autres étaient tout aussi traumatisés, que la fille de Philadelphie était encore sous le choc, à la clinique d'Oakland. Je veux bien le croire, après ce qu'elle a vu. Button, ils l'ont tué comme un chien. Tellement criblé de balles qu'il était collé au sol. J'ai la haine, comme les autres, mais ça m'empêche pas de continuer à les trahir. Je suis obligé. Jusqu'ici, Carlson semble me faire confiance. À moins qu'il ne soit trop occupé pour me soupçonner.

— Le pouvoir au peuple !

— LE POUVOIR AU PEUPLE !

On regagne le bureau, quand la porte s'ouvre. Encore une perquisition ? Non, nouvelle visite. Après les Latinos, trois Blancs en combis dégueulasses. Les bouchers qu'ont appelé hier, au nom de leur syndicat. S'ils ont osé venir jusqu'ici, sur notre territoire, c'est qu'ils y croient vraiment. Tendus, ils nous saluent d'un hochement de tête et on leur répond froidement. Carlson vient leur serrer la main, pour détendre l'atmosphère.

— Salut, les mecs ! Pas de soucis sur le trajet ?

— Non… Des regards de travers, c'est tout.

— J'avais fait passer le mot pour qu'on vous emmerde pas.

Il leur désigne la cafetière. Oui à l'hospitalité, non à la servitude. Fusils sur l'épaule, on les regarde sucrer leurs cafés, lorsque Carlson les relance :

— J'ai pas beaucoup de temps, alors faites vite.

— Voilà… On trouve ça bien ce que tu fais pour les tiens. On se dit qu'on pourrait s'en inspirer pour aider les nôtres, ceux qui en chient.

— Eh ben, faites-le.

— Justement, on a un projet. Si ça te branche, on peut le monter ensemble.

L'un d'eux entrouvre sa combi, sort des papiers agrafés. Carlson les récupère, s'assied sur son bureau et lit. Ses sourcils réagissent d'une page à l'autre, tour à tour froncés, puis arqués en signe de surprise. Il allume une clope.

— Vous voulez créer une banque ?

— Une société de crédits. Propriété du peuple, gérée pour et par le peuple.

— Le fric sera donné pour quoi ?

— Ce sera au peuple de décider. Si quelqu'un a besoin de meubles, d'une bagnole…

— Et l'éducation, dans tout ça ?

— On parle social, là.

— Sans éducation, votre projet n'a aucune chance, il va foirer. Regardez Papa Doc à Haïti ; il a subi les Blancs, il a pris le pouvoir, il les a virés et maintenant, c'est lui qui oppresse. Si son peuple avait été éduqué, il dirait : « On hait tous les oppresseurs qu'ils soient blancs, noirs ou jaunes. » Pour empêcher les abus, il faut éduquer les gens. Sans ça, ils pilleront votre banque pour leurs besoins et pas ceux de la communauté.

— Bien sûr, mais…

— Chez nous, il faut six semaines d'initiation politique avant d'être membre du Parti. L'éducation, c'est la clef de tout. Votre projet me branche, mais là, je peux pas en parler au siège. Réfléchissez et rappelez-moi.

Il leur rend leur dossier. Les Blancs terminent leur café, nous saluent avec un peu plus de confiance qu'à leur arrivée, et ils se cassent après une dernière poignée de main. Autour de moi, les autres félicitent Carlson. Sa cour, à laquelle je prends part :

— Bien joué, frère ! T'y crois vraiment, à leur truc ?

— Ça dépend d'eux. Allez ! Au boulot !

Il allume la radio et on s'active tous au son de Deep Purple. Des pédés d'Anglais, mais leur son est sympa. Depuis une semaine, leur reprise de *Hush* passe en boucle. On la fredonne – « Na ! Na, na, na ! Na, na, na ! Na, na, naaaa ! » – en se dispersant. Banderoles, journaux, collecte, chacun à son poste.

Je prends mon flingue, mon sac à dos, puis sors du bureau. Sur Madison, quelques légendes égaient mon champ de vision : Zac et son bouledogue, Sonia et ses tattoos, Al et son ballon de basket. Ambiance rythmée par le klaxon de Walt, qui me dépasse avec son tacot, et les gosses défonçant une borne à incendie. L'eau jaillit, arrosant le mur d'en face. Pas grave, Huggy en choisit un autre. Il secoue son spray et – pchhhh ! – ressuscite les briques en « Révolution ». Ça, c'est pour moi.

J'allume une clope, remonte la rue en pensant à la journée qui m'attend. Les tracts à distribuer, les recrues à former, l'imprimeur avec qui je vais devoir négocier.

« Hush ! Hush ! »
Métro

— Toi, tu négocies ? s'étonne Clark. Sacrée promotion !

— J'ai bossé dur pour ça. Du matin au soir, je…

— Je m'en fous. Carlson te fait confiance, alors ?

— J'ai l'impression.

— Bien. Autre chose ?

« Hush ! Hush ! »
Field Office, Chicago

— Salut, les gars !
— Chef ? Qu'est-ce que vous faites là ?
— J'ai du nouveau. Ils envisagent de s'allier au gang de Jeff Ford.
— Hein ?!
— Notre taupe est formelle. Mettez Ford sur écoute. Domicile, cabines du quartier, la totale !

« Hush ! Hush ! »
Field Office, Columbia

— Sullivan, j'écoute !
— C'est Clark. Je ne pensais pas que vous seriez encore au bureau.
— Ça bouge ici, les gauchos remettent ça. Un problème ?
— Carlson veut s'allier avec les Blackstone Warriors.
— Ah… Votre nègre est fiable ?
— Oui, je le tiens par les couilles.
— Serrez plus fort. Il faut qu'il fasse échouer les négociations.
— Ce sera fait. Et il y a autre chose…

« Hush ! Hush ! »
4936, 30th Place, Washington

— Allô ?
— Bonsoir. William Sullivan. J'ai besoin de lui parler.

— Il est en train de dormir. Êtes-vous sûr de vouloir le réveiller ?

— Oui. C'est urgent.

— Ne quittez pas.

Le majordome transfère l'appel. Deux secondes durant lesquelles l'agent Sullivan avale une gorgée de café, songeur. Hoover, déjà couché ? Lui qui, il y a peu, passait ses nuits à réécouter ses précieuses bandes magnétiques. Là, aucun doute, le boss se fait vieux, ce qui ne l'empêche pas de grogner comme avant :

— QUOI ?

— Monsieur, navré de vous réveiller, mais…

— J'espère que vous avez une bonne raison !

— Plusieurs. Carlson cherche à s'unir aux Blackstone Warriors.

— Mm. Si une section pactise avec un gang, les autres suivront.

— C'est l'objectif. Le siège a donné son aval.

— Le BPP passe donc à l'offensive. Les Blackstones sont nombreux ?

— Deux mille. Avec les Panthers, cela ferait quatre mille nègres armés dans les rues de Chicago. Clark et son équipe sont sur le coup.

— Qu'ils exécutent Carlson, au plus vite.

— Trop risqué. Deux journalistes vont lui consacrer un documentaire, ils le suivront en permanence.

— Je veux leurs noms. Et si on ne peut pas dézinguer ce nègre, on va lui pourrir la vie. Je vais contacter le proc' Hanrahan, pour qu'il l'envoie en cage.

— Ce n'est pas tout. Angela Davis joue les intermédiaires entre les Panthers et le Che-Lumumba Club. S'ils se rapprochent…

— Ce fichu parti s'étend comme une épidémie. Il est temps de l'éradiquer.

Une heure plus tard, Hoover envoie un mémo aux directeurs de toutes les agences du FBI. Après la surveillance du BPP et son infiltration, Cointelpro passe à une nouvelle phase – incluant son vaste réseau de juges, journalistes, professeurs, conférenciers et producteurs à Hollywood – afin de discréditer l'organisation et ses nombreux soutiens, jusqu'aux acteurs les plus célèbres.

Objectif : déstabilisation.
Méthode : propagande.
Impunité : totale.

29

22 mai 1968

CHARLENE

Ils ont tué mon frère.
Ils ont tué Malcolm X.
Ils ont tué Martin Luther King.
Ils ont tué Denzil Dowell.
Ils ont tué Arthur Parker.
Ils ont tué Tod Button, et j'ai la haine.
Chaque heure, chaque minute, chaque seconde.

J'étais venue inaugurer une clinique et j'y suis restée plus d'un mois. Dès qu'ils ont su, Roy et Bobby ont débarqué. Avec les journalistes, ils sont allés au poste de police. Les porcs étaient armés jusqu'aux dents, ils se sont retrouvés cons face aux caméras. Mes frères ont exigé le rapport d'autopsie, que Bobby a photographié pour qu'on le publie. Ensuite, ils m'ont rendu visite, puis Roy est retourné à Philly. Il m'a dit qu'il était désolé de partir, mais qu'il devait calmer l'équipe.

Bobby a continué de venir, tous les jours. Notre président, à mon chevet, avec sa femme. Ils m'ont filé une lettre de Huey, qui m'a témoigné son soutien « en attendant qu'on se rencontre ». J'en ai eu les larmes aux yeux. Papa est venu, lui aussi. C'est le Parti qui lui a payé l'avion. Dès qu'il m'a vue, il a chialé et s'en est pris à Bobby, l'accusant de m'avoir mise en danger. Bobby a rien dit, il comprenait sa réaction. J'étais contente de voir papa, mais j'aurais préféré qu'il vienne pas.

— Ah ! Enfin !

Ça, c'est lui, derrière moi. On regarde la porte s'ouvrir, comme les autres. Tous serrés dans cet avion, tous pressés d'en descendre. Papa est ravi.

— Ça y est, on va pouvoir y aller !

— J'avais compris.

Il m'énerve. Il a tellement flippé qu'il fait tout pour m'arracher un sourire. Le soleil ? Super ! Un oiseau ? Génial ! Une porte qui s'ouvre ? Fantastique ! Ce qu'il comprend pas, c'est que je vais bien. Je me suis jamais sentie aussi forte. On a perdu des frères, mais on a gagné en puissance. Aux infos, ils ont même dit qu'on inspirait les Irlandais. Eux aussi, ils en ont marre de se faire emmerder. Si ça bouge là-bas et en France, avec les étudiants, c'est un peu grâce à nous. Ce qu'on fait au Parti influence des milliers de jeunes à travers le monde, c'est de ça que papa devrait se réjouir.

Les premiers passagers descendent. Beaucoup de Blancs des beaux quartiers, je le vois à leurs costards et leurs catogans de pédés. Mon sac sur l'épaule, je dépasse les hôtesses. Je les ignore, papa les salue :

— Au revoir, merci.

— Au revoir. Bon séjour à Philadelphie.

« Bon séjour » – la preuve qu'elles sont pas d'ici. Leurs regards… Des *comme ça*, j'en ai eu pendant tout le vol. On descend les marches quand papa en remet une couche :

— T'as l'air tendue.

— Ils font chier, à me mater comme si j'étais une extraterrestre.

— En même temps, ta tenue, c'est un peu provocant.

— Un béret, c'est provocant ?

— Le béret et le reste. Si tu veux qu'on te laisse tranquille…

— … je dois changer de look, c'est ça ? T'as raison, je vais porter une jupe ! Ah, ben non ! Si je me fais violer, ce sera à cause de ma jupe « provocante » ! En fait, d'après toi, comment je dois me saper pour qu'on me foute la paix ?

— Charlene, ça suffit ! Parle-moi sur un autre ton !

— Alors arrête de m'emmerder !

Ça y est, il la ferme. Il a jamais eu beaucoup d'autorité sur moi mais, là, c'est fini. Il capte rien à la révolution, il préfère voter pour le frère Kennedy. Tant pis pour lui. On traverse le tarmac, ça chuchote derrière nous. Notre engueulade a lancé un débat entre Blancs, avec plein de conneries à mon sujet. Je dis pas que ces gens sont forcément racistes, mais ils vivent coupés de la réalité. Celle de mes frères qui vident la soute, qui nettoient les chiottes. Le sale boulot, c'est toujours pour nous, et ça suffit.

Dans le hall, j'aperçois des fusils. Roy, Tina et Stan. On se tape dans le dos. Entre nous, pas besoin de discours, une accolade suffit. C'était pareil à la clinique. Des frères, des sœurs, des pères, des mères, j'ai eu tout ça comme visites. C'est grâce à eux et au Parti tout entier si je me suis remise à parler, à vivre. Roy me tape sur l'épaule.

— Content de te revoir. T'as l'air d'aller mieux.

— Ouais.

Non, ça va pas. J'arrête pas de penser à la mort de Tod, mais je veux pas passer pour une chialeuse, alors je tiens le coup. Je relance Roy :

— Alors, quoi de neuf ?

— Ça va, sauf qu'ils ont encore saccagé le bureau.

— Putain, mais c'est pas possible !

— Qu'est-ce que tu veux… Rattner peut pas se passer de nous.

Les autres ricanent. Chief Rattner, le n° 2 de la police locale. Tellement raciste qu'il participe lui-même aux descentes. En retrait, papa est crispé. Il s'attendait pas à ce que mes frères soient là. Roy lui serre la main.

— Le vol s'est bien passé ?

— Oui… on va y aller, j'ai ma valise à récupérer.

— Attends, papa. Vous avez des nouvelles d'Eldridge ?

— Sa blessure va mieux. Il est en conditionnelle.

— Ah, cool qu'il soit sorti. Maintenant, faut qu'il se repose.

— Tu parles ! Il est reparti au front, il donne des conf' dans les facs.

Il assure trop, Eldridge. Avec lui, Carlson et Bruber, on va faire encore plus fort. Papa regarde sa montre, puis se tourne vers moi.

— Bon ! On y va ?

— On va vous raccompagner, dit Roy.

— Pas la peine. On va prendre le bus.

Je sens qu'il peut pas les encadrer, ça me déçoit. Roy le voit et m'adresse un sourire forcé. Papa les salue d'un hochement de la tête, et me fait signe de le suivre. J'avance pas.

— Eh ben ? Charlene ?

— Je rentre avec eux.

— Mais…

— T'inquiète pas pour moi.

Je lui tape sur l'épaule, je m'y sens obligée. Les autres le saluent, après quoi on traverse le hall. Tandis qu'on se mêle à la foule, je m'attends à ce que papa m'interpelle, mais non. Peut-être qu'il l'a fait et qu'avec tout ce brouhaha j'ai pas entendu. Peut-être qu'il a pas osé insister. Peut-être aussi qu'il a compris que je suis plus sa fille.

30

5 juin 1968

NEIL

Nouvelle nuit, nouvelle patrouille.

Le chef avait raison. Ça a vraiment empiré, dehors. Encore plus de clochards, de putes, de toxicos. Sans compter tous ces allumés avec leurs tracts : gauchistes, Muslims, satanistes, membres du Temple du Peuple, Disciples du Christ… Des escrocs, comme ceux de la Process Church. Eux, ce sont les pires. L'autre jour, j'en ai arrêté deux qui harcelaient les passants. En feuilletant leur « bible », j'ai trouvé la parole du Seigneur à la sauce de Satan, Freud et Hitler.

Il y a aussi les fans de Leary et leur Confrérie de l'Amour Éternel. Une mafia de hippies-dealers, venue de Laguna Beach. Et toujours les gangs de Chinois, Latinos et Noirs. Fini les Slausons & Co. Maintenant, on est menacés par les United Slaves. Crânes rasés et moustaches Manchu. Des teigneux, comme ces Black Panthers, là-bas.

— Cassez-vous, enculés !

On les dépasse, je me tasse dans la bagnole. Quand je les vois, ça me stresse. Ça me rappelle la mort de Doug, mais j'arrive toujours à me ressaisir. Ça me surprend. J'ai des collègues qui ont été confrontés à la même violence et qui sont toujours en dépression. On est tous différents, c'est comme ça.

Moi, la psy m'a bien aidé. Et le Seigneur, surtout. C'est pour ça que, malgré ce qui s'est passé, je n'arrive pas à détester les Panthers. Norton, oui, mais pas les autres. Eux, ils ne m'ont rien fait. Et puis, pour les haïr, il faudrait que j'arrive à les cerner et c'est compliqué. Ils servent des repas sur la 54e mais exhibent leurs armes sur Century, ils veulent l'union entre Noirs mais se canardent avec les Slaves.

Je n'y comprends rien. Cette ville est devenue un volcan où les fous cohabitent tant bien que mal, en attendant la fin. Et ce jour-là, je serai en première ligne. Je ne me plains pas, j'ai tout fait pour reprendre du service : courser les dealers, me faire insulter, coffrer les macs, me faire insulter, ramasser les clodos, me faire insulter, mais je m'en accommode. Déjà, j'ai récupéré mon arme de service et j'ai moins de migraines. Et puis, L.A. m'a tellement manqué avec sa nuit, son énergie, sa radio…

« Napalm is perfect for women and children !
Forgive us, forgive us ! »

… et le nouveau single du West Coast Pop Art Experimental Band, idéal pour nous accompagner. Troisième patrouille avec John. Mon nouvel équipier qui déteste les Kennedy – « des escrocs » – et les Giants – « des pédés ». On dirait Doug, à ceci près que John n'est pas raciste. Il est même plutôt sympa. Un jeune, comme moi. Le seul à ne pas se moquer de mes origines irlandaises. Si le chef m'a mis avec lui, c'est pour me ménager. John, conduisant d'une main :

— La pop, c'est plus ce que c'était.

— T'aimes pas ?

— Ils me font tous chier, avec leurs guitares.

— C'est Hendrix. Il a fait fort, alors tout le monde essaie de s'aligner.

— On ne leur demande pas de s'aligner, juste de faire de la musique. Maintenant, ça se branle avec sa guitare et ça se veut intello.

— Toi, tu ne vas pas aimer le prochain Who… Townshend a dit qu'il travaillait sur un « opéra rock ».

— C'est quoi, ces conneries ?

— Un mélange d'opéra et de rock, je suppose.

— Je crains le pire. L'opéra, c'est un truc de filles. Ils vont faire quoi ? Jouer en tutu, avec une plume dans le cul ? Tout fout le camp, c'est moi qui te le dis !

Sur ce point, je suis d'accord avec lui. La guerre, la crise, j'en ai plus qu'assez. C'est pour ça que, ce matin, j'ai voté Bobby Kennedy. Voté et prié. Le Seigneur m'a entendu puisqu'il a remporté la primaire d'ici. Il avait perdu en Oregon et c'était tendu dans le Minnesota, mais là, il est prêt pour l'investiture. Dernière étape avant la présidence.

John avait voté McCarthy, alors il a râlé. Il prétend que Bobby est « trop propre pour mettre les mains dans la merde ». Bobby qui, en ce moment, fête sa victoire avec ses partisans à l'*Ambassador*. Lui, l'incorruptible qui a osé défier la Mafia et Hoover, se trouve à moins de dix miles d'ici. C'est con, si j'étais à la sécurité, j'aurais essayé d'avoir un autographe. Je regarde ma montre ; minuit et quelques.

— Ça te gêne si je mets Bobby ?

— Pff… Allez, vas-y.

Je change de fréquence, en quête d'une radio qui retransmette le discours. Je n'ai pas à chercher longtemps.

« ... ma gratitude envers mes amis de la communauté noire qui ont soutenu cette campagne et se sont déplacés en si grand nombre pour voter aujourd'hui. Je considère qu'ils ont joué un rôle crucial dans mon élection. Je veux les remercier de tout mon cœur... »

Sa voix, son accent de Boston, me font un bien fou. Je voulais écouter un candidat, c'est un ami que je retrouve. Il y a encore un mois, Bobby bégayait en public mais, ce soir, il est en maîtrise totale. Ça y est, il n'est plus « le frère de », il est enfin lui-même, émancipé. Ses mots sont pesés, son discours ponctué de riches silences. La foule, exaltée, l'acclame pour moi.

« ... avec ce vote en Californie et celui dans le Dakota du Sud, ici, l'État le plus urbanisé et là-bas, le plus rural, le fait de les remporter tous les deux symbolise notre capacité à mettre un terme à la division qui caractérise les États-Unis... »

Il a raison. Avec le temps, « États-Unis » est devenu abstrait, un concept vide de sens, puisque nos États sont totalement désunis. J'aime le Seigneur et je crois en Lui de toute mon âme, mais Il ne peut pas nous aider en politique. Nos souffrances sont des souffrances d'hommes et par conséquent, elles ne peuvent être résolues que par des hommes. Surtout un, qui m'émeut en ce moment même.

« ... la violence, le désenchantement, la division entre les Noirs et les Blancs, les riches et les pauvres, les jeunes et les moins jeunes, ou sur la question de la guerre au Viêtnam. Maintenant, nous pouvons commencer à travailler ensemble... »

John acquiesce, à ma grande surprise. Il semble conquis ; la magie de Bobby a opéré. Si mon équipier et moi sommes réconciliés, des millions d'autres le seront. Kennedy nous accompagne à travers Century et plus il parle, plus j'observe ma ville. Ses lumières, ses miséreux, tous ces abîmés ont besoin de lui. S'il a su éviter le chaos après la mort de King, il est capable de sauver le pays tout entier.

« ... le maire Yorty vient de me signaler que nous avons largement dépassé le temps qui nous était imparti. Alors je vous remercie tous et vous donne rendez-vous à Chicago, pour qu'on l'emporte là-bas aussi ! »

Impeccable, ce discours. Une autre voix couvre les applaudissements ; c'est un journaliste. Il dit que Bobby a quitté la tribune, qu'il se dirige vers la cuisine avec ses gardes du corps, qu'il va donner une conférence de presse. J'entends aussi parler d'une soirée VIP, qui se tiendra je ne sais où, quand retentissent des détonations. On sursaute, John perd le volant et le reprend aussitôt. On échange un regard. Il est livide, comme moi, sans doute. D'une main tremblante, j'augmente le volume. De l'autoradio jaillissent des cris de panique. Hurlements. Pleurs. Détresse. Et mon âme, un peu plus fissurée.

31

15 juillet 1968

TYRONE

Ouais, un truc s'est cassé. Je le sens dans la rue, le métro, partout. L'atmosphère est tendue, électrique. C'est depuis l'assassinat de Kennedy. Cinq ans après son frère, ça recommence. Cette fois, le tueur est un Jordanien. Il l'aurait buté pour lui faire payer son soutien à Israël. C'est peut-être vrai, mais je m'en fous, j'ai autre chose à penser. Tracts, collectes, recrutements… Du matin au soir, je carbure. Les autres aussi, mais ils le vivent bien. Moi, je mens. Chaque jour, je mens à Fred, à l'équipe, au ghetto, et ça commence vraiment à me peser.

— Tyrone ? Oh !

Fred et ses rouflaquettes envahissent mon champ de vision. Je reviens à moi, à Oakland, à notre rassemblement. Six mille manifestants – « LIBÉREZ HUEY ! » – encadrés par trois cents flics – « LIBÉREZ HUEY ! » – en ce premier jour du procès. Deux heures qu'on attend son transfert, devant le palais de justice. Les lèvres de Fred s'animent. Je comprends pas ce qu'il dit, les autres crient trop fort.

— Quoi ?

— J'ai du monde à te présenter !

Il se fraie un passage, acclamé en héros. Faut dire qu'il a bien baisé les Feds. Ils ont voulu le coincer mais, vu qu'il est clean, tout ce qu'ils ont trouvé, c'est un truc à la con. Ah ! Ils l'ont accusé d'avoir volé sept cent dix glaces pour les filer aux gamins. Franchement, un procès pour soixante et onze dollars… que Fred a renvoyé dans la gueule du proc', assurant lui-même sa défense. Verdict : non-lieu.

Je suis Fred de près, fusil sur l'épaule. Ici, avec nos flingues, on est tous hors la loi, mais la police nous arrête pas. Elle a dû recevoir l'ordre de pas intervenir, de peur que ça dégénère. On a du mal à avancer. Trop de ferveur, d'agitation. Tous ces jeunes qui *Soul Man*, qui *Born to be Wild*, qui *Jumpin' Jack Flash* et ouais, *It's a gas, gas, gas !* Les médias se croyaient chez eux, mais le BPP leur a rappelé que la rue était à tout le monde. Moi, je me ressource au contact de la foule, ses discussions…

— Il y a beaucoup de Blancs.

— C'est bien, qu'ils nous soutiennent.

— On a pas besoin d'eux. C'est notre combat.

… ses débats sans fin, mais toujours passionnants. Hommes, femmes, jeunes, vieux, étudiants, chômeurs, tout le monde se parle…

— On fait trop de manifs.

— Je trouve aussi.

— Faut faire gaffe, ça risque de tuer le mouvement.

… alors que le pays a jamais été aussi divisé. Le procès de Norton a libéré la parole d'une jeunesse qu'en a marre…

— Aux infos, ils parlent beaucoup de Huey.
— Et alors ? C'est super.
— Faudrait pas qu'il éclipse le Parti.

… et ça fait plaisir à voir, toute cette énergie. Sur le trajet, je croise des militants du SDS, du Club, du Peace and Freedom, mais personne du SNCC. Le divorce est consommé. Faut dire que Forman, leur ancien chef, s'est fait torturer par des Panthers. Quand Clark me l'a dit, j'y ai pas cru, puis j'ai lu l'article dans le *Time*. Fred me conduit vers trois mecs, que je reconnais malgré leurs Ray-Ban : Bobby Stills, Eldridge Glazer, Stokely Bruber. Le président, le ministre de l'Info et le Premier ministre d'honneur, là, devant moi. Si Clark me voyait avec eux, il inonderait son slip. Mon cœur s'emballe, une turbine sur le point d'exploser.
— Les gars, je vous présente Tyrone !
— Ah, enfin ! Salut, mec !
Bruber m'a parlé, j'en reviens pas. Et en plus, il me tape sur l'épaule. L'initiateur du Black Power la joue cool avec moi. Il m'impressionne. La gueule d'ange d'Otis, le regard démoniaque de Miles. Je me ressaisis, m'aperçois que Glazer est pas armé. C'est à cause de sa conditionnelle. Il sait qu'il joue gros en étant ici, alors pas la peine d'en rajouter. Stills, clope au bec :
— Alors, c'est toi, le fameux Tyrone !
— « Fameux » ?
— Fred, il dit que du bien de toi.
Je me tourne vers lui, il m'adresse un clin d'œil. Là, c'est clair, j'ai définitivement gagné sa confiance.

Fred demande de plus en plus mon avis, il me confie ses projets et ses doutes. J'ai envie de me foutre mon canon dans la bouche. Glazer, tout sourire :

— Content de te rencontrer !

— Moi aussi. Dis, c'est vrai pour Forman ?

— Me dis pas que t'y crois !

— Non, mais… si c'est pas des Panthers, qui l'a torturé ?

— Personne, c'est des conneries. Bon, il paraît que tu fais du bon boulot !

— Oh, c'est surtout Fred qui assure.

— Eh ben ! On s'en envoie, des fleurs ! Vous seriez pas un peu pédés ?

Glazer, fidèle à lui-même. Il est dans la surenchère, comme tous les ex-taulards. Des gars comme lui, j'en ai vu des centaines à Cook County. Sympas mais toujours speed, alors il faut que j'enchaîne, sinon il trouvera ça louche. Je le vois peser sur sa jambe gauche, soulageant l'autre. Dire qu'il y était, dans cette baraque en feu.

— Ça va, ta blessure ?

— Ouais.

— C'est pas risqué, pour toi, d'être ici ?

— Si, mais je me devais d'être là, comme tout le monde.

— On est au complet ?

— Presque, on attend encore un car de Seattle.

— Et Philadelphie ?

— Ils viendront pas. C'est chaud avec les Warlocks, alors ils gardent leurs locaux.

— Nous aussi, c'est tendu avec un gang.

— Fred nous en a parlé. T'en penses quoi ?

L'union avec les Blackstones, le débat du moment. Les mots de Clark – « Si l'alliance se fait, tu vas en chier » – me reviennent. J'allume une Marlboro.

— Les Blackstones, c'est du sérieux. Pour eux, on est des intrus.

— Fred dit qu'ils se réclament de Malcolm. C'est sur ça qu'il faut travailler.

Bruber et son sens aigu de la politique. Les divergences, les tensions, il les gérait au quotidien quand il dirigeait le SNCC. Il me fixe, attendant que je poursuive. Je tire une latte, recrache la fumée.

— Tout ce qu'ils ont gardé de Malcolm, c'est la rage. Ils sont pas politisés. J'y crois pas, à leur ralliement.

— Moi si, intervient Fred.

— Mais… hier, tu disais…

— Je veux pas d'histoires avec les Blackstones. Faut les rencontrer.

— Et s'ils te butent ? Leur boss attend que ça.

— S'il le voulait vraiment, il aurait déjà essayé. Faut lui parler, tranquillement.

— Ça va être dur.

— Ouais, mais c'est pas impossible.

Et merde. Je fais pas le poids face à Fred l'optimiste, Stokely le diplomate et Eldridge le pragmatique. Avec eux, c'est sûr, le ralliement des Blackstones se fera et moi je retournerai en taule. Je me sens mourir, ça doit se voir car Stills s'inquiète pour moi.

— Ça va ?

— J'ai chaud. Je boirais bien une Bud.

— Moi aussi, mais tout est fermé dans le coin. Ils ont peur, ces cons.

— Mm. Pour les Blackstones, désolé, mais j'y crois pas.

— Si vous fusionnez pas, ça finira par saigner. Il y aura des morts et les médias s'empareront du truc.

Le Parti a pas besoin de ça. Alors, organisez une rencontre et…

Des cris, tout autour. Je me retourne, pris dans un océan de banderoles. J'aperçois trois voitures de flics, au loin. Un fourgon apparaît, celui de Huey, suivi d'autres bagnoles. On me bouscule, c'est Stills. Il traverse la foule, pressé de voir son pote. Les manifestants m'emportent avec eux :

« LIBÉREZ HUEY ! »

Le convoi s'arrête…

« ON EST AVEC TOI ! »

… et les caméras se tournent…

« LÂCHE RIEN ! »

… vers le fourgon, à l'arrière duquel se postent des flics. L'un ouvre les portes. Norton descend, menotté, sous les hourras. Je pensais le voir accablé, mais il a la pêche.

— Révolution !

— Révolution ! reprend Eldridge, à ma droite.

Je fais pareil, le poing levé, comme tout le monde. Escorté, Norton ignore les flics et répète son appel. Il a rien perdu de sa combativité, malgré la taule. Huit mois qu'il y est, huit mois que j'en suis sorti. Je pense qu'à ça en le voyant se diriger vers l'autre entrée. Beaucoup tentent de l'accompagner, mais se heurtent à un barrage de flics.

Tandis qu'il pénètre dans le tribunal, la foule l'encourage à pleins poumons. Des milliers de gens hurlants ; j'en ai le vertige. Le soleil qui cogne, leurs cris qui me transportent. Orgie de voix, de cuirs, de sueurs. Ici, avec tous ces gens, j'oublie le Viêtnam, l'assassinat des Kennedy, et même ma trahison. Je l'oublie qu'une seconde, mais cette seconde-là, elle me fait du bien.

Cette sensation, je l'ai retrouvée à Chicago, un mois plus tard, en pleine convention démocrate. Pendant qu'ils s'étripaient pour choisir leur candidat, nous, on manifestait contre la guerre. On était plus de vingt mille. Tous ces Noirs et ces Blancs ensemble, c'était fou, je pensais pas voir ça un jour, dans ma ville. Et puis, il y a eu le concert des MC5. Trop bon. C'est là que j'ai rencontré leur manager, le leader du White Panther Party. Il m'a présenté Hoffman et d'autres Yippies, aussi défoncés qu'intellos. Ils arrêtaient pas de se foutre des politiques, ils ont même présenté leur candidat : un cochon. Qu'est-ce qu'on s'est marrés, putain.

Puis, le lendemain, ça a dégénéré. Certains ont commencé à péter des vitrines, et le maire nous a envoyé les flics. Au final, des centaines de personnes gazées, matraquées, arrêtées. J'étais avec Fred et Bobby, on s'en est pris plein la tronche. Surtout moi. « Un avant-goût de ce qui t'arrivera si tu m'entubes », m'a dit Clark.

32

8 septembre 1968

CHARLENE

Le respect. Otis l'a exigé, Aretha l'a crié – *« R-E-S-P-E-C-T ! »* – mais ça a pas suffi, alors James a enfoncé le clou :

« I'm black and I'm proud ! »

Ouais, encore lui. Depuis le début, il nous accompagne, au gré de nos révoltes. Et maintenant, son single est repris dans tous les ghettos.

« I'm black and I'm proud ! »

Avant, ses chansons, c'était pour amuser les Blancs, mais il s'est émancipé. Des années qu'il pleure, frémit, vibre à notre rythme.

« Say it loud ! I'm black and I'm proud ! »

Et ce rythme a créé une autre soul, électrique, viscérale. Celle qu'entre nous on appelle « funk ». Ici, à Detroit, New York, Chicago, partout. Depuis, tout a changé. On chante plus, on se libère. On danse plus, on se transcende. Et quand on sort, Philly est à nous. Fusil sur l'épaule, je m'adresse au groupe :

— Tout le monde est prêt ? Ouais ? Alors on y va !

— Et si on croise les Warlocks ?

— On les défonce.

J'avance, ils me suivent. Moi, la chef de patrouille. Au Parti, si tu bosses, tu peux vite monter. Et avec ce que j'ai vécu, Tod et le reste, je l'ai pas volée, ma promotion. On marche en formation serrée, avec nos flingues et nos bouquins de droit.

Un pas pour notre peuple.

Un pas pour Huey, condamné à quinze ans de taule.

Un pas pour ceux qui se sont fait matraquer à Chicago.

Aux infos, Eldridge leur a encore témoigné notre soutien. Et quand le journaliste l'a branché sur Prague, il s'est pas démonté, il a dit qu'on cautionnait pas l'invasion russe. Il assure et enchaîne les interviews, les meetings, car il se présente aux élections. Il a même trouvé le temps d'enregistrer un LP en public. L'objectif, ce sera d'en vendre un max pour renflouer les caisses. Les avocats, ça coûte cher. J'ai hâte de l'écouter, son disque. Il paraît qu'il a fait chanter « On t'encule, Reagan ! » à des nonnes.

Il est 22 heures passées, et j'aperçois une bagnole de police, au loin. Appuyé contre le capot, un frère. Fouille au corps. Je fais signe à Mumia, qui enclenche le magnéto. Nos rangers résonnent, attirant l'attention des porcs. Ils blêmissent, je les défie :

— Salut !

— On… on ne veut pas d'histoires…

— Nous non plus.

Derrière eux, leur proie ricane. Je reconnais Ben, le fils de Dirk, le ferrailleur sur Swanson. J'apostrophe l'un des flics :

— Qu'est-ce qu'il a fait ?

— Rien… On le contrôle.

— Ah. Il a rien fait, mais vous le contrôlez quand même ?

— On a le droit.

— C'est vrai. Alors continuez, vous dérangez pas pour nous.

Taylor a parlé. Taylor, ses muscles et son œil crevé. Les porcs échangent un regard, puis rendent son portefeuille à Ben. Il les bouscule pour venir nous rejoindre. Humilié, le binôme remonte dans sa bagnole…

22 h 21

… et on continue. Patrouiller, reconquérir le ghetto, sentir mes seins suer sous mon cuir claquant dans la nuit. La lune nous révèle la 56e. J'y vois ses ordures entassées jusqu'aux fenêtres, ses porcs qui se croient tout permis avec cette fille. Une ado, plus jeune que moi, les mains contre le mur. Ils la fouillent, insistant entre les cuisses.

— Un problème, messieurs ?

— Qu'est-ce que vous faites là ?

— Et vous ?

Ils s'embourbent dans leurs contradictions, avant de la laisser repartir. Elle nous remercie, nous questionne sur le recrutement. Je lui file un tract…

23 h 17

… et on franchit le Northeast. Les quartiers blancs, on aime pas y aller, mais il y a toujours un Noir pour s'y perdre et se faire emmerder, comme maintenant. On s'arrête devant deux porcs. À leurs pieds, un frère en salopette. Les autres se crispent derrière moi, je l'entends à leurs crans de sûreté. D'une main, je les calme, puis dévisage les flics. Un brun et un blond, genre nazi. C'est à lui que je m'adresse :

— Vous l'avez frappé ?

— Non. On vient d'arriver, on l'a trouvé comme ça.

Je m'accroupis devant le mec en salopette. Il bave, les yeux mi-clos. J'examine son visage à la lueur du réverbère et, à première vue, aucune trace de coups.

— Ils t'ont cogné ?

— N-non…

— Flippe pas, on est là. Tu peux nous dire la vérité. Alors ?

— Je… je suis tombé, c'est tout.

Son haleine me crame les yeux, il pue l'alcool. L'autre porc me relance :

— Tu vois ? On t'a dit qu'on ne l'avait pas frappé.

— Pas au visage, en tout cas.

Le blond avance. Je resserre mes doigts sur la crosse, les autres aussi. On se tient prêts. Aux fenêtres, White America nous espionne. Le flic se plante devant moi.

— On t'a dit qu'on l'avait trouvé par terre. Pourquoi tu ne nous crois pas ?

— Tu sais très bien pourquoi.

— Je vois… Tous les Blancs sont racistes, c'est ça ? Et bien sûr, tous les Noirs sont forcément des victimes. Même ceux qui braquent, qui tuent.

Barry s'interpose :

— Qu'est-ce que t'insinues ? Pour qui tu te prends ?

— Pour ce que je suis, un flic qui essaie de faire son job ! Et si on est ici, c'est que ton « frère », là, il est bourré et il a ameuté tout le quartier ! Il y a des habitants qui aimeraient bien dormir, parce qu'ils bossent demain !

Plusieurs voisins confirment, du haut de leurs fenêtres. L'un d'eux s'emballe, nous dit qu'il est comptable, qu'il est fatigué, etc., quand sa femme lui dit de la fermer. Je m'adresse à l'autre, par terre :

— C'est vrai que t'as foutu la merde ?

— Ben… j'ai crié un peu fort, mais…

— Ta gueule.

Je recule avec mon groupe. Au sol, le saoulard essaie de se relever.

— Vous… vous me laissez avec eux ?

— On peut rien pour toi. T'as déconné, alors assume.

— ALORS C'EST ÇA, LES PANTHERS ? SALAUDS ! ENCULÉS !

Les flics le soulèvent, il se débat et s'en prend à eux. Nous, on réagit pas. Ils lui passent les menottes sans le frapper, ni l'insulter, peut-être parce qu'on est là. Le mec se retrouve à l'arrière, défonce les sièges à coups de pied. L'incident est clos, les Blancs referment leurs fenêtres et les flics regagnent leur bagnole. Taylor leur fait un fuck.

— Cassez-vous, sales porcs !

Là, le blond rouvre sa portière. On se tient prêts, Taylor fait craquer ses doigts. Le flic le fixe avec mépris, regarde sa montre, puis se tourne vers moi.

— Il est bientôt minuit. Vous n'avez rien d'autre à foutre ?

— Et toi ? T'es peut-être réglo, mais tu roules pour le pouvoir. Il se sert de vous pour casser les jeunes. Ça te gêne pas ?

— Si… mais mon job, ce n'est pas que ça.

— C'est aussi ça. Et c'est le seul job où des Noirs bastonnent d'autres Noirs.

— En fait, ton vrai problème, c'est la police. Tu crois qu'on pourrait s'en passer ?

— Ouais.

— Tu veux que les gens se fassent justice eux-mêmes ? Hier, on est intervenus pour un conflit entre voisins. On est arrivés à temps, ils allaient s'entre-tuer.

— C'était des Blancs ?

— Arrête avec tes Blancs, tes Noirs ! Je te parle des gens en général ! Si tout le monde savait se tenir, on n'aurait pas besoin de police !

— Alors, qu'on nous foute la paix et on aura plus besoin de se défendre.

Je soutiens son regard. Lui et moi, on peut pas se comprendre. Le flic soupire, l'air déçu. Il remonte dans sa bagnole, claque la portière. Ils repartent et on se remet à patrouiller.

Sur Berks, on a croisé un dealer, il voulait pas nous filer sa came. C'est devenu tendu, alors il l'a joué « Vous me laissez faire mon biz et je vous fournis gratos ». On lui a pété la gueule, avant de foutre le feu à ses doses. Ensuite, on a croisé un clodo en train de pleurer. Un vétéran de Corée, ce qu'il nous a dit. Il avait plus de jambes, deux flics étaient en train d'examiner ses prothèses. Quand ils nous ont vus, ils les ont jetées et se sont éloignés, sauf qu'on a pointé nos flingues et qu'on a exigé qu'ils lui remettent ses prothèses. Ils l'ont fait, avant de se jeter dans leurs bagnoles. Les autres les ont canardées et les porcs ont flippé, c'était trop cool.

Et maintenant, à 3 heures passées, on est tous revenus au bureau. À l'étage, dans le dortoir. Chacun son Panther Pad, chacun son matelas. Les autres se sont endormis aussitôt, crevés. Moi, j'arrive pas à pioncer avec leurs ronflements. Et puis, j'arrête pas de réfléchir. Je pense à Huey dans sa cellule, à Roy et Stan qui montent la garde, puis au blond. Je pense à ce qu'il m'a dit, aux autres flics qu'on a vus après et aux saloperies qu'ils faisaient.

Des porcs. Tous des porcs.

33

16 octobre 1968

NEIL

Leurs épaules roulent, comme des vagues. Noires et brillantes en cette soirée moite, à Mexico. Leurs trapèzes s'animent à leur tour, puis se contractent. Le stade se tait, je me fige devant ma télé, et les sprinters s'élancent. Les spectateurs, les journalistes et moi, on retient tous notre souffle. Cette finale des JO, on l'attendait depuis quatre jours.

Jusqu'ici, les épreuves étaient marquées par l'affrontement entre nous et les Soviétiques, mais là, c'est un autre clivage, un que je connais bien. Trois Blancs et cinq Noirs, dont deux Américains : John Carlos et Tommie Smith, mon favori. Ils rivalisent, talonnés par l'Australien Norman. Dans l'effort, leurs visages se crispent. Encore une foulée, et Carlos remporte le virage. Smith le rattrape, les autres s'acharnent mais pour eux, il est déjà trop tard.

La vitesse, la chaleur traversent l'écran pour venir m'enivrer. Le public se lève, hurlant. Cacophonie ; je pense à Babel. Là-haut, loin des deux mille mètres d'altitude, où la course s'intensifie. Smith devient fusée, obligeant Carlos et Norman à se surpasser. J'en suis bouche bée, admiratif devant leur performance. L'Homme, à son meilleur. Seigneur, que ta créature est belle quand elle s'en donne les moyens. Plus que quelques mètres et Smith exulte, les bras levés. 19 secondes 83 centièmes, record du monde. Carlos suit et non, c'est Norman, le deuxième.

Médailles d'or et de bronze, nos athlètes ont assuré. Ils expirent, et moi aussi. Je me relâche, enfoncé dans le sofa, regarde les derniers franchir la ligne. Tiens ? Bambuck a terminé cinquième. Bah, les Français se consoleront avec l'or de Besson. Une belle femme, presque aussi belle que Gail. Je repense à son corps, son sourire, ses yeux… qui saignent brusquement.

Bobby Kennedy.
Son assassinat.
Mon obsession.

Au début, je n'y pensais qu'au réveil. Maintenant, c'est tout le temps. Kennedy. Migraine. Kennedy. Mon cœur s'emballe. Kennedy. J'ai besoin d'un cachet. Kennedy. Je me lève. Kennedy. Je sors du salon. Kennedy. Je me rends dans la cuisine, celle de l'*Ambassador*, où il s'est fait tirer dessus.

« Tout le monde va bien ? »

C'est ce qu'il a demandé, lorsqu'il était au sol, étalé dans son sang. Jusqu'au bout, il se sera soucié des autres. J'en ai les larmes aux yeux. Crise d'angoisse. Je me remplis un verre d'eau, puis avale mon cachet.

« Tout le monde va bien ? »

Non, il y a trop de mystères autour de sa mort. D'abord, le trajet. Il était prévu qu'il traverse le hall, pas qu'il passe par la cuisine. Ensuite, l'assassin. Un jour, on nous dit qu'il a surgi par-devant et le lendemain, qu'il était derrière lui.

« Tout le monde va bien ? »

Oh non, ça ne va pas du tout. Le peu d'espoir qui restait a disparu avec lui. Cinq ans après Oswald, encore un fou : Sirhan, un intégriste. Mais cette fois, je ne crois pas à ce tueur isolé. J'en ai parlé avec des collègues et j'ai appris des trucs. Que le garde du corps, à l'instar de Sirhan, avait un calibre .22. Qu'il travaillait aussi pour Lockheed, sur laquelle enquêtait Kennedy. Lui qui s'était attaqué à la Mafia, dont on dit qu'elle possède l'*Ambassador*.

Ça pue, comme pour JFK. Finalement, peut-être que Garrison a raison. Peut-être que c'est un complot. Peut-être que le businessman Clay Shaw est impliqué. Vivement le procès. Le problème, c'est que la télé, la radio, la presse entretiennent le flou et depuis quatre mois, j'ai un arrière-goût de merde dans la gorge. Seigneur, comme j'ai mal d'être né ici, dans un pays qui a assassiné quatre de ses présidents. Lincoln, Garfield, McKinley, Kennedy… Je pense à eux, là, maintenant.

De la télé me parvient notre hymne, aujourd'hui encore. Depuis le début, nos athlètes sont excellents, mais Smith et Carlos sont plus que ça, ce sont des symboles. Ce soir, grâce à eux, des millions d'Américains noirs et blancs vibrent ensemble. Après les morts de King et de Bobby, on avait besoin de cette réconciliation. Tant pis si ça ne dure pas, ce moment fait du bien. Je prends un Coca, reviens dans le salon… et découvre, à l'écran, nos deux médaillés sur le podium.

Têtes baissées.

Poings levés.

Gantés de noir.

Je me fige et n'entends plus notre hymne, couvert par le public. Applaudissements, mais aussi huées, sifflets. Smith et Carlos restent impassibles, montrant au monde entier leur soutien au Black Power. Sur la deuxième marche, Peter Norman semble perdu avec sa médaille d'argent. Et ce Blanc isolé, c'est moi.

34

7 novembre 1968

TYRONE

Ça a été compliqué. D'abord, il a fallu réunir tout le monde, exposer les faits, peser le pour et le contre. Puis on a voté. Les trois quarts de la section ont suivi Fred, évidemment. J'avais pourtant tout fait pour dissuader l'équipe, sur l'ordre de Clark, mais j'en ai convaincu qu'une vingtaine. Fred m'en a pas voulu, il était même plutôt d'accord avec moi. Mais voilà, il m'a dit que les risques étaient proportionnels aux enjeux.

Après le vote, il a contacté le siège. Bruber a ensuite passé un coup de fil à Stills, avant de nous rappeler. « OK », c'est ce qu'il a dit. Fred a alors téléphoné à Jeff Ford, le chef des Blackstones. C'était il y a trois semaines. Il avait mis le haut-parleur…

— *Ford, j'écoute !*

— C'est Carlson.

— *Fred Carlson ? Du BPP ?*

— Ouais.

— *Va te faire enculer !*

… quand Ford lui a raccroché au nez. Fred a explosé de rage, je l'avais jamais vu comme ça. J'ai essayé de le calmer, j'avais peur qu'il déclenche une Troisième Guerre mondiale. Une clope plus tard, il a repris le combiné…

— *Ford, j'écoute !*

— C'est encore moi.

— *Qu'est-ce que tu fous ? Je t'ai dit d'aller te faire enculer !*

… et là, c'est Fred qu'a coupé court. Encore plus énervé, il a rappelé Oakland. Une demi-heure après, Glazer a contacté Ford. Eldridge Glazer en personne, qui sait s'adapter à ses interlocuteurs : cool avec les hippies et anar avec les Diggers, il a parlé en racialiste au chef des Blackstones. Il lui a dit ce qu'il voulait entendre, que les Blancs étaient tous nos ennemis, qu'on voulait pas l'égalité mais la domination…

— *Alors, pourquoi votre avocat, c'est un Blanc ?*

— *Il connaît du monde. À travers lui, on noyaute le système.*

— *Tu te fous de moi ?*

— *Non. Tu sais, Jeff, j'ai le plus grand respect pour toi et ton gang.*

… et Ford a fini par nous appeler. Il a fixé un rencard à Woodlawn, son QG, ce que Fred a refusé. Il craignait un piège, alors il a proposé notre bureau, mais Ford a décliné l'invit' pour la même raison. Du coup, j'ai suggéré un lieu neutre, hors de nos territoires. Une bonne idée, soufflée par le FBI. Bien sûr, Ford l'a ramené…

— *T'es sérieux ? Sur le port ? Avec la Navy à côté ?*

— On a qu'à se voir sur les docks. On sera hors de vue.

— *Mm... 2 heures du mat' ?*

— OK. Seuls et sans armes.

— *Je viendrai armé avec mon second. T'auras qu'à faire pareil.*

… et me voilà avec Fred, entre deux hangars à l'entrée du dock F. La brise me crache une odeur de poisson pourri à la gueule. Frigorifié, je frictionne mes mains gantées et me console en me disant que les Feds se les pèlent eux aussi, quelque part, camouflés dans la nuit. Je m'attendais à ce qu'il me file un « mouchard », mais non. Ça m'a surpris, puis j'ai compris que tout le quartier serait sur écoute.

Je me demande où ils sont, leurs micros. Peut-être dans ce bidon. Ou sous cette poubelle. Ou à l'intérieur de cette merde de chien. Si j'étais du FBI, c'est là que je planquerais un micro, car le mec le plus parano du monde ira jamais inspecter une merde. Fred, clope au bec :

— Putain, comme tu trembles !

— J'ai… j'ai trop froid.

C'est vrai, mais j'ai surtout peur. Peur qu'il me démasque et qu'il me bute. Un an que je mens, j'en peux plus. Vraiment. Et il y a pas que ça. Avant, la politique, je m'en foutais, mais maintenant, à force de traîner avec les Panthers, de les entendre parler, ça complique tout dans ma tête. Nerveux, je regarde encore ma montre :

— Il est en retard, c'est pas normal.

— Il va venir.

— Je le sens pas. Viens, on se tire.

— Non. Tranquille, mec.

Il me tape sur l'épaule pour me rassurer. Je devais gagner sa confiance, j'ai obtenu son amitié et je me sens sale. J'ouvre mon paquet de Marlboro. Plus que six, déjà. À ce rythme, je choperai un cancer avant l'aube. J'allume une clope, Fred relance la conversation. Après son énième non-lieu et l'élection de Nixon, les JO de Mexico. Une fois encore, il revient sur la victoire d'Evans, James et Freemàn :

— Et comme par hasard, plus rien.

— Bah, ils ont beaucoup parlé de Smith et de Carlos.

— C'est pas pareil. Eux, c'était pour le Black Power. C'est super ce qu'ils ont fait, mais les autres portaient notre béret. Et ça, évidemment, silence radio.

— T'exagères. Ils en ont beaucoup parlé aux infos.

— Pas autant. C'est parce qu'on est des marxistes, ça les fait flipper.

— Mm… Au fait, tu sais pourquoi ils ont pas levé le même poing ? Ils se sont partagé les gants de Smith, vu que l'autre avait oublié les siens. C'est l'Australien qu'a donné l'idée.

— C'est ça, ouais ! intervient une voix nasillarde.

Je frémis, lâche ma clope. Devant nous, la nuit devient homme. Grand, vêtu d'une gabardine et coiffé d'une grande corne afro. Ses chaînes en or scintillent, ridiculisant les étoiles. Jeff Ford, le *Voodoo Child*, l'autre maire de Chicago.

— Salut.

— Salut.

Le ton est donné, sec et glaçant. Ford est accompagné de l'un de ses généraux, armé, comme nous. Nos flingues dépassent de nos frocs, bien en vue, pour éviter les mauvaises surprises. Ford me dévisage :

— C'est toi qu'as saigné Big Joe, hein ? Tu sais que son frère est Blackstone ?

— Attendez…

— Flippe pas, mec, tu lui as rendu service. Si t'étais pas un Panther, il t'aurait payé une bière. Bon, Carlson, tu voulais me voir ?

— Ouais. Faut qu'on parle.

— Eh ben, vas-y, parle.

— Il y a trop de tensions entre nos groupes. Jusqu'ici, c'est que des accrochages, mais ça finira par péter. Et ce jour-là, on sera tous perdants.

— T'as raison. Alors, tirez-vous et comme ça, il y aura plus de problème.

— Mec…

— Si je suis venu, c'est pour te dire en face ce que tu sais déjà : toi et ton parti, vous êtes sur mon territoire. Cassez-vous.

— Non.

— À ce qu'il paraît, les Slaves canardent tes frères à Los Angeles. Tu veux qu'on fasse pareil ? Alors, pour la dernière fois, cassez-vous.

— Je te le répète, on partira pas. Et quand bien même, tu ferais quoi, après ? Rien de plus qu'aujourd'hui. Ton gang est pas assez puissant pour sortir du ghetto.

— Tu m'insultes ?

Autour de Ford, les étoiles se transforment en flingues. Dix Blackstones aux canons pointés… face à huit de nos meilleures recrues, derrière nous. Ils se défient, prêts à ouvrir le feu. J'ai envie de fuir, hurler, disparaître, tandis que Ford allume une clope. Le crépitement du tabac, j'entends que ça au fond de mon cerveau, où Clark s'impatiente. Lui, ma tumeur qui s'étend de jour en jour. Ford sourit, puis s'adresse à Fred :

— J'ai mieux prévu le coup. On est plus nombreux.

De la tête, Fred lui indique le toit des containers. Ford lève la tête, se découvrant visé par Hank et Wayne, puis sourit :

— Ça en fait, du monde. Et maintenant ? On s'entre-tue ?

— Les Blancs nous emmerdent assez, on va pas se prendre la tête entre nous.

— Alors, dis à tes gars de ranger leurs flingues.

— Les tiens aussi.

Sans se quitter du regard, les deux chefs lèvent la main et les canons s'inclinent. On dirait un ballet, réglé au millimètre près. Fred croise les bras.

— On raconte que t'as unifié vingt et un gangs pour former le tien. C'est vrai ?

— Ouais.

— Et tu veux pas unir les Blackstones au Parti ?

— J'ai pas confiance en toi.

— C'est réciproque mais, nos tensions, ça profite aux Blancs. Vous êtes deux mille et nous aussi. Ensemble, on peut prendre le contrôle de la ville.

— Sauf que Marx, tout ça, c'est pas mon truc.

— « Tout ça », comme tu dis, c'est ce qui libérera le monde de l'impérialisme.

— Ah, votre fameuse révolution…

— Elle approche, crois-moi.

— T'es sûr ? Vous avez un chef en taule et un autre en conditionnelle. Ça fait pas très sérieux et moi, je bosse qu'avec les pros.

— Si on était des amateurs, tu crois pas que le gouvernement nous lâcherait la grappe ? Pour info, on vient d'ouvrir trois autres sections, à Seattle, New Haven et Milwaukee.

Ford fronce les sourcils. Un autre pôle du BPP à une heure et demie d'ici, ça change la donne. Il a peur, je le sens. Il envisage une alliance, il a pas le choix, et c'est pas bon pour moi. La voix de Clark – « T'attends quoi pour intervenir ? » – résonne dans ma tête, où il me boxe la gueule. Je le repousse, m'enfuis, trébuche, roule et m'embourbe, lorsqu'il me saisit par la gorge : « T'ATTENDS QUOI, NÉGRO ? » Ford, à cran :

— Milwaukee ? Tu bluffes.

— Non. On se développe et c'est pas près de s'arrêter. Si toi et moi, on s'unit, ce sera du sérieux.

— J'y gagnerai quoi ?

— Plus de flingues, plus de visibilité.

— Je m'en fous, de la visibilité. Je bosse dans l'ombre.

— Tu pourras continuer. Tu garderas tes rues, ta came, tout.

— Et toi ?

— Je dirigerai la section.

— Ah, d'accord. Parce que le chef, ce sera forcément toi.

— Faut bien que j'aie une compensation. Je t'offre beaucoup en échange.

Là, Ford s'approche. Je flippe et les nôtres réagissent aussitôt, prêts à tirer. Fred, d'un geste de la main, les rappelle à l'ordre. Ford se plante devant lui.

— J'ai comme l'impression que tu me prends pour un con.

— Non.

— Oh, si. Des gars comme toi, j'en ai vu plein, ils voulaient qu'on s'associe pour m'entuber. Le dernier, je lui ai fait bouffer ses couilles. Tu veux goûter les tiennes ?

— J'ai aucune raison de t'entuber. On a besoin l'un de l'autre.

— Toi, t'as besoin de moi. Tu manques de recrues ? C'est ton problème. Je te laisse une semaine pour dégager.

Ford le nargue d'un sourire malsain et recule, encore, encore, encore, jusqu'à disparaître dans la nuit avec ses molosses. Leurs pas résonnent avant d'être emportés par le vent. Fred serre les poings. Il a la rage, mais il est surtout déçu, comme les autres. Dans ma tête, affalé sur son trône, Clark applaudit.

35

12 décembre 1968

CHARLENE

Je sursaute, éteins le réveil, m'étire sous ma couverture. Dans le dortoir, obscur, la silhouette d'Alicia. Elle allume la lumière : « Allez, debout ! » Éblouies, on la découvre prête, comme d'hab'. Déjà en cuir et béret, alors que nous, on est en soutif et culotte. On se lève, on bâille. Mêmes sons dans la pièce d'à côté, où Roy vient de réveiller les mecs. Comme eux, on s'aligne et, les mains croisées dans le dos, on ouvre la bouche. Alicia nous dévisage une à une, puis s'arrête devant Marietta :

— T'as fumé, cette nuit ?

— Une clope.

— Un joint.

— Non, je te jure que…

— Te fous pas de moi, tu pues la marijuana. Il t'en reste ?

Marietta, honteuse, désigne son oreiller. Alicia le soulève, découvre un petit sachet. Elle le prend, le vide dans les chiottes, tire la chasse et revient d'un pas ferme.

— Pourquoi tu fumes cette merde ? Ça ramollit le cerveau ! Si les porcs attaquent et que t'es défoncée, tu nous mettras tous en danger !

— Désolée…

— En achetant ça, tu trahis notre règlement et tu cautionnes le capitalisme ! Si je t'y reprends, je t'exclus ! Et c'est valable pour tout le monde !

Des fois, je comprends pas. On nous dit qu'il faut combattre le capitalisme, mais nous aussi, on achète et on vend des trucs. Alicia tape dans ses mains : vingt minutes, c'est le temps qu'on a pour se doucher, s'habiller, déjeuner et se brosser les dents. Très important, ça. Avant, je le faisais pas. Maintenant, c'est matin, midi et soir.

En attendant, je mange mes corn-flakes avec les autres. Débat tendu entre ceux qui veulent juste bastonner les porcs, ceux qui veulent les buter, ceux qui veulent les bastonner et les buter. Ensuite, on va aux lavabos, on nettoie chacun notre bol et notre cuillère, après quoi les nouveaux sortent avec les tracts.

Moi, je lis notre dernier journal de l'année : édito de Bobby, lettre de Huey, score d'Eldridge aux présidentielles, bilan des actions. Le journal, c'est top. Grâce à lui, on est tous reliés à travers le pays. J'allume une clope – ouais, maintenant, je fume et c'est cool – quand le téléphone sonne. KKK. Blasée, je décroche…

8 h 30

… et traverse la rue avec Roy. Armés de fusils, on arrive au croisement entre Kater et la 14e. Ça grouille de frères et de sœurs, fous de rage. Melvin – le p'tit cousin de je sais plus qui – chiale, assis sur le trottoir, la tête entre les mains. À ses pieds, un gros tas de cendres. Les porcs ont remis ça. Roy s'accroupit et lui tape sur l'épaule.

— Allez, pleure pas.

— J'ai rien pu faire, ils étaient quatre… Ils m'ont pris les journaux.

— Tu leur as dit qu'ils avaient pas le droit ?

— Tout le monde leur a dit !

Derrière nous, les autres confirment. Un vieux me raconte ce qui s'est passé, mais il pue de la gueule, alors je me tourne vers Roy.

— C'est la troisième fois. Faut armer les vendeurs.

— Non, ça ferait peur aux gens. Avec le journal, on joue notre image.

— Alors qu'est-ce qu'on peut faire ?

Roy réfléchit, promenant son regard de la foule aux commerces. Il s'attarde sur une devanture…

9 h 00

… et je franchis la porte de Cornelius, le barman-libraire-disquaire de Lansdowne. J'avance, happée par un *« Come on, ya ! »* Ça sonne comme du James, mais c'est quelqu'un d'autre. Des mois que ça funke avec les Meters, les Stereos, et il y en a tellement, c'est fou. On est de plus en plus forts. Je me déhanche à travers la boutique, allumant les clients.

— Salut ! Charlene !

Cornelius m'offre un café, comme toujours. Pour les autres, c'est une bière, mais il sait qu'au Parti l'alcool est interdit. Je le remercie, avale une gorgée.

— Super, ce son ! C'est quoi ?

— OC Tolbert. Ça vient de Detroit, ça débarque dans un mois.

— Et tu l'as déjà ?

— Ben, ouais. Alors ? Quoi de neuf ?

— On progresse, mais les porcs nous harcèlent. Ils ont encore brûlé nos journaux. Ça devient dur de vendre dans la rue. Du coup, on se demandait si…

— OK, je vais vous trouver une place. Et si les porcs se ramènent, je les accueillerai à ma façon.

Il sort son Magnum 357. Ça fait halluciner les clients, tout autour. Cornelius et moi, on papote le temps d'une clope. On parle de la révolution, du retour d'Elvis, du Viêtnam, puis il demande des nouvelles de mon père…

9 h 30

… que j'observe de loin, cachée derrière le mur. Que des Noirs sur le chantier, mais je le reconnais à son pull. Sept mois qu'on s'est pas vus, qu'il a pas cherché à savoir ce que je devenais. Il doit penser que c'est à moi de faire le premier pas. Je le regarde soulever des trucs énormes. Deux ans qu'il bosse ici, pour prolonger la ligne jusqu'à Lindenwold. Il a toujours travaillé dur. J'étais pas née qu'il était déjà sur la jonction entre la 8ᵉ et la 16ᵉ.

Il me fait de la peine. Son job, c'est crever à petit feu. Le soir, il a plus la force de se faire à bouffer, ni d'ouvrir un bouquin, comme des millions de gens dans ce putain de pays. C'est triste, ouais, mais je peux pas m'empêcher de lui en vouloir car il est résigné. Je sais que le départ de maman et la mort de Terry, ça l'a cassé, mais c'est pas une raison. Il a baissé les bras, même après Watts et le reste. S'il y a encore des esclaves, c'est pas que la faute des Blancs, c'est aussi que trop de Noirs se laissent faire. Je regarde mon père s'enfoncer dans le tunnel…

13 h 00

… et retrouve West Columbia. Dans ma main, la pétition contre les porcs. Encore plus de signatures. Les gens aiment ce qu'on fait, ce qu'on va faire : dépistage des maladies, rénovation des apparts insalubres et p'tits déjeuners gratos pour les gamins.

Et il y a le Front uni contre le fascisme, notre grand projet prévu l'été prochain. Trois jours de conférences avec, j'espère, toute la Nouvelle Gauche. On va essayer dc le monter pendant le Festival panafricain d'Alger, pour créer un pont entre l'Amérique et l'Afrique. Avec ça et nos actions sur le terrain, en 69, ça va groover. Arrivée à la section, je jette ma clope et pousse la porte.

— Salut, tout le monde ! J'ai cartonné avec la pétition !

Personne ne réagit, dans le bureau. Ce silence, écrasant, je l'ai jamais entendu ici. Roy est assis, tête baissée, l'air abattu. Alicia et les autres, pareil. Je m'approche de Roy.

— Qu'est-ce qu'il y a ?

— Le siège vient de m'appeler. C'est Eldridge… Sa conditionnelle est annulée.

— Hein ???

— Les élections… Ces enculés lui font payer sa candidature.

— Alors il va retourner en taule ?

— Ben…

— Quoi ?

— Il a fui le pays avec Kat. Ils sont à Cuba.

36

3 janvier 1969

NEIL

David Faraday, dix-sept ans, et Betty Jensen, seize ans.

Ils flirtaient dans une Rambler, sur un parking désert.

Une balle dans la tête pour l'un, cinq dans le dos pour l'autre.

C'était il y a deux semaines, vers Benicia, au nord-est de San Francisco. Aux infos, ils ont dit que peu après les détonations, un témoin a vu passer une Chevrolet Impala. Peut-être la voiture de l'assassin. Aucune immatriculation, aucun portrait-robot. Seul élément confirmé, l'arme du crime, un .22 semi-automatique. Des ados… Seigneur, quelle injustice. J'imagine leur panique face au tueur, leurs hurlements perdus dans le néant, et mon chef apparaît au seuil de la porte.

— Neil, on vous attend.

Je me lève, ajuste mon uniforme et pénètre dans la salle. Je repère une chaise vide, les autres étant occupées par vingt-neuf collègues – Blancs – dont John, mon équipier. Tous devant un bureau, rivés sur leur rapport. Débriefing annuel. Le chef referme derrière moi, rejoint un homme en costard sur l'estrade. La cinquantaine, cheveux courts, avec un attaché-case. Je m'assieds près du rétroprojecteur et Reddin se lance :

— Bonjour à tous et bonne année !

— Bonne année, chef !

On lui répond en chœur, comme si on était ses fils.

— Avant de débuter, observons une minute de silence pour nos confrères décédés l'année dernière dans l'exercice de leur fonction.

J'incline la tête, pense à mes confrères. Donald Highley, trente-trois ans, Oscar Bryant et Gary Murakami, vingt-six ans. Je prie pour eux, pour leurs proches. Toutes ces vies brisées, comme les parents du couple assassiné à Benicia, pour lesquels je prie aussi. « Paix à leurs âmes ! » Le rituel s'achève. Reddin enchaîne :

— Bon… ce n'est pas une surprise, le bilan est accablant.

— Chef, on a quand même coffré Leary.

— Ses gars continuent le trafic, comme le montre le rapport. Vous lirez ça chez vous. Aujourd'hui, j'ai peu de temps, alors je vous présente dès maintenant notre intervenant : William Sullivan, du FBI.

Stupéfaits, on échange des regards. Un agent fédéral, ici ? Ça change de l'adjoint du maire. L'homme nous salue d'un hochement, Reddin se tourne vers lui.

— C'est à vous.

— Merci. Bonjour, messieurs, et bonne année.

On lui répond à demi-mots, en décalé. Il avance d'un pas et croise les bras.

— Pour être plus précis, je dirige le département Domestic Intelligence, qui a vocation à assainir le pays. Notre nouveau président n'est pas encore investi, mais sachez qu'il s'est déjà entretenu avec M. Hoover au sujet de la crise morale que traverse le pays.

Pressé, Nixon. Neuf ans qu'il attendait son tour.

— C'est pourquoi je sillonne le territoire, pour aller à la rencontre d'officiers tels que vous, en qui nos compatriotes placent tous leurs espoirs en cette période agitée. Vous le savez, Los Angeles connaît un pic de criminalité sans précédent, à l'image de toutes les zones urbaines. Connaissez-vous la société d'étude des lois de Berkeley ?

Je fais « non » de la tête, comme les autres.

— Elle a lancé une commission sur la prévention de la violence, notamment pour déterminer la perception de votre profession par l'opinion publique. Le rapport ne sera officiel qu'en mars, mais je suis venu vous faire part de ses conclusions, à savoir que la moitié du pays vous déteste.

John me lance un regard, aussi consterné que moi.

— Il s'agit essentiellement des gauchistes, de plus en plus nombreux. Pour info, la Nouvelle Gauche compte sept cent mille sympathisants et cent mille militants prêts à en découdre. Avant, ils vous insultaient. Maintenant, ils vous attaquent.

— De plus en plus… soupire Reddin.

— C'est pourquoi je suis venu vous informer quant à certains groupes radicaux. Vous connaissez le SNCC et le Progressive Labor Party, mais y en a-t-il parmi vous qui ont déjà été confrontés au Black Panther Party ?

Des mains se lèvent, j'en compte vingt-deux. Vingt-deux collègues sur vingt-neuf, auxquels je me joins. Sullivan me fixe avec insistance, il sait que c'est moi qui ai coffré Norton. Je repense à la fusillade, à Doug, quand l'autre poursuit :

— Cela fait beaucoup de monde, vous en conviendrez. Pour les autres, même sans avoir été confrontés aux Panthers, j'imagine que vous en avez entendu parler.

— J'en vois de plus en plus, dit l'un d'entre nous, et c'est dégueulasse ce qu'ils ont fait aux JO ! On n'a pas le droit de prendre le sport en otage !

— Le sport et toutes les télés du monde, d'où ma présence ici.

Le chef appuie sur l'interrupteur et les stores descendent, plongeant la pièce dans l'obscurité. Sullivan pointe une télécommande vers le rétroprojecteur. Sur le mur apparaît une carte du pays, constellée de points rouges. Ma ville en fait partie, ainsi que Oakland, New York, Chicago, Baltimore, Milwaukee, Philadelphie… Neuf villes, au total. Sullivan reprend sur un ton sentencieux :

— Voici les lieux où ils se sont implantés. Neuf bureaux en deux ans d'activité.

— Deux ans, répète John à voix basse, atterré.

— Et ce n'est que le début. Ils ne cessent de s'étendre, d'où la création du SWAT. Cette unité spéciale vous relaiera en cas d'émeutes afin d'éviter un autre « Watts », ce que cherchent les Panthers.

Silence dans les rangs. Je suis sidéré, comme les autres, lorsque Sullivan rappuie sur la télécommande. Au diapo succède un organigramme, tentaculaire.

Et là, quelque chose me gêne.

— Le BPP se réclame de Malcolm X et de Marx. Il recrute dans les quartiers et les universités, séduisant les foules avec son discours révolutionnaire. De nombreuses stars le soutiennent telles que Marlon Brando, Jean Seberg, Paul Newman ou encore Jane Fonda, ce qui accroît son impact médiatique.

Quelque chose qui me dérange de plus en plus.

— À ce jour, cette organisation compte sept mille militants racistes et surentraînés. La section de votre ville est dirigée par Bunchy Parker, que vous connaissez bien puisqu'il a été le chef du gang des Slausons. Cet individu prône la haine sur le campus d'UCLA, tandis qu'Angela Davis y endoctrine les étudiants.

Quelque chose qui pue depuis qu'il a pris la parole. Sa compassion qui sonne faux, ses mots bien pesés – « Ils vous attaquent », « Ils sont implantés », « Votre ville » – et ses transitions grossières, de notre job aux Panthers. Et la fourberie, les mensonges, depuis la mort de Kennedy, je n'en peux plus. Je lève la main.

— Monsieur !

— Oui ?

— S'ils sont racistes, comment expliquer leur popularité sur les campus ? La plupart des étudiants sont blancs.

— Le BPP a recours au double langage, il est racialiste face aux Noirs et internationaliste face aux Blancs. Les gauchos sont friands de ce genre d'idées « peace and love ».

— Peut-être aussi sont-ils sensibles aux actions des Panthers. Je les ai vus distribuer de la nourriture et des vêtements à des pauvres.

— Ils soignent leur image. Sous couvert de social, ils préparent leur guérilla.

— Je sais que les marxistes sont nos ennemis mais, au quotidien, nous sommes surtout menacés par les gangs.

— Neil ! s'emporte Reddin.

— Désolé, chef. Je ne comprends pas pourquoi on insiste autant sur les Panthers. Tout le monde ici sait que j'ai été confronté à eux et que mon collègue en est mort mais, à ma connaissance, il s'agit d'un acte isolé.

— Vous oubliez notre confrère tué en avril, à Oakland.

— Certes, mais les gangs…

— NEIL !

Sullivan intervient, sourire en coin :

— Allons, ces remarques pertinentes nous permettent d'approfondir le sujet. Officier, où voulez-vous en venir ?

— Le FBI a pour but de lutter contre le crime, c'est bien ça ?

— Oui.

— Et quel est le crime des Panthers, si ce n'est de vouloir aider leur communauté ?

— Ces « rouges » ont assassiné votre équipier. Faut-il qu'ils tuent des centaines d'innocents, comme à Prague, pour que l'action du FBI vous semble légitime ?

À son regard inquisiteur s'ajoutent ceux de mes confrères, oppressants. Sullivan pointe la télécommande vers le rétroprojecteur, qui s'éteint, et fait signe au chef de rappuyer sur l'interrupteur. Lumière. Stores. Reddin, planté devant moi :

— POUR QUI VOUS PRENEZ-VOUS ?

— Désolé, chef… Je ne voulais pas…

Sullivan prend son attaché-case, descend de l'estrade, marche lentement entre les bureaux jusqu'au mien. Il y pose sa mallette et l'ouvre.

— Voici leur journal, à la lecture duquel M. Hoover a qualifié les Panthers de « plus grande menace à la sécurité intérieure du pays ».

Il me tend un exemplaire, daté de l'année dernière. Alors qu'il distribue les autres, je parcours la une – très agressive envers Johnson – et feuillette les pages jusqu'à un dessin intitulé « Les porcs pètent les plombs ! » illustrant une perquisition. Deux policiers se demandent ce qu'ils font là, pendant qu'un troisième cherche des armes sous un tapis.

Trois porcs en uniforme.
Trois imbéciles.

— Messieurs, voici le genre de choses qu'ils publient. Ici, leur journal peut s'écouler jusqu'à six mille exemplaires en trois jours, ce qui vous donne une idée de ses ventes à l'échelle nationale. Ces illustrations s'adressent à des millions de jeunes et d'enfants.

Des enfants… Quelle infamie. John, tout aussi choqué, me montre un autre dessin. « Tous les mêmes », c'est le titre au-dessus de ce policier, ce garde et ce marine. Trois porcs, gras, accompagnés de mouches. Indigné, j'échange mon exemplaire avec celui de mon voisin. Autre journal, autre affront. Tous ces porcs aux uniformes déchirés, estropiés. Et cet édito, cette phrase terrible – « Un révolutionnaire déterminé n'a pas besoin de l'autorisation du comité central du BPP pour tuer un porc » – signée Glazer. Face à tant de haine, je me sens défaillir. De la haine vendue à vingt-cinq cents, à portée de tout le monde. Sullivan poursuit :

— Le rédacteur en chef, Eldridge Glazer, a été condamné à six ans de prison pour viols. Il n'est donc pas surprenant qu'il valide ces dessins, véritables appels au crime.

— Comment de telles horreurs… ?

— Premier amendement, messieurs.

— Mais…

— Nous avons le droit de dire « mort aux nègres » et ils ont le droit de dire « mort aux porcs », à la différence qu'ils passent à l'action avec la bénédiction de salopards comme Glazer. Aux dernières élections, il s'est présenté au nom du Peace and Freedom et a récolté trente-six mille voix.

— Glazer n'a pas fui à Cuba ?

— Oui, et il en profite pour nouer des contacts avec les Russes, les Algériens… Un Black Panther Movement s'est même créé en Angleterre. Chez nous, ils collaborent avec la Republic of New Africa, des suprématistes qui veulent un État-nation noir. Bref, vous l'avez compris, l'objectif du BPP est de renverser notre gouvernement et, à terme, l'ordre mondial. Notre première arme contre les Panthers, c'est vous : plus vous les freinerez sur le plan local, moins ils s'étendront à l'international.

— Qu'attendez-vous de nous ?

Sullivan répond, se lançant dans un autre monologue. Il expose la stratégie du FBI, à grand renfort d'exemples. Le chef acquiesce, les autres boivent ses paroles. Hypnotisé par les dessins, j'entends mais n'écoute pas.

Moi, le flic haï.

Moi, le porc.

37

17 janvier 1969

TYRONE

— *Vous êtes venu m'arrêter ?*

— *Non. Je veux autre chose.*

C'est bien une phrase de flic, ça. Lee Marvin réagit pas, le regard fixe sous ses cheveux d'argent. Pour un Blanc, il assure. Toujours au top, quels que soient l'enjeu et le lieu. La preuve, tout le monde tangue sur ce bateau, sauf lui. L'autre continue :

— *Votre ami Reese roule sur l'or, maintenant. Costumes, appartements de luxe, il a payé son entrée dans l'Organisation... avec l'argent qu'il vous a volé.*

Marvin reste de marbre. La guide continue la visite pour les passagers, parlant des évadés d'Alcatraz. Des couillus, contrairement à moi. Ma liberté, je la dois à un salaud que je rêve de buter mais que j'attends, comme un con, dans ce vieux ciné pourri. Les rencards dans le métro, c'était devenu trop risqué, alors Clark a changé. Bien sûr, c'est toujours lui qui choisit la séance du dimanche matin, celle où il y a personne. Après *Bullit* et *La Planète des singes*, c'est *Le Point de non-retour*. Et jusqu'ici, le film s'annonce pas mal. Clark est un salopard, mais il a du goût.

— Salut, mon pote.

Il m'a tapé sur l'épaule et j'ai sursauté, comme chaque fois. Clark s'assied à ma droite, repère les spectateurs : un clodo qui roupille là-bas, et deux pédés qui se roulent des pelles. Depuis le début, ils arrêtent pas. Les « chpoc ! » de leurs lèvres, les « slurp ! » de leur salive, j'entends tout. J'ai envie de leur péter la gueule, qu'ils paient pour tout ce que j'endure. Clark s'enfonce dans son siège :

— Quelle classe, ce Marvin. Alors, quoi de neuf ?

— Je suis retourné chez Fred.

J'écarte ma veste et, sans lui adresser un regard, sors mon plan de l'appart'. Clark le récupère, l'examine, le met dans sa poche intérieure.

— Bien. Je t'écoute.

— On a mis en place les p'tits déj' pour les gamins.

— Raconte.

— Bacon, œufs, toasts.

— Te fous pas de moi. Je veux savoir si ça fonctionne.

— Les gamins ont à bouffer, alors leurs parents sont contents. Ça fait une pub d'enfer. Trente-deux recrues en une semaine, du jamais vu.

— Dans ce cas, on va refaire une descente.

— Et…

— T'inquiète, les flics ne te toucheront pas. Les recrues, ça continue ?

— À fond. Et il y a de plus en plus de nanas.

— Pourquoi ? Vous en aviez marre de vous enculer ?

Je réagis pas. Je pourrais lui dire qu'au BPP il y a pas que des mecs, que des nanas ont des postes importants, comme Audrea à Boston et Elaine à Los Angeles, mais pas la peine de me fatiguer. Un an et demi que Clark me pourrit la vie, je commence à le connaître. À l'écran, le flic avance ses pions – *« J'ai besoin de vous et vous avez besoin de moi »* – puis file à Marvin la nouvelle adresse de sa femme.

— Tyrone, je te sens crispé. Puisque vous recrutez tant de chattes, tu devrais t'en trouver une. Ça te détendrait.

— J'ai pas la tête à ça.

— C'est toi qui vois. Alors, ce Front uni ?

— Ça s'organise. On a eu les confirmations du Club et du SDS.

— Le contraire m'aurait étonné. Des nouvelles de Glazer ?

— Il a quitté Cuba pour Alger, il y installe un bureau. D'après Fred, il…

— « Fred » ? Avant, c'était « Carlson ». Vous êtes devenus potes ou quoi ?

— Pff… J'ai dit ça par habitude.

— Tu serais pas en train de virer Panther ?

— Non.

— Qu'est-ce qui me le prouve ?

— Leur délire avec Mao et tout, ça me saoule.

— Il y a intérêt, pour toi et ta mère. Au fait, comment va-t-elle ?

— Pourquoi vous me demandez ça ?

— Pour savoir. Alors ?

— Elle tousse moins. Ils s'occupent bien d'elle.

— Une bonne nouvelle, ça. Ce serait dommage qu'elle quitte le sanatorium.

— Salaud…

— Du calme, il n'y a pas de raison qu'ils la virent. Tant que tu fais ton job, bien sûr.

Je serre les poings, concentré sur le film. J'y retrouve Marvin, seul, dans un couloir. Il marche vite.

Ses semelles claquent, résonnent, accompagnent le réveil de sa femme dans un lit. Passé ou présent, j'en sais rien, mais ses pas continuent – « Clac ! Clac ! Clac ! Clac ! » – et deviennent obsessionnels. Clark me relance :

— Autre chose sur Glazer ?

— Il sera au Festival panafricain, en juillet. Il va mettre le paquet pour que l'Afrique soutienne le BPP. En attendant, il noue des contacts avec le FLN et l'OLP. Au siège, ils lui ont trouvé un remplaçant, Jim Hugues.

— Un teigneux, lui aussi… Et Bobby ? T'entends parler de lui ?

— Il fait une tournée chez les Scandinaves, il compte finir par la Suède.

— Huey ?

— On dit qu'il déprime en taule, qu'il se défonce pour passer le temps.

— Bunchy ?

— Il traîne souvent avec Hugues sur le campus d'UCLA. Il veut diriger le programme d'études noires, comme le chef des Slaves, alors ça clashe.

Clark ajoute rien, mais je suis sûr qu'il est en train de sourire. Marvin, lui, a disparu de l'écran, existant plus qu'à travers ses pas. Rythme sec, militaire, où les plans s'enchaînent. « Clac ! », sa femme ouvre une penderie. « Clac ! », elle se maquille. « Clac ! », elle est chez l'esthéticienne. « Clac ! », l'autre me relance :

— Toujours tendu avec les Blackstones ?

— Un peu moins. Deux d'entre eux se sont fait attaquer par des Spanish Cobras. L'une de nos patrouilles était dans le coin, alors elle est intervenue.

— Je croyais que vous étiez ennemis.

— Panthers ou Blackstones, on est avant tout des Noirs. Bref, les Cobras ont flippé et se sont tirés. Du coup, Ford a appelé Carlson pour le remercier. Ils ont pas mal parlé.

— Ils relancent les négociations ?

— Ouais. Ils vont bientôt se revoir.

— Alors tu sais ce qui te reste à faire.

Clark se lève, traverse le rang, puis sort de la salle. Voilà, c'est déjà fini. Rendez-vous dimanche prochain. En attendant, à l'écran, Marvin enfonce une porte, ceinture sa femme par-derrière, dégaine son flingue. Il inspecte l'entrée, puis se rue dans la chambre, où il tire à plusieurs reprises…

Seattle

… et les douilles pleuvent sur Yesler Way. Affrontement entre la police et les Panthers. Une fois encore, tout est parti d'une perquisition. Les Noirs accusent les Blancs d'abus de pouvoir, les Blancs accusent les Noirs de provocations. Alors, en attendant de – peut-être – connaître la vérité, on canarde…

New York

… au cœur du Bronx, où le gang local s'en prend au BPP. Déluge de balles, de douilles et de bris de verre, balayé par une nouvelle rafale. Des renforts interviennent, obligeant les Panthers à se retrancher dans un squat. « Clac ! » – ils rechargent, « Chut ! » – ils écoutent, « Go ! » – ils repartent à l'assaut…

San Quentin

… et manifestent au sein de la prison. Nouvelle action de la Black Guerrilla Family sur l'impulsion de son leader, George Braxton. Poing levé, celui-ci exige de meilleures conditions de détention. Membre du BPP et proche d'Angela Davis, il est le premier à se faire matraquer. Ses frères s'attaquent aux gardiens…

Detroit

… et la police bat en retraite. Ça tire, hurle, explose du sol au ciel. À travers la poussière, les insurgés se mêlent aux fantômes des émeutes passées. Des cocktails Molotov pleuvent sur les voitures de police. Ici, le coffre s'embrase. Là, c'est l'habitacle qui prend feu. Un agent s'extirpe à temps, pointe son arme…

Los Angeles

… et les détonations ébranlent le campus d'UCLA. L'écho résonne, attirant les regards vers le Campbell Hall. À l'intérieur, Bunchy Parker s'écroule, criblé de balles. Même sort pour Jim Hugues. Deux des Panthers les plus influents, qui rendent leur dernier souffle. Horrifiés, les témoins se cachent sous les bureaux, tandis que les assassins prennent la fuite : George et Larry Stiner, membres du gang United Slaves.

38

6 février 1969

CHARLENE

« Je veux abolir le budget de la défense ! Je veux une loi qui permette d'exercer un vrai contrôle sur les armes pour les prendre aux porcs et les rendre aux Noirs ! »

Une voix, un mec : Eldridge. Ses mots nous ensorcellent, du vinyle aux haut-parleurs, à travers tout le ghetto. Depuis son exil, il a jamais été aussi présent. C'est grâce à son disque. Tous ses discours sont géniaux. Mes préférés, c'est *Power to the People* et *Barbecue the Pigs*. Ce matin encore, ça nous fait du bien, surtout depuis la mort de Bunchy et de Jim. Putains de gangs. J'aimerais qu'ils comprennent que ce qu'on fait, c'est aussi pour eux et que nos divisions profitent aux Blancs, mais non. Quand on leur parle « révolution », ils répondent « territoire ».

Et maintenant, le Parti est amputé de deux autres frères. La section de Los Angeles a été reprise par Geronimo, à peine revenu du Viêtnam. Lui, il paraît qu'il a assuré, qu'il a eu la Silver Star et tout. Il reste plus qu'à trouver un remplaçant pour Eldridge et ça va pas tarder. En attendant, on continue. Je continue, même si parfois, j'ai pas le moral. Stan traverse le bureau jusqu'à moi :

— Ça va ?

— Crevée.

— Café ?

— Non, j'en ai déjà bu trois.

Il me sourit et m'embrasse, réchauffant mes lèvres. C'est bizarre, la vie. Quand je suis arrivée, j'ai tout de suite repéré Stan, mais lui, il préférait traîner avec ses potes, alors j'ai laissé tomber. Puis, le soir de Noël, pendant une patrouille, il m'a pris la main. Depuis, on se lâche plus et ça aussi, ça me fait du bien.

On va dans la cour pour préparer les p'tits déj' avec l'équipe. « Bling ! » – les assiettes sur les tables. « Pchhh ! » – le bacon dans les poêles. « Atchoum ! » – le rhume de Bart. Lui, c'est Seattle qui nous l'a envoyé. Il a un cousin ici, dans un gang, alors Bart va essayer de calmer le jeu. Au Parti, ça bouge beaucoup : tu peux commencer au nord, continuer au sud et te retrouver ailleurs si on a besoin de toi.

Dernière assiette, et je retourne à l'intérieur. Je traverse le local, ouvre la porte, découvre des dizaines de gamins dans la rue. Ils trépignent ; le froid et la faim.

— Salut, Charlene !

— Salut ! Allez, en rang deux par deux !

Ils s'alignent sur le trottoir, le long de Columbia. Là-bas, Little Curtis accuse Big Mark de l'avoir doublé. Je les engueule, avant d'apercevoir Papi Mytho, au loin. Endormi, affalé sur sa chaise. Logique, il a jammé toute la nuit avec Quincy Jones.

J'accueille les premiers gamins. Ils foncent à travers le bureau – « OUAIIIIIIS ! » – jusqu'à la cour, où les autres leur tartinent des toasts. Joyeux bordel, entre crissements des chaises et mastications bruyantes. Je laisse entrer les derniers, referme la porte, regagne la cour. Roy nous rejoint avec un grand plat d'œufs brouillés. Les gamins tendent leurs assiettes, qu'on remplit équitablement.

— Du calme ! Il y en a pour tout le monde !

Pendant qu'ils se goinfrent, Alicia leur distribue notre journal. Ils lisent, posent des questions sur la révolution et on leur explique. Malcolm, Marx, l'Afrique… tout y passe. Si mon père était là, il dirait qu'on devrait pas parler politique aux gamins, que c'est pas de leur âge. Moi, tout ce que je vois, c'est qu'ils mangent à leur faim.

À l'intérieur, le téléphone retentit. Notre raciste du matin, fidèle au poste. Roy, cerné d'assiettes, me fait signe d'y aller. Je regagne le bureau et décroche :

— Permanence du BPP, j'écoute !

— *Ils reviennent !*

Luther, le bookmaker d'en face.

— Hein ?

— *Attention ! Ils vont…*

La porte s'ouvre brusquement, des porcs s'engouffrent. Dix, vingt, plus, menés par Chief Rattner. Torrent de matraques, qui me projette contre le mur. Je m'écroule – aïe ! – dans les bonbonnes de gaz, tandis qu'ils envahissent le local et la cour. Les gamins hurlent, paniqués, comme chaque semaine. Rattner et son harcèlement, sous couvert de perquisitions. Il bazarde le disque d'Eldridge, quand Roy surgit.

— Bande d'enculés !

— Surveille ton langage, il y a des enfants !

— Ça vous amuse de les terroriser ? Vous avez un mandat ?

Rattner sort un document. Roy le lui arrache, lit et accuse le coup. L'autre est ravi alors que, là-bas, les gamins sont hystériques. Certains se sont même pissé dessus. Mes potes nous rejoignent, quand les porcs passent à l'action. Retournent le bureau. Renversent l'armoire. Éparpillent nos flingues. Défoncent le chauffage. Vident la réserve. Piétinent la bouffe, notre combat, notre communauté tout entière.

Les autres essaient de rassurer les petits, mais les cris continuent, déchirants. Je me blottis contre Stan. Bouillants de rage, on pense au même truc – prendre les armes – mais c'est trop risqué avec les gamins. Les porcs le savent, c'est pour ça qu'ils mettent le paquet. Roy empoigne leur chef. Tous le matraquent et Mumia s'interpose, alors ils l'entraînent de force dans la cour. Roy, au sol, la gueule en sang :

— Les gosses… Faites-les sortir… par-derrière…

Alicia obéit, bouleversée. Les petits s'enfuient sur le boulevard, pendant que les porcs continuent de tout saccager. Et ça déclenche un truc en moi. Je les sens. Elles sortent. Mes griffes ; elles déchirent ma peau. Transcendée, je ramasse un flingue pour viser une bonbonne de gaz. Rattner et ses gars se figent. Roy me prend à partie :

— T'es dingue ou quoi ? Pose ça !

— Et après ? On va les laisser continuer sans rien faire ?

— Pose ce flingue ! C'est un ordre !

Rattner, du haut de son mépris :

— Tu ferais mieux d'écouter ton…

— Barrez-vous ou je tire !

— T'oseras pas, fillette. Faut des couilles pour faire ça.

— Pas besoin, la haine me suffit. Je vous ai vus tuer Terry, il y a trois ans. Terry Powell, mon frère.

Il fronce les sourcils, pense au *racket hebdomadaire. Venus dépouiller les dealers, les flics se heurtent aux riverains. Sur ordre de leur chef, ils bastonnent à tout-va, volant les doses et les liasses. Terry Powell s'enfuit, mais se fait capturer. Il se débat, s'insurge, avant d'être jeté par la fenêtre. Il meurt six étages plus bas* et j'explose :

— JE CRÈVERAI PAS AU VIÊTNAM ! JE CRÈVERAI PAS DANS UN ACCIDENT DE BAGNOLE ! JE CRÈVERAI PAS À CAUSE DES PORCS ! JE CRÈVERAI POUR LE PARTI ! CAR JE VIS POUR LE PARTI ! ET POUR NOTRE PEUPLE !

Rattner blêmit. Ça y est, il me prend au sérieux, comme ses gars. Tous pétrifiés. Même terreur chez les miens, qui se retranchent dans la cour. Blancs et Noirs m'observent, quand Rattner avale sa salive. Il recule lentement, sans me quitter des yeux. Un battement de cils, et il fait signe aux siens de ressortir. Ils détalent, se ruent dans leurs bagnoles, caillassés par les voisins. Roy fait glisser sa main sur la mienne, tremblante, et me prend le flingue. Il le passe à Alicia, puis se tourne vers moi.

— Qu'est-ce qui t'a pris, putain ? Avec les gamins, juste à côté !

— Ils étaient partis.

— C'est pas une raison ! T'as pensé à nous ? On aurait pu crever !

Alicia s'approche.

— Chéri, calme-toi. C'était du bluff. Hein, Charlene ?

— Non.

— Allez, arrête tes conneries.

— Je suis sérieuse. J'irai jusqu'au bout.

— Mais…

— Jusqu'au bout.

39

1er mars 1969

NEIL

Leurs mains se frôlent, se parlent. L'une, noire, serre un billet et l'autre fouille une poche pour en sortir un sachet d'héroïne. Cette merde circule de plus en plus, on dit qu'elle vient de Saïgon. Le souvenir rapporté par nos soldats devenus dealers, à l'image de ce chevelu. Des ordures comme lui, j'en vois tous les jours, toutes les nuits.

Flag, clients, témoins… ce serait facile de l'arrêter. Pourtant, John et moi, on ne va pas intervenir et ce salaud continuera de vendre son poison en toute impunité. Ordre du FBI : « Pour l'instant, recentrez-vous sur les homicides. » Traduction : « Laissez la drogue circuler dans le South Side pour qu'elle décime les nègres et en particulier les Panthers. »

Seigneur, aide-moi.

Je pense aux Stones, à leur *Sympathy for the Devil* – *« Every cop is a criminal »* – et à Sullivan. La première réunion, puis les autres, à la Criminal Conspiracy Section. Tous ces moments où je n'ai pas osé m'indigner. Je sais ce que les Panthers pensent de nous, je sais comment ils nous appellent, je sais de quelle violence ils sont capables, mais je sais aussi que tous les Noirs ne sont pas comme eux.

Et pourtant, je participe à ce plan immonde. Je n'en peux plus. Mon job, ma vie, ce n'est pas ça. J'ignore si Nixon est au courant, mais ce ne serait pas surprenant. Après tout, lui aussi, il tue nos jeunes. À peine arrivé au pouvoir, il envoie cinq cent mille soldats de plus et annonce la reprise des bombardements. Son cadeau aux armateurs. Nixon est loyal, il n'oublie pas ceux qui l'ont porté au pouvoir.

Seigneur, aide-moi.

Bobby Kennedy ne m'a jamais autant manqué. Chaque jour, je pense à lui, à sa mort mystérieuse… comme celles de Bunchy et de Hugues. Aux infos, ils disent que les frères Stiner sont toujours en fuite. Eux, je les connais, pour les avoir coffrés il y a deux ans. Des durs, prêts à tout pour que les Slaves conservent leur monopole.

C'est pour ça qu'ils ont tué deux Panthers. Conflit intercommunautaire, donc. Je devrais m'en contenter mais, le problème, c'est que j'ai vu les Stiner à la CCS. Deux membres du pire gang de la ville, dans un relais du FBI. On sortait d'une énième réunion et je les ai croisés au rez-de-chaussée. Ils parlaient avec un Blanc en costard. C'était trois jours avant qu'ils assassinent Bunchy et son pote. John me désigne le feu.

— Oh ! T'avances ou quoi ?

Je reviens à moi, m'engage sur Vernon. Nouvel itinéraire, nouvelles directives. Non seulement on doit ignorer le deal mais, en plus, on est chargés de traquer les Panthers qui ne respectent pas le décret Mulford. Quand on en voit avec des flingues, on les leur prend. Bien sûr, ça ne concerne qu'eux. Pas les Slaves, ni les Hells, alors qu'ils sont aussi dangereux. John m'indique une rue.

— Vas-y, gare-toi là.

— Pff… encore ?

— Gare-toi, je te dis.

Je m'exécute, laisse tourner le moteur et attends. Ici, en plein territoire Slaves. J'en repère trois, au loin. Ils ne nous voient pas, occupés à draguer des filles. Le seul à nous avoir remarqués est ce clochard, sous des cartons. Il me fixe, je baisse les yeux. John allume une cigarette et surveille le bâtiment, pressé de le refaire.

J'attends, redoutant l'inéluctable, quand notre radio grésille. Le central nous dit d'intervenir sur un 459, à un block de là. Ce cambriolage, à cet instant précis, ce n'est pas le fruit du hasard. Le Seigneur vient à mon secours pour m'arracher au mal. Soulagé, je prends le micro pour confirmer notre arrivée. John retient ma main.

— Non.

— Mais…

— On a bien bossé, aujourd'hui. On a le droit de se reposer un peu, non ?

Le central, encore. John m'arrache le micro – « Impossible, on contrôle deux gars sur Vernon ! » – et raccroche. Il se remet à fumer en surveillant la sortie. Il trépigne, bat du pied. Il veut le refaire. Il va le refaire.

Étranglé par le silence, j'allume l'autoradio. Manifs. Chômage. Colère de Reagan, après le concert de Cash à la prison de San Quentin. J'entends aussi parler de JFK, d'un businessman, et comprends. Shaw était accusé de complicité, mais le jury l'a acquitté. C'est fini, je ne connaîtrai jamais la vérité. Je ne saurai rien de ce qui s'est réellement passé à Dallas, ce jour-là. Accablé, je change de fréquence…

« How many more times,
Treat meee the way you want to dooo ? »

… avant de reconnaître Led Zeppelin, le groupe du moment. Leur rock est si viscéral, si animal, qu'il relance ma migraine. John, ravi :

— Ah ! C'est pas trop tôt !

Je tourne la tête, vois l'école ouvrir ses portes. Les petits Noirs sortent en courant avec leurs cartables. John interpelle l'un d'eux :

— Eh ! Toi ! Monte à l'arrière !

— J'ai rien fait, m'sieur.

— M'oblige pas à venir te chercher !

Le gamin hésite, puis approche d'un pas craintif. Ses copains avancent avec lui, John leur fait signe de partir. Ils s'exécutent, redoutant nos matraques. Je les vois s'éloigner, quand l'autre ouvre la portière. Il s'installe sur la banquette, le front plissé. Il a peur. Il ne sait pas ce qu'il fait là. Il regarde fixement le rétroviseur, cherchant une réponse auprès de moi, et je me détourne. John, au gamin :

— Referme la portière.

Le petit obéit. Intimidé. Soumis. John me fait signe de repartir, je débraie et – le cœur battant – rejoins le trafic. Le gamin, encore :

— M'sieur l'agent, je…

— La ferme, dit John. N'essaie pas de te faire la malle ou ça va saigner.

Le môme se tait, serre son cartable contre lui. Mon malaise s'accentue de rue en virage, dopé par l'autoradio. Ma migraine pèse de plus en plus, tambourinant derrière mes yeux. Je n'en peux plus, je vais craquer. Le petit recommence avec ses questions. J'aimerais le rassurer, lui dire que ça va aller, mais je déteste mentir. Il se heurte à notre silence, entre ma lâcheté et l'indifférence de John.

Encore quelques mètres et je fais ce que mon équipier attend de moi, je m'arrête. Au même endroit, sur South Central, comme les autres fois. Le gamin reconnaît le 4115, fief du BPP. Il panique, lui qui vient du territoire Slaves.

— Non…

— Descends, ordonne John.

— Non… pitié…

— Descends ou je te bute.

Le petit me supplie en silence dans le rétroviseur. J'en ai vu de la détresse, des gouffres à visages humains, mais le regard de ce gamin… Ses larmes me saignent jusqu'à l'os, lorsqu'il se décide à sortir. John referme derrière lui, je repars aussitôt avant qu'on se fasse canarder, et ce que je redoutais se produit. Deux Panthers, ados, apparaissent au carrefour. Ils repèrent le gamin, accélèrent en sa direction :

— Eh ! T'es pas d'ici, toi ! Qu'est-ce que tu fous là ?

Il s'enfuit, intercepté par un troisième Panther, à l'angle. Cramponné au volant, j'alterne entre le pare-brise et le rétroviseur, où je vois les ados encercler le gamin. La tension monte d'un cran, au son du Zeppelin.

« Oh, Rosie ! »

Le gamin se prend un coup.

« Oh, girl ! »

Il tombe.

« Oh, Rosie ! »

Autre coup.

« Oh, girl ! »

Il implore ses agresseurs.

« Steal away now ! Steal away ! » – et ça cogne, martèle, fracasse. La batterie concasse mon cerveau, où saigne ce gosse. Il paie pour la mort de Bunchy et de Hugues, comme les gamins qui l'ont précédé. Notre quatrième victime depuis le début du mois. « Pour le citoyen noir, le policier a cessé d'être un symbole de la neutralité de la loi et de l'ordre » ; la commission de Berkeley a raison. Et moi, j'ai mal.

À ma droite, John sort son coupe-ongles. Il est déjà passé à autre chose, j'ignore comment il fait. Mon ancien collègue était raciste, mais pas John. Et pourtant, chaque jour, il s'abandonne au pire. Il y a pris goût.

Seigneur, aide-moi.

Moi, le porc.

40

16 avril 1969

TYRONE

Sale ambiance, encore. Des jours que Fred est tendu. D'abord l'exil d'Eldridge, puis la mort de Bunchy, et maintenant l'inculpation de Bobby. Les flics l'ont cueilli à son retour de Suède. Depuis, il attend son procès avec Hoffman et six autres, tous accusés d'avoir organisé les émeutes pendant la convention.

Du coup, la section se mobilise. Avec les Yippies, on réclame la libération de ceux que la presse appelle les « Chicago 8 ». Si elle était honnête, elle dirait « Chicago 7 + 1 » car Bobby sera jugé à part. Et comme si ça suffisait pas, le proc' de New York accuse vingt et un Panthers d'avoir préparé des attentats. Eux, ils sont pas près de sortir, vu que leurs cautions ont été fixées à cent mille dollars chacun.

Et il y a tous ces dealers dans le ghetto. Les flics doivent être débordés, j'ai jamais vu circuler autant de came. Un poison pour nos recrues, ce qui arrange bien les Blackstones. Ça s'était calmé, après qu'on en a sauvé deux. Du coup, Ford avait recontacté Fred pour fixer un autre rencard, mais Ford est pas venu. De retour au bureau, Fred l'a appelé…

— Oh, enculé ! T'es qui pour me planter ?

— *C'est toi, l'enculé ! Toi et tes potes, barrez-vous de ma ville !*

— Putain ! Mais qu'est-ce qui te prend ?

— *Barrez-vous, je te dis ! Vous avez vingt-quatre heures !*

… en exigeant des explications et Ford lui a parlé de la lettre anonyme, reçue la veille. Fred a halluciné. Il s'est justifié, mais l'autre l'a pas cru et a remis ça avec ses menaces. Après une longue négociation, Ford a accepté que l'un des siens nous file la lettre. Sous l'autoroute, au croisement de la 26e et de Shields, à la frontière entre nos territoires. Fred y a envoyé mon pote Wayne, puis il est rentré chez lui, me laissant gérer le bureau. Et me voilà dans son appart', au 2337 West Monroe, assis avec lui sur son canapé, face à cette lettre :

> Frère Jeff,
>
> J'ai passé du temps avec des Panthers et j'ai appris des trucs. Leur chef te reproche de bloquer son business et il va chercher à te buter. Je suis pas Panther, ni Black-stone, je suis juste un Noir et je sais que le BPP bosse que pour lui, pas pour la communauté. Si j'étais toi, je sais ce que je ferais.

Ce courrier, Fred y croyait pas, jusqu'à maintenant. Depuis le début, je l'ai vu cool, enthousiaste, autoritaire, mais là, je le reconnais pas. On dirait qu'il va se mettre à chialer et je sais pourquoi. Ce qu'il y a dans la lettre, c'est faux. Non, le BPP pense pas qu'à sa gueule. Si c'était le cas, il s'acharnerait pas à organiser ce Front uni. Fred s'implique à fond, il bosse avec tout le monde. La Rainbow Coalition, qu'il a réussi à créer avec les Chicanos, les Latinos et les Blancs, même les Juifs et les pédés.

Il repose la lettre sur sa table basse, entre le cendrier et nos Bud, puis allume une clope.

— Putain… si je chope celui qui a écrit ça…

— À tous les coups, c'est une vengeance. Un gars qu'on a pas recruté.

— Tu penses à qui ?

— Le tox, tu sais, qui revenait du Viêtnam.

— Eddy ? Non, je le connais, il sait pas écrire.

J'avale une gorgée, balaie la pièce du regard. Murs craquelés et plancher pourri ; pire que chez moi. Fred est la star du Parti et brasse du fric en permanence, mais il a gardé son train de vie. Fidèle au gamin miséreux qu'il était, il a fait vœu de pauvreté, comme un pasteur. Un pasteur funky, avec ces flingues disposés un peu partout. Huit revolvers et six fusils à pompe, pour accueillir les porcs en cas de surprise. Je repose ma bière :

— Et l'autre, le frimeur ? Celui qui se prenait pour Ali.

— Mm… De toute façon, j'ai plein d'ennemis, avec tous ceux que j'ai rembarrés.

— Tu regrettes ?

— Non.

Le silence se répand, je le sens approcher, frôler mon épaule, puis ma nuque, pour s'entortiller autour de ma gorge. Le nœud se resserre, compressant ma pomme d'Adam. Parler. Parler ou crever, alors je me lance :

— Si ça se trouve, c'est Ford qu'a écrit ça.

— Pour quoi faire ?

— Peut-être qu'il a pas les couilles de nous buter. Alors il a écrit cette merde, ce qui lui fait un super argument pour pas s'allier avec nous.

— Je l'imagine pas écrire ça. On était à deux doigts de…

— Et comme par hasard, cette lettre arrive. Il a dû flipper au dernier moment et, pour pas perdre la face dans le ghetto, il nous a pondu ça.

Fred examine la lettre avec attention. Je finis ma bière et, je sais pas pourquoi, mais l'étiquette m'insupporte, alors je la gratte. Cette pute veut pas se décoller. J'insiste, elle se froisse et se déchire peu à peu, ce qui me soulage. Fred reprend :

— Si c'est pas Ford, c'est peut-être un de ses gars… ou plusieurs.

— Va savoir. Il y a que des bâtards chez les Blackstones.

— Et il y a surtout le frère de Big Joe.

— Ford a dit qu'il m'en voulait pas.

— Parce que tu le crois, maintenant ?

— Pff… Remarque, ça peut venir du SNCC. Eux, ils ont de quoi nous haïr.

— Pas notre section, le siège.

— Fred, t'es devenu important. Te freiner, c'est freiner le Parti. On passe aux infos tous les jours, ça fait des jaloux, alors cette lettre…

— Ça peut être l'un des nôtres. L'alliance, j'ai l'impression d'être le seul à y tenir.

— Il y a moi, aussi.

Il m'adresse un sourire – il m'a cru – et me tape sur l'épaule. Depuis les émeutes, il est encore plus cool avec moi. Les coups de matraques, ça rapproche. Fred, amer :

— Si on est que deux, on est pas près de s'unir avec les Blackstones.

— C'est vrai que ça plaît pas à tout le monde, mais…

— Tu crois qu'il y a des traîtres chez nous ?

Sa question me transperce…

— T'es sérieux ?

— Ça fait un moment que je me pose la question.

… et s'enfonce dans mon cœur…

— Pourquoi ?

— Je me demande, c'est tout.

… qui saigne…

— Tu soupçonnes quelqu'un ?

— Ton pote, Wayne. Désolé, mais je le sens pas.

… avant de cicatriser. L'espace de quelques secondes, je me suis vu battu à mort, baignant dans mon sang. Tellement épuisant, ce ping-pong cérébral. Je mens/je flippe, je mens/je flippe – un an que ça dure, du matin au soir. Jamais une minute sans que ça balance. Une minute de répit, c'est tout ce que je demande.

Mais bon, Fred me soupçonne pas et c'est déjà ça. Soulagé, je pense à Wayne. S'il y en a un qu'est clean, c'est lui. Mon pote d'ennui, quand j'étais gamin. Quand on faisait la course avec le métro et qu'on gagnait chaque fois, même si c'était pas pour de vrai. Ce bon gros Wayne, accusé à tort. J'allume une clope et joue le jeu.

— T'es sérieux ?

— Il est tout le temps à fond, comme s'il voulait passer pour un « vrai ». C'est pour ça que je l'ai envoyé récupérer la lettre… et que je l'ai suivi.

— Tu l'as pisté ?

— J'ai bien fait. Quand le Blackstone s'est pointé, ils ont tapé la discute.

— Ben, ouais. Wayne est de la 64e, comme tous ses potes. Et même s'ils sont Blackstones, c'est normal que… Putain, ils ont grandi ensemble !

— C'est pas une raison. Demain, je le mettrai aux courriers pour la mairie. Comme ça, on pourra comparer son écriture avec celle de la lettre.

Il va aux chiottes, me laissant sur le canapé. Seul, dans cet appart' qui pue la chatte. Fred et ses conquêtes, une par semaine. Jusqu'ici, ça se passe bien entre ses ex, mais ça finira par péter. Comme avec Wayne. Si Fred l'a suivi, c'est qu'il le soupçonne pour de bon. Bientôt, il lui demandera des comptes. Peut-être même qu'il le torturera pour lui faire cracher le morceau.

Bordel, c'est en train de dégénérer.

Tout ça à cause de cette putain de lettre.

Y a pas à dire : ils sont malins, au FBI.

41

Mai 1969

CHARLENE

— Alicia !

— Mm ?

— Écoute ça ! Tu vas voir, c'est génial !

Je pose le disque sur la platine. Mon disque, que Stan m'a offert pour mes dix-huit ans. Quelques secondes de raclement, et c'est parti. Guitare, basse, batterie, harmonica – ça cogne, ça funke à mort. Le morceau commence à peine qu'Alicia bat déjà la mesure.

— Waouh ! C'est quoi ?

— Sly and the Family Stone. Super, hein ? Ils seront à Woodstock. On pourrait y aller !

— Faut voir. Question fric, ça devient tendu… Je vais en parler à Roy.

— Lui dis pas que ça vient de moi, il m'en veut encore.

— T'as l'air de t'être calmée, non ? Et Sly en concert, ça me dit bien !

La première fois, j'étais comme elle. Depuis, j'écoute *I Want to Take You Higher* en boucle. On dirait du James mélangé à du Jimi. Alicia examine la pochette et moi, j'entonne le couplet…

« Feeling's getting' stronger !
Music's getting' longer too ! Music is flashin' me ! »

… et les jours s'enchaînent. Livrer les journaux chez nos libraires, collecter la bouffe, la distribuer, empêcher les perquisitions, dépouiller les dealers, détruire leur came, ramasser les tox, dépister les maladies, faire signer les pétitions, manifester devant la mairie, insulter les porcs, attendre qu'ils dégainent…

« I want to, I want to, I want to take you higher !
I want to take you higher ! »

… et pointer nos flingues, les voir déguerpir, se foutre de leur gueule, être applaudis par le ghetto, entendre sa joie monter au ciel, se faire attaquer par les Hells, tirer sur leurs motos, les voir détaler eux aussi, les traiter de pédés, retourner au bureau, recruter des nouveaux, leur apprendre à tirer, enseigner aux gosses…

« Baby, baby, baby light my fire !
I wanna take you higher ! »

… bouffer avec l'équipe, parler des Chicago 8, écrire aux Panthers 21, pleurer nos morts, préparer le Front uni en fumant clope sur clope, reprendre un café, se brosser les dents, patrouiller la nuit, protéger les nôtres, traquer les porcs, canarder leurs bagnoles en se marrant, recommencer ailleurs…

« Higher ! Higher ! Higher !
Boom ! Laka-laka-laka ! Boom ! »

… et rentrer à l'aube, en sueur, avec mon cuir qui me colle à la peau. Crevée mais exaltée en baisant avec Stan dans la réserve pendant que les autres dorment. Et plus on baise, plus on jouit, plus on vit.

Fiers d'être noirs.

Fiers et libres.

42

11 juin 1969

NEIL

Porc.

J'avale le cachet, remets le flacon au fond du casier. Mon refuge, mon petit univers dans ce grand vestiaire, où discutent les miens. En uniforme ou en slip, chacun y va de son point de vue sur l'actualité. Guerre, crise, réélection du maire, tout est traité sur le même ton. Mes collègues ne parlent pas, ils chiquent les mots des autres.

Porc.

Je referme mon casier, le cadenas me résiste. Et je m'acharne sur la combinaison. Et ce cachet qui tarde à faire effet. Et les autres continuent, comparant leurs taux d'arrestations. L'un se vante d'avoir obligé un Panther à se déshabiller, soi-disant pour le fouiller. Les autres s'esclaffent, aggravant mon malaise.

Porc.

Je pense à ce Noir, nu, humilié, et me concentre sur le cadenas. Ça y est : 03-12-59. La date de la mort de mon père. Sa voix me revient : « Les nègres sont sales, il n'y a qu'à voir leur couleur. » Toutes ces tirades qui ont souillé mon enfance et continuent de me pourrir la vie. On m'a menti sur le Viêtnam, on m'a menti sur la mort des Kennedy et on continue de me mentir sur les Noirs. À bout, je me dirige vers la sortie.

— À demain, Neil !

Je pars sans les saluer. *Porc.* Voir le chef. *Porc.* Besoin de lui parler. *Porc. Il était une fois dans l'Ouest* ; la discussion de deux collègues dans l'ascenseur. Grâce à eux, je sais tout de l'intrigue et de son dénouement. Je m'en fous, je n'avais pas l'intention de voir le film. Les vengeances, les morts, je vois ça tous les jours.

Dernier étage, puis couloir à l'atmosphère feutrée. Je me fais snober par deux collègues des stups. Je tourne la poignée et entre, tombant nez à nez avec la secrétaire de Reddin, Mrs Willis. Cinquante-deux ans et le double dans sa tête.

— Bonjour, Neil ! Comment allez-vous ?

— Le chef est encore là ?

— Il est occupé. Voulez-vous que je lui transmette…

Je la dépasse et ouvre la porte de Reddin, qui sursaute dans son fauteuil. Il raccroche son téléphone, furieux.

— Où vous croyez-vous ?!

— J'ai besoin de vous parler.

— Ce n'est pas une raison pour entrer sans frapper ! Bon ! C'est quoi le problème ?

Derrière moi, Mrs Willis s'approche. Je referme la porte sur sa curiosité, me racle la gorge et me lance :

— Je peux m'asseoir ?

Là, le chef comprend que ça va durer. Il lorgne sa montre et, les sourcils froncés, me désigne la chaise devant lui. Je m'installe, relâchant mon corps. Ça me fait un bien fou, à moins que ce ne soit le cachet.

— Faites vite, dit Reddin.

— Voilà… Je sais que j'ai insisté pour revenir, mais… je suis à bout, je n'en peux plus.

— Vous voulez arrêter ? J'ai tout fait pour vous réintégrer !

— Je sais, mais c'est dur… trop dur.

— Je vous avais prévenu ! Vous saviez que ce serait chaud, dehors !

— Ce n'est pas ça… Les nouvelles directives… je n'en peux plus.

Reddin plonge son regard dans le mien. Je le sens sur le point d'exploser, mais il se contient.

— Nous en avons déjà parlé.

— Les dealers… ceux qu'on n'arrête pas, ceux qu'on libère…

— Moi non plus, ça ne me réjouit pas, mais…

— Ça ne vous réjouit pas ? Moi, ça me débecte !

— Oh ! Vous vous calmez ou vous sortez !

Je baisse la tête. Un « clic » me parvient. Reddin allume une cigarette, ce qu'il fait rarement. La dernière fois, c'était il y a un mois, après l'enterrement d'un énième collègue. Il repose son briquet.

— La méthode est discutable, mais force est de constater que ces Panthers sont dangereux. Entre ceux qui fomentent des émeutes et ceux qui préparent des attentats…

— À ma connaissance, ceux d'ici n'ont rien fait de tout ça.

— Si ça se trouve, au moment où nous parlons, ils planifient un carnage, comme ceux de New York. Déjà qu'ils préparent leur Front uni avec tous les gauchos… Le FBI est formel : la section de L.A. est l'une des plus redoutables.

— Je veux bien le croire, mais on vise les Panthers, pas les autres habitants. Toute cette drogue, tous ces jeunes… On est en train de tuer la moitié de la ville !

— Vous voulez changer de secteur ?

— Ce que je veux, c'est qu'on en finisse avec le FBI.

— Vous voulez changer, oui ou non ?

— Je vois… Alors, c'est ça, votre réponse ? Ils se servent de nous, ils nous font faire le sale boulot et tout ce que vous trouvez à me dire, c'est…

— Neil ! Vous dépassez les bornes !

— Comment pouvez-vous cautionner ça ?!

— VOUS VOULEZ ENVOYER CHIER LE FBI ? EH BIEN, ALLEZ-Y !

Il décroche son téléphone et me le tend, d'une main ferme. Son regard – derrière sa colère se révèle une douleur qui me vrille les tripes. Je n'ose pas m'emparer du combiné, évidemment. Reddin raccroche, tire nerveusement sur sa cigarette.

— Vous n'avez pas les couilles, hein ? Eh bien, moi, c'est pareil. Si je cautionne, comme vous dites, c'est que j'ai une famille à nourrir.

— Ils vous mettent autant de pression que ça ?

— Toutes les semaines, ils me réclament des chiffres, toujours des chiffres…

— Ça ne peut plus durer, chef. Le maire est au courant ?

— Non. Et quand bien même, il fermerait les yeux.

— Et Reagan ? Il sait ?

— Oh, il valide à cent pour cent. Je regrette, mais nous n'avons pas le choix. D'où ma question : vous voulez changer ?

— Ça ne résoudrait rien. Patrouiller ailleurs, en sachant ce que les collègues font… ou ne font pas…

— Soit vous patrouillez ailleurs, soit vous démissionnez. Alors ?

Deux jours plus tard, j'étais muté dans les collines du West Side, du côté de Beverly Hills. Nouveau secteur, nouvel équipier. Albert est un quinqua sympa, qui attend sa retraite et ne parle que de base-ball. Ça m'occupe, car ici, il ne se passe rien. Aucun braquage, aucun gang, juste des stars dans leurs villas. Nous, on fait des rondes à longueur de journée pour s'assurer que tout est tranquille. Mon job est ennuyeux mais, au moins, je ne me trahis plus. J'ai même fini par retrouver le sommeil.

Et puis, Brian Jones est mort, noyé au fond de sa piscine. Vingt-sept ans. Un coup dur pour les Stones, un électrochoc dans le monde du rock. Ça m'a chamboulé, d'autant que sa mort a précédé un autre drame :

Michael Mageau et Darlene Ferrin.
19 et 22 ans.
Attaqués au 9 mm semi-automatique.

Ça s'est passé à Vallejo, sur un parking. La fille est morte au Kaiser Hospital, le gars a survécu et a parlé aux enquêteurs. Il a évoqué une voiture marron – Ford ou Chevrolet – avant de décrire un homme avec une cagoule et un symbole sur le torse. Une sorte de logo, entre cible et croix celtique.

Peu après le décès de Ferrin, mes collègues de Vallejo ont reçu un appel anonyme. Un homme a revendiqué l'agression, ainsi que les assassinats de Faraday et de Jensen en décembre. Même comté, même procédé, même profil de victimes. La Californie est désormais le terrain de chasse d'un tueur. Moi, depuis ce flash info, je ne dors plus. Hanté par ces morts, impuissant face à tant de barbarie.

Impuissant et lâche.

Lâche et complice.

Porc.

43

5 juillet 1969

TYRONE

Putain, ça fait mal. Pire qu'hier. Et comme j'ai plus rien dans le bide, c'est du sang que je vomis. Accroupi devant les chiottes, en sueur. Je tousse, me relève. Mes jambes vacillent, elles sont pas prêtes. Je tire la chasse, mes démons tourbillonnent et s'évaporent. Une pause de quelques heures, le temps de préparer leur retour.

Je me rince la gueule, la gorge, puis fixe le miroir. Coupe afro/moustache/bouc, un masque derrière lequel je me cache, pour pas finir comme Tim Rockley. « La pute du FBI », c'est comme ça qu'on l'appelle à New Haven. Ils lui ont fait cracher le morceau, après deux jours de torture. Je pense à lui, à ceux qu'ont pas encore été démasqués. Tous ces Tyrone broyés par tous ces Clark. Comment ils font pour supporter ça ? Comment ils font, putain ?

Peu après,
Adams Street

Béret, débardeur et flingue dans le dos, je refais mon numéro dans la rue, direction la section. Trop chaud pour prendre le métro. Depuis un mois, j'y vais à pied. Ça me laisse une demi-heure pour me préparer psychologiquement à retrouver les autres. Marcher, ça me détend. Ça me rappelle ma vie d'avant, quand j'étais rien.

Je traverse le ghetto, ses ruines, ses passants. Zac et son clebs, Huggy et son spray, Reggie et ses putes… tous les matins, à la même place. Ce qui rythmait mes journées est devenu une routine aliénante. Comme ces gamins, hilares, sautant sur une Dodge. Ils glissent sur le capot, accourent vers moi :

— Eh ! Tyrone ! Fais voir ton flingue !

— Non.

— Allez, vas-y, quoi !

— Tirez-vous !

Ils capitulent et je m'éloigne, pensant à la journée qui m'attend : derniers préparatifs du Front uni avec les coups de fil, les locations de cars, les invits. Font chier, au SDS. À cause de leur scission, faut tout reprendre à zéro avec le Weatherman. Des radicaux, plus tendus que des Hells sous amphètes. Ça devient compliqué, comme pour les manifs. Avant, on défilait pour Huey. Maintenant, c'est aussi pour les Chicago 8, les New York 21 et…

… j'aperçois deux gars, à l'angle. L'un tend son fric, l'autre sort une dose. Je reconnais Sonny, pilote chez « Défonce Airlines ». En tant que Panther, je suis obligé d'intervenir. Si j'y vais pas, Fred finira par l'apprendre et il trouvera ça louche. Je me dirige vers eux. La came en main, le tox se barre en courant et s'engouffre dans la première ruelle. Sonny sourit, m'imposant ses chicots :

— Salut, mec !

— Salut.

J'ai répondu sèchement. Il a compris, mais fait semblant d'être cool.

— T'es au courant pour Ali ?

— Quoi ?

— Les Muslims l'ont viré. Tout ça parce qu'il a dit qu'il aimait le fric… Qu'est-ce qu'ils sont cons ! Mais bon, maintenant qu'il est libre, vous allez le rencarder ?

— J'en sais rien. Qu'est-ce que tu fous là ? Je te croyais en taule.

— Eh ben, tu vois, je suis sorti.

— T'en avais pas pour cinq ans ?

— Qu'est-ce que ça peut te foutre ? Toi aussi, t'es sorti ! Tu devais pas crever ?

Sa remarque me pique à vif. J'entends chuchoter aux fenêtres. On nous observe et, j'en suis sûr, les mots de Sonny font déjà le tour du quartier. Putain de ghetto, qui aspire les questions et les recrache en rumeurs. Je me suis piégé tout seul, j'aurais pas dû y aller, mais c'est trop tard, à moins que je me refasse une crédibilité. Je bombe le torse :

— Me cherche pas, mec !

— C'est toi qui me cherches !

— Ouais ! Et on veut pas de toi, ici ! Va vendre ta merde ailleurs !

— Je fais ce que je veux, enculé !

Sonny a un couteau, je le vois au relief de sa poche. Il est prêt à s'en servir, il attend que ça. Moi, je veux pas avoir à sortir mon flingue.

— Tire-toi ou tu vas en chier !

— Tu me menaces ?

Il sort sa lame, je l'expulse d'un coup de pied – réflexe d'ancien taulard – et l'empoigne, quand on m'interpelle : « LÂCHE-LE ! » Je me retourne. Deux Blackstones se dirigent droit sur moi.

Leurs Ray-Ban.

Leurs torses nus, aux pecs énormes.

Leurs treillis, d'où dépassent leurs flingues.

Sonny s'enfuit, les autres continuent d'approcher. À deux contre un, j'ai aucune chance. Ils s'arrêtent à une dizaine de pas. Là, c'est à celui qui dégainera le premier. L'un surveille la rue, l'autre me parle :

— Qu'est-ce qu'il s'est passé ?

— Sonny… Il était en train de dealer.

— Logique, c'est un dealer. Et surtout, c'est notre pote.

— Les mecs… j'veux pas d'histoires.

— Mais c'est qu'il flippe, le Panther ! Tu fais moins le malin, maintenant que…

Sa tête éclate, m'éclabousse. Son corps bascule, révélant Wayne, au loin. Mon pote et son Magnum pointé. L'autre Blackstone le vise, mais s'écroule à son tour. Le sol, le mur, le ciel rougissent, quand Wayne me tire par le bras.

— Allez ! Vite !

— Que… qu'est-ce qui t'a pris ?

— Ils allaient te buter !

Il m'entraîne à travers la foule hystérique. Les gens se dispersent et se réfugient dans les immeubles, redoutant la vengeance des Blackstones… déjà à nos trousses. Ils tirent – « Enculés ! » – et ils sont nombreux, je l'entends à leurs cris. Chaque détonation électrise mon cerveau. Tir. Clark. Tir. Maman. Tir. Wayne, qui me dirige de force vers Madison. Plus que deux cents mètres avant le bureau. Fred en sort, avec trois autres :

— QU'EST-CE QUI SE PASSE ?

— BLACKSTONES !

Leurs mains deviennent flingues, puis éclairs. On se baisse et ils canardent, aussi enragés que nos poursuivants. Les balles criblent les murs, explosent les vitres. Le ghetto rugit, les implorant d'arrêter. Et moi, au milieu de tous ces fous. J'en peux plus de courir/mentir. Laisser tomber. Me laisser tomber et attendre qu'ils me butent, pour en finir. Je m'abandonne, mais Wayne redouble d'énergie.

Encore quelques mètres, et ça y est, on rejoint la section. Mon pote me pousse à l'intérieur, je m'écroule en foutant du sang partout. J'entends hurler Debbie, la copine de Fred. Il m'emmène dans la réserve – « T'es blessé ? » – et m'allonge – « Réponds, putain ! » – pour m'examiner. Je suis une ordure, je noyaute sa section, et lui, il flippe pour moi. Son inquiétude me torture.

— C'est… c'est pas mon sang…

— Raconte !

— Wayne… buté deux Blackstones… devenu fou…

— Non, il a bien fait !

Il sort un papier de sa veste. Je le récupère et découvre une lettre manuscrite :

> Frère Fred,
>
> On sait tous que tu cherches à faire alliance avec les Blackstones. Je trouve ça bien, c'est dans l'intérêt du ghetto, mais fais gaffe. Il paraît que Ford a pactisé avec les porcs pour que son gang reprenne le pouvoir. J'ai beaucoup hésité à t'écrire, je voulais pas dénoncer, mais je suis juste un Noir qui veut que les Noirs travaillent ensemble et arrêtent de se déchirer.

Il y a une dernière phrase, mais j'arrive plus à lire. Ça bouge, mes tremblements. J'ai la haine contre Clark, le FBI, le monde entier, et je me relève, fou de rage.

— C'est quoi, ce bordel ?!

— Je l'ai trouvée sous la porte, en arrivant.

— Et tu pouvais pas me prévenir ?

— J'ai appelé chez toi, mais t'étais déjà parti. T'avais raison, les Blackstones, c'est des enculés.

Fred me tape sur l'épaule, rejoint les autres. Ils tirent, rechargent, tirent, et je serre ma tête. Putain, j'ai failli crever. J'ai failli crever. J'ai failli crever. J'ai failli crever. J'ai failli crever. J'ai failli crever. J'ai failli crever. J'ai failli crever. J'ai failli crever. J'ai failli…

L'assaut a duré près d'une heure. Une heure de tirs, de chaos. Il y a même eu des bagnoles cramées, jusqu'à la vieille Rosa. Elle revenait avec ses courses et, au carrefour, elle s'est pris une balle. Alors, tout le monde s'est arrêté de tirer. Il y a eu un grand silence, puis les habitants ont pété les plombs. Ils ont attaqué notre section et les Blackstones, qui ont fini par se casser. Ils venaient à peine de disparaître quand le camion de pompiers a débarqué. Les flics, eux, sont pas venus.

… crever.

44

22 juillet 1969

CHARLENE

« Ils disent qu'on a un gouvernement du peuple, créé par et pour le peuple ! C'est ça, ouais ! Ce qu'on a, c'est un gouvernement de fascistes, créé par et pour les fascistes ! Et le nerf du fascisme, c'est le capitalisme, incarné par ces hommes d'affaires cupides et ces politiciens démagos ! Si on a monté ce Front uni, c'est pas que pour les Panthers, mais pour nous tous ! »

Trop fort, Bobby. Dans l'auditorium, on est tous à fond. Quatre mille personnes, debout, le poing levé. Plus de Blancs que de Noirs. C'est fou : il y a le Club, les Yippies, les Young Lords, l'American Indian Movement… tous les courants de la Nouvelle Gauche réunis, malgré leurs divergences. Tous sauf le PLP, bien sûr. Bien fait pour eux, ils avaient qu'à pas dire qu'on est racistes.

Bobby rend hommage à nos martyrs et à Braxton, en Californie. George Braxton, notre relais en taule, où il mobilise tous nos frères. Il parle ensuite des conditions de détention, dégueulasses, exigeant le contrôle des porcs et de tous les complices du capitalisme. Pour ça, il faudra créer des milliers de comités à travers le pays et le monde entier, ce qu'Eldridge est en train de dire au Festival panafricain :

« Au BPP, on est heureux de voir les impérialistes et les colonialistes expulsés d'Afrique ! Notre but, c'est la destruction du système capitaliste, car c'est la colonne vertébrale de l'impérialisme étendu à travers le monde ! Si on le détruit chez nous, on le détruira partout, en Amérique latine, en Afrique et en Asie ! »

Les mêmes mots, maintenant, à Oakland et à Alger. Ce discours, ils l'ont écrit ensemble, au téléphone. Pendant des mois, ils ont jonglé avec leurs plannings pour trouver un créneau commun. Et voilà : 13 heures ici, 21 heures là-bas, et notre cause résonne d'un continent à l'autre. C'est d'autant plus fort que Huey, le grand absent, suit tout ça à la télé. Rien que d'y penser, j'en ai les larmes aux yeux.

Eh ben, ça y est, je chiale. Car le Front uni s'est terminé hier, que je suis rentrée à Philly et que j'ai le cafard. Toute cette énergie, ce brouhaha, ça me manque. Les discours de Bobby, de Fred et surtout de Geronimo. Le chef de Los Angeles, super baraqué. J'ai parlé avec tout le monde, je me suis fait plein de potes, j'ai même rencontré Angela Davis – trop cool ! – et maintenant que c'est fini, je me sens vide. Les autres m'ont consolée, ils m'ont dit que les médias parleraient du Front tout l'été… Mais la nuit dernière, Armstrong a marché sur la Lune et depuis, il y en a que pour lui.

— T'imagines ? dit Stan. C'est fou !

— Mm.

— C'est tout ce que ça te fait ? On est allés sur la Lune, putain !

Et allez, il me gonfle avec ça depuis ce matin. Moi aussi, j'ai halluciné devant la télé, mais l'euphorie passée, je vois pas ce que ça change. Armstrong a beau avoir marché sur la Lune, nous, on monte encore la garde devant le bureau toute la nuit. Bon, je crois qu'au fond de moi je m'interdis d'être émerveillée. Ce serait comme si je trahissais le Parti et jamais je ferais ça. Stan avale une gorgée de café, puis en remet une couche :

— J'aimerais trop revoir les images, quand il a parlé et tout.

— « Un grand pas pour l'humanité »… pour les Blancs, ouais.

— T'es chiante à toujours faire de la politique.

— Tout est politique. Qu'est-ce que tu crois ? C'est surtout un grand pas pour le capitalisme, qui cherche toujours à nous enculer !

— Justement, puisque t'en parles…

— Je t'ai déjà dit « non ».

— Mais pourquoi ? Il paraît que ça vous donne trop de plaisir.

— Alors, va en enculer une autre et éclate-toi avec elle.

— Mais c'est toi que j'aime.

— Eh ben, si tu m'aimes, tu respectes mon choix.

Stan ajoute rien, l'air déçu. Je suis dure avec lui, mais il m'emmerde à toujours insister. Déjà que je le suce… alors que lui, il veut pas me lécher, il dit que j'en ai pas besoin pour jouir. Les mecs, ils assurent en marxisme, mais en plaisir, ils sont nuls.

— Charlene…

— Quoi encore ?

— Tu m'aimes ?

— Mais oui. Je suis crevée, c'est tout… et j'ai un peu le blues, aussi.

— Pareil.

On échange un regard, puis on s'embrasse. Nos lèvres, nos langues, nos salives se mélangent et ça fait du bien. Vivement Woodstock. Roy était pas chaud pour qu'on y aille, jusqu'à ce qu'il apprenne que Jimi était programmé, en plus de Sly. J'ai trop hâte. En attendant, je me fais chier. J'allume une clope et balaie du regard la rue déserte. Trois heures du mat' et Philly pionce, comme les autres, à l'étage. Ils ont de la chance. Je tire sur ma clope, puis lui demande :

— T'y crois, toi, à la révolution ?

— Évidemment. C'est quoi, cette question ?

— Ça fait deux ans que je suis au Parti et… j'ai l'impression qu'on tourne en rond.

— Avec tout ce qu'on fait ?

— Chaque fois qu'on progresse, il y a toujours un truc pour nous freiner. Huey est encore en taule et Bobby risque d'y aller.

— Tu sais ce que Carlson a dit : « On peut mettre un révolutionnaire en prison…

— … mais pas la révolution », ouais, mais j'ai peur qu'on échoue.

— Oh, toi, ça va vraiment pas. T'as besoin d'un p'tit remontant !

Il fouille la poche de son jean, sort un petit sachet. Je le regarde répandre la poudre dans sa main.

— Qu'est-ce que tu fous avec ça ?

— C'est juste pour me booster quand je suis à plat.

— Tu déconnes ! Range ça. Si on nous voit, on va se faire…

Il m'écoute plus, trop occupé à sniffer. Il renifle, tripote ses narines, secoue la tête comme un cheval.

Ça y est, il est ailleurs, je le vois à son air allumé. Ça me fait peur, mais ça m'intrigue aussi. Stan me tend sa paume, blanchie de tentation.

— Non, je veux pas. C'est de la merde, ce truc.

— T'as déjà essayé ?

— Non, mais…

— Alors comment tu peux savoir si c'est de la merde ? Tu vas voir, c'est trop bon.

— Tu parles… et je suis sûre que ça arrache le nez.

— Tu risques rien. C'est de la bonne, elle vient du Viêtnam. Allez !

De la came, j'en ai vu beaucoup pendant le Front. On m'en a proposé plein de fois, mais j'ai dit que ça m'intéressait pas. Jusqu'à maintenant. Alors je sniffe. Décollage immédiat : adieu, Philly, salut, l'Afrique. Ma mère, mon père, Eldridge me baise contre le mur, comme ça, comme un homme, comme c'est bon, putain, ça continue de monter et je me retrouve en apesanteur – *« Ground Control to Major Tooom ! »* La Lune, en dessous. Un petit pas pour l'homme et un coup de pied au cul d'Armstrong, que j'envoie sur orbite. Il disparaît dans les étoiles, Malcolm, Tod, Bunchy et mon frère, contre lequel je me blottis :

— Terry… tu m'as manqué… tellement.

— Je suis là. Et je suis fier de toi, de tout ce que tu fais.

— Mais j'ai peur… j'ai peur d'y croire et qu'on réussisse pas.

Il me sourit, me prend par la main et on danse autour du soleil. Révolution.

45

9 AOÛT 1969

NEIL

La corde se tend, et tchac ! La note s'échappe de l'autoradio, réinventant le blues au son de *Who do You Love*. Diddley peut être fier, Quicksilver lui rend un bel hommage. Ça sent la vie, le soleil, la côte Ouest, et c'est bon. Le solo flirte avec l'aube, quand Al claque sa portière. Retour au réel. Mon équipier se dirige vers le Little Hollywood pour nous acheter deux cafés, de quoi bien commencer notre service.

J'espère que ça me réveillera ; un mois que je comate. Insomnies. C'est à cause de lui. Ce tueur de couples qui a écrit au *Vallejo Times*, au *Chronicle* et à l'*Examiner*. Trois lettres, signées d'un logo en forme de cible, accompagnées chacune d'un cryptogramme. Aux infos, ils ont dit que c'était indéchiffrable, même pour les meilleurs experts, jusqu'à ce qu'un couple de profs réussisse à le décoder.

J'aime tuer des gens parce que c'est tellement plus amusant que de chasser dans la forêt parce que l'homme est l'animal le plus dangereux de tous tuer quelque chose est ce que j'ai vécu de plus excitant c'est encore meilleur que de se faire une fille le meilleur c'est que quand je mourrai je renaîtrai au paradis et tous ceux que j'ai tués deviendront mes esclaves je ne vous donnerai pas mon nom parce que vous essaierez de me ralentir ou de m'empêcher de collecter des esclaves pour ma vie après la mort.

Message glaçant, publié ce matin par le *Herald* et le *Chronicle*. Comme cet autre courrier envoyé au siège de l'*Examiner*, signé « Zodiac ». Rien que d'y penser, j'en ai la chair de poule. Heureusement, la musique m'apaise et enchaîne avec *When You Love*, avant de sac-c-c-c-cader. Altitude. C'est pénible, mais je surplombe la ville et ça, ça n'a pas de prix. Al réapparaît, s'installe au volant et me tend un gobelet.

— Tiens ! Et voilà ta monnaie !

— Garde-la.

J'avale une gorgée. Le café me brûle la langue, sans parvenir à me réveiller. Al change de fréquence et sourit, car il a tout ce qui lui faut : un café, les infos et le soleil levant. Il redémarre et on roule sur Hillgrove, attendant l'appel du central. Le premier de la journée, celui qui en donnera le ton… chiant, comme d'habitude. En général, la journée commence par une star à la recherche de son chihuahua ou par une femme de ménage ayant débusqué des paparazzis dans le jardin. Les « fichus paps », *dixit* Al.

Je regarde défiler les buissons, les lupins en fleur. Festival de jaune et de fuchsia, que le jour sublime en bubble-gums psychés. Cette vision me renvoie à Brian Jones, à son autopsie, à ce mélange d'alcool et d'amphètes, à mes collègues qui accusent Jagger.

D'après eux, il l'aurait tué par jalousie. C'est vrai que, depuis le début, ces deux-là se disputaient le rôle de leader. Eh bien, maintenant, on sait qui c'est. Je pense à Jones, à sa nature excessive, et me dis qu'il est enfin serein, là-haut, auprès de notre Seigneur. Ça me console, quand l'autoradio me ramène au réel :

« ... son contrat n'ayant pas été renouvelé, Angela Davis n'enseignera plus à l'université. À présent, retour sur l'affaire Gary Hinman assassiné chez lui, le 31 juillet. Les autorités ont annoncé l'arrestation d'un individu aux abords d'Atascadero, au volant du véhicule de la victime. Ce suspect, dont le nom n'a pas été communiqué, est un Blanc âgé de vingt et un ans. Éléments pour le moins troublants, la police explorant depuis le début la piste du BPP. »

La voix continue, insistant sur Hinman, l'appart ravagé, le mur éclaboussé, l'inscription « porc politique » en lettres de sang et l'empreinte de panthère. Black Panthers. Encore eux. Toujours eux. Toute cette violence. Je ne reconnais plus mon Amérique. Al, blasé :

— Il paraît que Hinman dealait avec Leary. En tout cas, c'est ce qui se dit.

— Il se dit beaucoup de choses.

— Et si c'était Zodiac ?

— Ici, c'est pas son terrain de chasse.

— Si ça se trouve, il a changé de zone et…

La radio l'interrompt. Al coupe les infos, laisse le central nous parler d'une femme de ménage, d'une villa et la suite saccade, encore. À une seconde près, on n'avait pas l'adresse. Pour une fois, on a de la chance, ça nous évite de perdre une demi-heure à chercher la propriété. Je décroche le micro – « Bien reçu ! » – et Al lorgne sa montre.

— Déjà ? Fichus paps ! Ils commencent de bonne heure, aujourd'hui.

— Plains-toi… grâce à eux, on a du boulot.

— Et de bons pourboires !

Ça, c'est vrai. L'autre jour, sur Rexford, on a viré un photographe d'une villa, avant de découvrir que c'était celle de Kirk Douglas. Super sympa. Il nous a filé deux cents dollars chacun, puis nous a offert une bière. On n'était pas censés accepter, mais on n'a pas tous les jours l'occasion de trinquer avec Spartacus.

Al manœuvre le volant. On passe de Hillgrove aux hauteurs de Shadybrook, tout aussi désert. D'ici peu, on croisera les premières Porsche, de retour d'une nuit arrosée. Les pavillons se succèdent avec les mêmes palmiers, les mêmes piscines, avant de se raréfier. Al ralentit et on cherche le n° 10050. Là, non, ici, non plus, ah ! C'est cette grille, ouverte. Fichus paps. On passe, s'engage sur un chemin bordé d'arbres verdoyants. Le panorama se dévoile avec une Rambler, un garage, une vaste villa. Cottage et murs couleur tomate – le proprio est anglais ou français. Al dépasse la voiture, s'arrête devant le garage.

— On n'est pas près d'avoir une baraque comme ça !

— C'est clair.

On sort, les portières claquent. Albert, les pouces coincés dans sa ceinture.

— Ohé ! Il y a quelqu'un ?

J'entrevois une piscine et un pavillon. Au loin, un aigle fend le ciel bleu éden. Je le suis du regard, épousant sa trajectoire jusqu'aux lignes téléphoniques de la villa… qui traînent au sol. Coupées. Je me tourne vers Al, figé, le front plissé.

— Al ? Qu'est-ce qu'il y a ?

Il se dirige vers la Rambler, dont je découvre la portière entrouverte. Je le vois s'approcher, sursauter. J'accours et sursaute à mon tour, face à un cadavre. Un jeune, sur le siège conducteur, le torse en sang. Je recule, bute contre Al. Un regard, et on sort nos revolvers. Avaler ma salive. Contourner la voiture. Avaler ma salive. Mémoriser la plaque. Avaler ma salive et alerter le central. Je m'y colle, laissant Al traverser le jardin. Je décroche le micro – « NEIL ! » – et me retourne. Al me désigne une silhouette, au milieu de la pelouse. Je m'élance, découvrant une vieille, agenouillée. Elle porte un tablier, c'est la femme de ménage. Ses spasmes, je ne vois que ça. Je rejoins Al et, comme lui, m'accroupis auprès d'elle.

— Madame ! Qu'est-ce qui s'est passé ?

Elle ne répond pas, prostrée. Je lui relève la tête, la force à me regarder. Elle panique, s'enfuit en rampant. Un animal terrorisé. Je la rattrape et la ceinture, elle se débat et me griffe. Ses cris sont couverts par ceux de mon équipier, aux yeux exorbités. Il m'indique un deuxième corps, puis un troisième, plus loin. Un homme et une femme. Al se précipite vers le premier, me dit d'aller examiner l'autre. Je libère la femme de ménage, qui reste sur place. Tétanisée, elle n'a pas la force de s'enfuir.

Je veux me casser/je ne peux pas/je retiens ma respiration et m'approche du cadavre. Visage cabossé. Joue fendue jusqu'aux lèvres. Robe gorgée de sang, tout ce sang sur la pelouse. Des braises, qui me crament jusqu'au cerveau, et je recule. Al se met à crier – il m'ordonne de revenir ou d'appeler le central, je ne sais pas – mais c'est vers la villa que je me tourne. Elle m'aspire et je suis incapable de résister. Je suis les traces de sang, en direction de la porte grande ouverte. Je serre mon arme à deux mains, j'ai peur. Évidemment. Mais je ne suis pas seul. Il est là, avec moi.

« Seigneur, dans le silence de ce jour naissant, je Te demande la paix, la sagesse et la force. Je veux regarder aujourd'hui le monde avec des yeux remplis d'amour. »

J'entends Al m'engueuler, courir vers notre véhicule pour alerter les secours. Je continue d'avancer. L'herbe craque sous mes pas, cristallisée d'hémoglobine. La femme de ménage, livide, me regarde passer. De la tête, elle me défend d'entrer. Encore un pas, et je me retrouve dans un couloir blanc…

« Être patient, compréhensif, doux et sage, voir au-delà des apparences Tes enfants comme Tu les vois toi-même, et ainsi ne voir que le bien en chacun. »

… où se répondent deux portes, entrouvertes. Au sol, une traînée écarlate en provenance du salon. J'ai envie de crier « Police ! », mais j'en suis incapable, la gorge cimentée par l'angoisse. Je serre mon arme. Chair et acier ; on ne fait plus qu'un. J'avance lentement et dépasse les portes…

« Ferme mes oreilles à toute calomnie, garde ma langue de toute malveillance, que seules les pensées qui bénissent demeurent en mon esprit. »

… donnant sur des chambres. Personne à droite, ni à gauche. Mon cœur mitraille et je m'épuise un peu plus à chaque pas, avant de m'arrêter. Là, à l'entrée du salon. Je lâche mon revolver. Il claque à mes pieds et mon champ de vision se divise, scindé par cette corde pendue à la poutre. Et je vois cet homme…

« Que je sois si bienveillant et si joyeux que tous ceux qui m'approchent sentent Ta présence. Revêts-moi de Ta beauté, Seigneur, et qu'au long de ce jour, je Te révèle. »

… couché sur le flanc, près d'une couverture. Zébrée, comme son pantalon taché de sang. Son visage est masqué. Tee-shirt ou taie d'oreiller. Et cette corde à son cou, reliée à celui d'une femme, en top et bikini. Enceinte. Son ventre est énorme, elle est au terme de sa grossesse. Était.

« Amen. »

L'horreur absolue. Vertige. Hurler. Impossible. Plus de voix, plus rien, rien que moi dans cette boucherie. Ces corps, ce ventre lacéré, ce drapeau sur le canapé – l'étendard de mon pays. Mise en scène atroce, plus abominable à chaque seconde.

Je vacille et m'appuie contre une chaise, à ma gauche. Une chaise à bascule, alors je bascule et m'écroule, heurtant un meuble. Des photos se renversent, les cadres volent en éclats. Parmi les bris de verre, j'aperçois le cliché d'un jeune couple. Visages radieux, familiers, célèbres, et je reconnais Polanski. Le réalisateur, le mari de la plus belle femme du monde : Sharon Tate… là, à deux mètres.

Je me recroqueville devant tant de barbarie, imaginant ce fœtus. Moi, dans ce ventre, où le liquide s'anime. Il me caresse, nappe ma peau de sa chaleur, avant de s'agiter. Des vagues, accompagnées de bruits sourds. Ça vient de l'extérieur. Les sons s'intensifient et – crac ! – je suis ébloui. Les yeux plissés, j'entrevois un laser, un sceptre étincelant, la lame d'un couteau. Elle disparaît et réapparaît à plusieurs reprises, hachant la lumière en flashs. Le liquide se brouille et se teinte de rouge, comme le sol, que j'entrevois par les trous. Rouge sang – ces lettres, sur la porte d'entrée : « PORC ».

Moi, le porc.

Le sale porc, tandis que Doug convulse aux pieds de Zodiac, devant moi. Mon équipier agonise, comme les frères Kennedy, réunis au pied du podium, où deux Panthers ricanent, le poing levé. Je me redresse.

— Neil ?

Mon équipier, dans le couloir.

— Neil !

Il approche, il fait le même trajet que moi.

— T'es où ?

Dans quelques secondes, ce sera son tour. 5… 4… 3… 2… 1… Son hurlement ébranle la villa. Un fracas, derrière moi. Il s'est écroulé, lui aussi. Il vomit, tousse à s'en décoller la plèvre.

« PORC » ; le sang m'appelle. Les bras ballants, je marche en direction de la sortie. Lentement. Je traverse le salon et sors, humant l'air de ce jour nouveau. Au loin, le soleil se lève sur Los Angeles. Ma ville, gangrenée par la haine. « PORC » ; le crime est revendiqué par les assassins.

Les monstres.

Les nègres.

Sales nègres.

46

15 août 1969

TYRONE

Fini 1969.

Fini les Sixties.

Cette tuerie à Beverly Hills a achevé la décennie. C'était écrit. Depuis JFK, le pays est parti en couille. Tous ces morts, ces Viets, et maintenant Tate. L'actrice, la femme du réal de *Rosemary's Baby*. Il paraît qu'il est traumatisé, qu'il s'est fait interner. Tu m'étonnes. Rosemary… le prénom de cette femme, tuée le lendemain avec son mec, dans le même coin. C'est sûrement le même tueur, vu que « Mort aux porcs » était peint en lettres de sang sur le mur. Un monstre, celui qu'a fait ça. Il a même gravé « Guerre » sur le bide du mec. Rien que d'y penser, j'ai la gerbe.

À la section, il y en a qu'ont trouvé ça cool. Les nouveaux. Depuis un mois, on recrute que des ex-taulards condamnés pour meurtres. Des ordures, pires que moi. « On a besoin de monde », c'est ce que Fred m'a dit. Avant, il aurait jamais enrôlé ces salauds. Mais avant, Stills était pas en taule. Les Feds avaient pas réussi à le coincer avec l'affaire des 8, alors ils lui ont collé celle de New Haven. Accusé d'avoir tué Rockley, avec d'autres. Et maintenant, le Parti est privé de ses deux fondateurs.

« Freedom ! »

Dès qu'il a appris la nouvelle, Bruber a appelé tous les chefs. « Calmez les troupes » ; ordre du siège. D'autant que Geronimo est dans la merde, lui aussi. Inculpé pour la mort de Hinman, le prof trucidé à Los Angeles. Aux infos, ils ont dit que c'était une histoire de came, que Gero faisait du business avec lui et que ça s'était mal passé. Ils avaient pourtant arrêté un Blanc, c'est bizarre.

Bref, Fred et l'équipe sont partis quelques jours. En ce moment, ils sont à Harlem avec d'autres sections, au Harlem Festival. Quelques jours de pause, avant de revenir en force. Fred a insisté pour que je vienne avec eux et j'ai refusé. BB King, Stevie… il y a une sacrée affiche, mais j'avais pas la tête à ça. S'ils étaient allés à l'autre festival, je dis pas, vu qu'il y a Jimi, Sly et Richie Havens. Lui, à l'heure qu'il est, il doit être en train d'ouvrir le show. Richie avec sa barbe, son tabouret et sa guitare sèche.

« Freedom !!! »

Je l'imagine face à ces milliers de jeunes, Noirs et Blancs. Noir, mon rasoir. Blanche, la mousse. Lentement, je l'applique sur mes joues. Dans le miroir, l'autre me juge en silence. « Enculé », « Traître », et j'en passe. Te fatigue pas, mec, je sais ce que je suis. Mais il continue, me promet une mort à la Rockley avec torture et tout. Je me démonte pas et le défie du regard, appuyant la lame contre ma joue. Raser ces poils qui me narguent. Soigner mon bouc à la Glazer. Penser à lui, à Norton et à Stills dans leurs taules…

« FREEDOM !!! »

… et à Jim Savage, buté par les Slaves. Putains de gangs. C'est eux, les vrais ennemis du BPP. FBI. SDS. PLP. AIM. RAM. FLN. Trop de groupes, trop de monde dans ma tête, je deviens fou, je vais crever et quelqu'un prendra la suite. *« Who's next ? »* – c'est comme ça depuis toujours. Geronimo a remplacé Bunchy, Mick Taylor a remplacé Brian Jones, alors un autre aura aucun mal à tapiner à ma place.

Ouais, je vais bientôt crever. Car il y a pas que des Panthers au festival, il y a aussi des chefs de gangs, comme Ford. Lui et Fred, ensemble à Harlem. Et ça, c'est pas bon pour moi. Clark me l'a répété dimanche dernier…

— *T'as merdé, Tyrone.*

— *J'ai tout essayé. J'ai insisté sur les lettres, j'ai même failli en crever !*

— *Arrête, tu vas me faire pleurer. Alors t'es sûr ? L'alliance va se faire ?*

— *Ouais. Dans le ghetto, tout le monde veut la paix. Ils sont obligés de s'unir.*

— *C'est prévu pour quand ?*

— *Pas tout de suite. L'alliance, c'est un gros truc, il y a beaucoup d'enjeux et de fric à la clef. Ça se fera quand Fred sera nommé porte-parole du Parti.*

— *Il va être promu ?*

— Au siège, ils l'adorent. Il est efficace et surtout, il a pas de casier.

— Bonne pub pour le BPP. Ça vous arrive d'être seuls ?

— Chez lui, mais ça devient rare, il préfère y amener Debbie. Pourquoi ?

— Tiens. La prochaine fois que vous serez seuls, tu mettras ça dans son verre.

— C'est quoi ? Du... du poison ?

— Non, mais ça le fera dormir profondément. Après, ce sera à nous de jouer.

— Non... je peux pas... je devais juste infiltrer, pas...

— Tu veux retourner en taule ? Tu veux que tes frères à Cook County sachent que t'es un mouchard ? Alors, prends ça et garde-le au frais, en attendant le grand soir.

… et j'observe ce flacon, au bord du lavabo. Ce petit flacon sans étiquette, avec ce comprimé bleu. On dirait un bonbon, genre SweeTarts. Six jours qu'il est là. Le top du somnifère, d'après Clark. S'il m'en a filé qu'un, c'est pour pas que je me suicide à la Marilyn.

J'ai pas besoin de ça. Pour en finir, je pourrais m'ouvrir les veines, maintenant, avec le rasoir. Mais l'autre, il dit que c'est pas le moment, alors il applique la lame sur sa joue. Appuyer fort, sentir la peau se creuser, se déchirer. J'ai mal, mais pas assez, alors j'insiste. J'en ai besoin, car j'arrête pas de penser à Fred. Sa maturité, sa culture, son intelligence. Lui qui voit en moi un grand frère, ce qu'il est devenu pour moi.

47

21 septembre 1969

CHARLENE

Et sniffff ! Retour à CokeLand ! Monter plus haut, plus vite, plus fou chaque fois. Ça monte, ça descend, ça tourne, et tout s'inverse : Blancs/Noirs, riches/pauvres. Révolution, ici jusqu'à Alger, avec Eldridge et notre section internationale.

Funky trip 1.

Révolution à Woodstock avec Jimi, Sly, les Who. Sacré concert, interrompu par Hoffman. Il cause politique, alors Townshend lui pète sa guitare sur la gueule et ça reprend, pendant que l'autre est évacué. Moi ? Moi, je traverse la stratosphère.

Funky trip 2.

Révolution avec les Beatles et *Helter Skelter*, écrit au sang par Zodiac qui plante ses nouvelles victimes. Tchac ! Six coups pour le mec. Tchac ! Dix pour la fille, comme Tate => enquête => perquisition => gourou => Manson, et je m'écroule.

Bad trip.

Je transpire/brûle/fonds dans la réserve, incapable de me relever. J'essaie de stabiliser mon regard. Vite, un truc, n'importe quoi. Là, les bouteilles de lait. Je me concentre, mais ça bouge trop. Et ça parle à travers les murs ; l'équipe en train de préparer les p'tits déj'. Et les gamins dehors, leur impatience me monte au cerveau. La porte s'ouvre, je reconnais Stan. Il s'accroupit et me caresse les cheveux :

— Ça va ? T'as fait un malaise ?

— C'est… c'est rien.

Ses yeux changent, passant de l'inquiétude à la suspicion. Il passe un doigt sous mes narines, récoltant un peu de came.

— T'as remis ça ? Si Roy l'apprend, il te vire !

— C'est toi qui me fais la morale ?

— Sauf que là, t'en prends tous les jours.

— J'en ai besoin… je tiens plus.

Je me relève, mais perds l'équilibre. Stan me rétablit. Je le repousse, l'envoyant contre une armoire. Il s'écroule, des boîtes de conserve se renversent et rebondissent sur ma tête. Roy surgit :

— Qu'est-ce qui se passe ?

Il regarde Stan, au sol, puis s'adresse à moi :

— C'est quoi le problème ?

Je réponds pas, soutiens son regard. Un mois que je lui fais la gueule, car on est pas allés à Woodstock. Jimi et les autres, c'est Cornelius qui m'a raconté. J'aurais dû y être, mais Roy a préféré nous amener au Harlem Festival. Je le déteste. Tellement. Je le dépasse, en prenant soin de l'ignorer, et sors de la réserve. Mes potes me dévisagent, quand Roy me retient par le bras.

— Je t'ai posé une question.

— Lâche-moi.

Il me ramène vers lui, lorgne mes narines et mes pupilles.

— Charlene, faut qu'on parle.

— Lâche-moi, je t'ai dit !

— Baisse d'un ton !

— Pour qui tu te prends ? T'es pas mon père !

— Mais putain, qu'est-ce qui t'arrive ?

— J'en ai marre ! Deux ans qu'on glande pendant que les porcs nous déciment !

Mes potes échangent des regards, beaucoup pensent comme moi. Mumia s'interpose, Roy continue :

— Charlene…

— Tu m'as menti pour la révolution ! Pour Woodstock ! Tu m'avais dit qu'on irait !

— Avec tous ces Blancs ? Et tu me parles de révolution ?

— Me lance pas sur le sujet !

— Quoi ? Qu'est-ce qu'il y a, encore ?

— T'ES MOU, VOILÀ CE QU'IL Y A ! FRED ET GERONIMO, ILS PASSENT À L'ACTION, EUX ! ILS ONT DES COUILLES ET…

Sa gifle m'envoie au sol. Sonnée, je me découvre aux pieds des autres. Écarquillés, leurs yeux passent de moi à Roy, haletant. Alicia le fusille du regard mais c'est son mec, alors elle dit rien et m'aide à me relever. Ses mains – une fausse tendresse destinée à m'amadouer. Je me relève et masse ma joue, défiant Roy :

— Dommage que tu sois pas aussi ferme avec les porcs.

— Tire-toi. Je veux plus te voir ici.

— Chéri… intervient Alicia, attends… Charlene, viens, on va parler !

— Non. Et c'est pas lui qui me vire, c'est moi qui me casse.

De la tête, j'invite Stan à me suivre. Il baisse les yeux. Lui non plus, il a pas de couilles. Qu'il aille se faire foutre. De toute façon, entre nous, c'est plus comme avant. Je me tourne vers Barry, Tina, Melvin…

Ils pensent à me rejoindre, mais leur dévotion envers Roy reprend le dessus.

— C'est ça ! Restez avec votre gourou !

— Charlene…

— Lâche-moi, toi aussi ! T'es pas ma mère ! Allez tous vous faire foutre ! Je me casse de cette section de merde, de cette ville de merde !

— ET TU VAS FAIRE QUOI ? explose Roy. T'ES RIEN SANS NOUS ! RIEN !

Je bouscule l'équipe en direction de la sortie. Poings serrés, cœur survolté, regard fixe. J'ouvre la porte et me retrouve face aux gamins – « Salut, Charlene !!! » – venus par centaines. Avancer. Traverser leurs sourires insupportables. Entendre Stan et les autres m'appeler, mais continuer de marcher, sans me retourner. Pour pas qu'ils voient comme j'ai mal.

Mal, je l'ai été encore plus, quand j'ai revu mon père sur le chantier. J'ai failli aller lui parler, puis je me suis dit que c'était trop tard. Alors j'ai pris le bus, direction Fred et la section de Chicago. J'ai retenu mes larmes mais, dès qu'on est sortis de Philly, j'ai craqué. Plus on roulait, plus c'était dur. Comme si on m'arrachait les tripes et qu'elles s'étiraient loin derrière avec mon frère, mes parents, ma première clope, ma première baise, les disques de Cornelius, les délires de Papi Mytho… dix-huit ans de vie.

J'ai chialé jusqu'à Lancaster. Là, j'ai mangé un burger et un routier s'est arrêté, Walt. Un vieux Noir. Il allait livrer du bois à Cincinnati. On a roulé sept heures, sans qu'il cherche à me violer. Pas comme ce Chicano, sur le parking. Heureusement, il y a eu les hippies, leur van a débarqué juste à temps. Ils étaient cool, ils m'ont initiée à la marijuana et j'ai plané jusqu'à Chicago. La redescente a été brutale, on est arrivés en pleine émeute. Partout, des gens avec des casques et des barres de fer. Les « Jours de Rage », la révolution selon le Weatherman. C'était chaud, alors je suis repartie.

J'ai fait du stop jusqu'à Wichita, où j'ai rencontré Kurt. Un Blanc, super cool et trop beau avec sa Harley. Il m'a fait découvrir le Kansas, Kerouac, le plaisir. Je me suis totalement donnée à lui. Un matin, je me suis réveillée seule, avec cent dollars. Un cadeau de Kurt, qui m'aura offert tellement plus.

De marche en bagnoles, de routiers en pervers, de faim en vols, je suis arrivée à Los Angeles le 12 octobre. La ville où Angela milite, où Huey s'est fait coffrer, où Bunchy et Jim ont été sacrifiés : une ville pour moi. Ça m'aura pris vingt-deux jours, entre bons moments et mauvais souvenirs. En descendant du car, je puais la sueur et la clope. « L'odeur de la liberté ! » a dit Geronimo avant de me présenter son équipe. Ici, en Californie. Là où tout a commencé, où tout continue.

48

22 octobre 1969

NEIL

Sales nègres. Partout. Le jour, la nuit. Longtemps, je leur ai trouvé des excuses, j'ai nié la réalité. Des années qu'on me le disait, mes collègues, le mec du FBI, tout le monde. Mais j'étais aveuglé, je refusais d'y croire, même quand ils ont tué Doug. Puis, j'ai vu. Ce matin-là, chez Polanski, j'ai compris. Ils ont dit sur CBS que les tueurs étaient des Blancs, mais c'est faux. On m'a manipulé pendant des années, alors maintenant, c'est fini. Et depuis, j'ai brûlé ma bible. Trop de mensonges.

Je le sais, moi. Je sais que c'est des nègres. Il n'y a qu'eux pour faire ça. Le crime, ils l'ont dans la peau. C'est pour ça qu'ils puent. Haineux, jaloux, fainéants, ils s'en sont pris à ce que notre race avait de plus flamboyant. Eux qui m'insultent, braquent mes commerces, violent mes femmes et crachent sur mon drapeau.

Je l'ai dit au chef, mais il ne m'a pas cru. Alors j'ai démissionné. Il n'a pas essayé de me retenir, il a dit qu'il comprenait après Tate. Non, il ne comprend pas. Personne. Ils me croient tous traumatisé, alors que je me sens bien. Pour la première fois de ma vie, je suis moi. Libre, affranchi de leur dieu et de leur loi. Libre, comme lui…

C'est Zodiac qui parle.

Je suis l'assassin du chauffeur de taxi sur Washington St + Maple St la nuit dernière, pour le prouver voilà un morceau de la chemise tachée de sang. Je suis le même homme qui s'est fait les gens dans le nord de la baie. Les flics de San Francisco auraient pu m'attraper la nuit dernière s'ils avaient cherché correctement dans le parc au lieu de faire des courses avec leur moto pour voir qui faisait le plus de bruit. Les conducteurs auraient pu simplement garer leurs voitures et rester assis tranquillement à attendre que je sorte de ma cachette. Les écoliers font de belles cibles, je pense que je vais cibler un bus d'écoliers un de ces quatre matins. Tirer dans un pneu avant + choisir les gamins qui sortiraient.

… dont les mots tournent en boucle, dans ma tête. Nu, assis devant ma télé. J'entends des pubs mais, à l'écran, je ne vois que lui. Mon père. Il avait raison. Comme le Klan. J'aurais pu le rallier, mais ces cagoules, ces croix de feu, tout ça n'est que de l'image. De l'artifice. Du passé. Et moi, je suis l'avenir.

6 h 59

Enfin le générique. Huit heures que j'attendais ça. *AM San Francisco*, l'émission de Jim Dunbar, « l'ami du breakfast ». Le show devant lequel l'Amérique croit se réveiller chaque matin, alors qu'elle dort depuis des siècles. Black Power, Black Panthers… Peut-être n'a-t-elle pas eu assez peur, mais aujourd'hui, ça va changer. Café à droite, téléphone à gauche, je suis prêt. Prêt à bousculer ma patrie.

Dunbar apparaît, les mains croisées sur son bureau. Nerveux, derrière ses lunettes. À côté de lui, se tient le célèbre avocat Melvin Belli, conformément à mes exigences. Les cheveux gominés, la soixantaine grasse et friquée. Un salaud, si narcissique qu'il est allé jusqu'à parader dans *Star Trek*. Dunbar, l'air grave :

— *Bonjour, mesdames et messieurs. Pour cette édition spéciale, nous recevons Melvin Belli à la demande du tueur Zodiac. Bonjour, Melvin.*

— *Bonjour, Jim.*

— *Le standard est ouvert, nous demandons au public de ne pas appeler afin de libérer la ligne. Zodiac, vous pouvez y aller, M. Belli est avec nous.*

— *Pour aider, Jim.*

Dix secondes d'antenne et Belli a déjà menti. Rien de surprenant de la part de celui qui défend Ali. Des merdes comme Belli, il y en a des millions dans le pays. De faux Américains, prêts à vendre père et mère pour un paquet de fric. L'émission fait place à une pub vantant le jouet Slinky. Son ressort descend un escalier – *« It's Slinky ! It's Slinky ! For fun, it's a wonderful toy ! »* – et ça amuse les gamins. Moi aussi, j'ai envie de jouer, alors je décroche le combiné. Compose le numéro. Attends trois secondes. Entends une femme :

— *KGO-TV, standard, j'écoute !*

J'avale une gorgée de café, réponds froidement :

— C'est Zodiac.

— *Euh... ne quittez pas.*

Sa peur, je la hume avec délice. Un avant-goût de la suite. Ce sera facile, les médias m'ont bien préparé le terrain. Grâce à eux, je sais tout sur lui, de sa première lettre à sa dernière victime. Je patiente, concentré sur cette pub débile, quand Belli réapparaît.

— *Allô ?*

Ma réponse est ma respiration, lente et lourde.

— *Allô ? Ici, Melvin Belli. Qui est à l'appareil ?*

— Zodiac.

Un mot, et j'ai toute son attention, toute la nation à mes pieds. Silence sur le plateau et, je le sais, dans des millions de foyers. J'imagine tous ces gens, tétanisés, le mug en suspens et du cookie plein la bouche. Puis les flics, en régie. J'ai quinze minutes avant d'être localisé, ce qui n'arrivera pas. Belli fronce les sourcils :

— *Vous... vous n'avez pas un autre nom, moins sinistre ?*

— « Sam ».

— *Sam, pourrait-on se rencontrer pour parler de tout ça ?*

— Rendez-vous sur le toit du *Fairmont Hotel*. Venez seul ou je saute.

Là, je sais que ça s'agite, hors champ. On téléphone, on envoie une équipe sur place. *Fairmont* ; c'est venu tout seul. *Fairmont*, bâti en hommage au sénateur Fair. Un Irlandais, comme moi. J'avale une autre gorgée et Belli enchaîne :

— *Sam ? Comment vous sentez-vous, en ce moment ?*

— J'ai des migraines.

— *Cela fait longtemps que vous en avez ?*

— Depuis que j'ai tué un gamin.

Malaise général. Je pense à ces innombrables parents, terrorisés dans leurs salons, et mon sexe durcit. J'espère que Gail suit l'émission. Que la connasse de psy la regarde, elle aussi. Comme Reddin et mes anciens collègues, pétrifiés. Belli me relance.

— *Hum... Avant décembre, aviez-vous déjà ces migraines ?*

— Oui.

— *Est-ce dû à un accident, une chute ? Si c'est le cas, êtes-vous resté inconscient ?*

— Je ne sais pas.

— *Vous ne vous souvenez pas... L'aspirine, ça vous fait du bien ?*

— Non.

— *Ça ne vous apaise pas ?*

— Non.

Dunbar sent son émission lui échapper, alors il réagit :

— *Avez-vous appelé il y a trois semaines, quand le procureur Bailey était avec nous ?*

— Oui.

— *Pourquoi vouloir parler à...*

— *Sam*, l'interrompt Belli, *pourquoi vouliez-vous parler avec moi ou M. Bailey ? Pensez-vous que nous sommes sensibles à la souffrance des autres ? Que nous pouvons vous aider ? Que si nous promettons quelque chose, nous tiendrons parole ?*

Je raccroche. Ça, c'est pour son ego. À l'écran, Dunbar prétend qu'ils n'essaient pas de me repérer. Je les laisse mijoter et finis mon café, tranquillement, en imaginant les téléspectateurs suspendus à mes lèvres. Et parmi eux, des millions de nègres. Sales nègres. Les insulter, en direct. Vomir tout le dégoût qu'ils m'inspirent. Non, la chaîne me censurerait aussitôt. Chaque chose en son temps et là, c'est le temps de la peur. Je compose de nouveau le numéro de la chaîne. Attente. Standard. Belli :

— *Sam, nous ne faisons pas de repérage. Vous avez ma parole.*

— OK.

— *Pourquoi vouliez-vous me parler ?*

— Je ne veux pas souffrir. Je ne veux pas de la chambre à gaz.

— *Vous ne serez pas maltraité. De plus, je ne pense pas que la peine capitale serait requise contre vous. Nous devrions consulter le procureur Bailey. Voulez-vous que je le fasse, Sam ? Voulez-vous que je lui en parle ?*

Il me rend fou. Trop de mots, trop de voix dans ma tête, trop de nègres, nègres, nègres, nègres, nègres, nègres – « AAAAAAH ! » – et ils sursautent de terreur. Moi aussi. Je ne comprends pas ce qu'il s'est passé, j'ai perdu le contrôle. Inspirer, expirer, et ça va déjà mieux. Dunbar, livide :

— *Sam… c'était quoi ?*

— Je n'ai rien dit.

Ils échangent un regard, après quoi Belli poursuit :

— *Nous avons entendu un cri.*

— C'était mes migraines.

— *On dirait que vous souffrez terriblement.*

— Ma tête me fait mal. Je vais les tuer. Je vais tuer ces gamins.

— *Sam ? Et si on se rencontrait, rien que nous deux ?*

Je raccroche de nouveau et, cette fois, je ne rappelle pas. Enfin, je crois. Difficile de savoir, avec les voix. Quoi qu'il en soit, j'ai réussi. J'ai capté l'attention de tout le pays. D'abord, la peur, et bientôt, la prise de conscience. Sales nègres. J'espère qu'il a regardé l'émission. Qu'il ne m'en veut pas de lui avoir volé la vedette. Car si j'ai fait ça, c'était pour lui. Pour le remercier de m'avoir révélé.

Il est le Z de Zodiac.

Je serai le A de l'Amérique.

49

15 novembre 1969

TYRONE

3 h 17

J'arrête pas d'y penser.

Ce cachet dans ma poche.

La mort de Fred.

Fred la star du BPP, l'altruiste, l'intello, le diplômé, l'orateur, le cool, le dur, l'initiateur de la Rainbow Coalition, un modèle pour des millions de gamins. Il est tout ça à la fois : un être vivant, au sens propre, plus vivant que tous les Panthers du pays. C'est pourquoi il va mourir cette nuit, ici, chez lui.

Il est né à Monroe et crèvera sur Monroe Street. Bizarre, les coïncidences. Si j'étais Muslim, j'y verrai l'influence de Dieu, mais c'est le FBI qui décide. Deux ans, déjà. C'est passé si vite. J'aimerais revenir à ce matin d'août, pour envoyer chier Clark. Meurtri, je me ressers un scotch en attendant Fred. Qu'est-ce qu'il fout ? Peoria, c'est pas si loin. À tous les coups, sa conf' s'est transformée en fête avec Mark et sa section. Je les imagine féliciter « Fred le porte-parole », en passe de s'unir aux Blackstones et de prendre le contrôle de Chicago. D'abord ma ville, puis tout l'Illinois, avant que le Parti s'empare des autres États. Réaction en chaîne, où interfère Nixon sur CBS :

« Certains continuent à s'opposer à la guerre du Viêtnam, sur les campus et ailleurs dans le pays. En aucun cas, je n'en serai affecté. »

— Tyrone ?

Debbie, dans la chambre. Clouée au lit par la grippe.

— Tu peux me faire une tisane, s'il te plaît ?

— OK.

Je quitte le canapé, me rends dans la cuisine. Casserole. Eau. Gaz. Allumette. Deux flingues, sur le frigo et la table. Il faut que je le fasse, trois heures que je diffère ce moment. Mais je suis pas un salaud, juste une merde. Tout ce que j'ai fait jusqu'ici, c'est pour survivre. C'est humain. On a qu'une vie et si je tiens à la mienne, je dois prendre celle de Fred. C'est aussi simple que ça. Simple et injuste.

Les larmes aux yeux, je ferme la porte, prends le Magnum, vide le barillet dans la poubelle, remets le flingue à sa place. Pareil pour l'autre. Je cache les balles sous les épluchures et les papelards, quand l'eau clapote dans la casserole. Mug, tisane, miel, et je regagne le salon. Je dépasse ce con de Nixon, m'arrête devant la chambre. Je frappe et entre, surprenant Debbie en train de retirer son soutif. Je me tourne, gêné.

— Désolé.

— Pas de souci… J'ai trop chaud, la fièvre… Ça y est, j'ai fini.

Je lui refais face, devinant ses seins sous le drap. Trop sexy, cette fille. Fred en est fou, il m'a dit qu'ils allaient faire un gamin. C'est beau, c'est triste. Je lui file le mug.

— J'ai ajouté un peu de miel pour ta gorge.

— Merci, c'est adorable.

— C'est normal, Fred m'a chargé de veiller sur toi.

— J'en peux plus, de l'attendre. Je bois ça et je dors.

— OK. Repose-toi bien.

Je tire la porte vers moi.

— C'est bon… Tu peux laisser entrouvert.

— Tu vas pas réussir à dormir avec le bruit de la télé.

— T'as raison… à demain.

— À demain.

Je referme, monte le son de la télé, décharge le reste de l'arsenal. Les balles s'accumulent dans la poubelle, quand un rire provient du couloir. Fred ? Non, voisins. Leur porte claque, suivi des fusils entre mes mains. Un dernier, et voilà : le seul flingue chargé ici, c'est le mien.

Je retourne vers la télé, remets le volume initial, et me rassieds. Mon corps se relâche, tout en restant crispé. Sensation étrange, que j'ai pas la force d'analyser. Tout ce que je sais, c'est que je commence à être bourré. Ça suffit pas à me détendre, alors je reprends un scotch…

« Parmi les manifestants, des activistes du Weatherman s'en sont pris violemment aux forces de police, comme le mois dernier, à Chicago. »

… et repense aux Jours de Rage. Fred nous avait défendu d'y participer, il disait que c'était dangereux. C'est pour ça que j'y suis allé, j'avais besoin de chaos. J'ai marché jusqu'aux quartiers chics, où ces fous pétaient les vitrines et cognaient les porcs. Des gens hurlaient, se cachaient sous les bagnoles. Le regard fixe, j'ai traversé ce bordel…

« Rappelons que cette organisation extrémiste prétend avoir le soutien des Black Panthers, ce que ces derniers continuent de nier. »

… dans l'espoir de prendre une balle. Je voulais crever, j'en pouvais plus. J'ai été bousculé, je suis tombé, mais c'est tout. Comme si la Faucheuse me voulait pas, que c'était trop tôt. Alors, au bout d'une heure, je suis retourné chez moi et j'ai chialé. Puis, Fred m'a appelé vers minuit, il était inquiet. Lui qui passe aux infos…

« Le Weatherman est opportuniste, ses leaders envoient les jeunes au massacre. Ils sont peut-être sincères, mais ils ont rien dans le crâne. »

… avant de sortir de l'écran, pour se dresser devant moi. Si grand, si imposant avec sa casquette et sa veste en cuir. Il me tape sur l'épaule :

— Salut, mec !

— Fred ?

Je reviens à moi, lorgne ma montre – 3 h 44 – et me relève.

— Je t'ai pas entendu entrer.

Il sourit, moi non, car il est venu avec Mark et trois des siens. C'est pas ce qu'était prévu. Là, ça fait cinq flingues, cinq possibilités d'être démasqué. Mark me salue en me tapant dans le dos. Les siens se présentent, deux mecs et une fille : Ed, Will, Anna. Une ado, pas plus de dix-sept ans. Ils puent la bière, la fête a été arrosée. Fred et les autres s'installent, du canapé aux fauteuils. Concert de cuir, de baskets, de clopes. Moi, je vois que ces flingues dans leurs holsters. Fred retire sa veste et rajuste son pull.

— Désolé, ça a duré plus longtemps que prévu.

— Pas de souci.

— Et Debbie ?

— Je crois qu'elle dort, elle avait de la fièvre. Alors ? Ça s'est bien passé ?

— Super. Ils sont prêts à bosser avec Ford, ça va le faire. Hein, Mark ?

Son pote confirme, absorbé par la pub. Un jouet à la con, puis un autre. Aucun doute, c'est bientôt Noël. Anna repose sa clope dans le cendrier.

— Fred, t'as de quoi boire ?

— J'allais vous le proposer. Des Bud, ça vous va ? Ouais ? OK !

— Je m'en occupe, lui dis-je, pose-toi.

Je regagne la cuisine et ferme pas la porte, ils trouveraient ça louche. La peur au ventre, je prends cinq bières, en décapsule une, sors le flacon de ma poche, renverse le comprimé dans ma paume. Là, j'ai le choix : condamner Fred ou laisser l'Histoire suivre son cours. Et cette révolution, même si j'en ai envie, même si mes ancêtres se sont battus pour elle, je suis pas sûr de la vouloir. Enfin, si, mais après… après cette putain de révolution, quand on aura pris le pouvoir, quand la société sera transformée, qu'est-ce qui se passera ? Je sais pas, personne peut savoir, et c'est ça qui me fait peur. Je mets le cachet dans la bouteille, où il se dissout.

— Y a des chips ?

Mark, derrière moi. Je me contiens, repose la Bud sur la table.

— Le placard… à ta droite.

Il ouvre et moi, j'observe le cachet. Lentement, il se mêle à la bière dont il corrompt chaque bulle, chaque cellule, ce que je fais depuis deux longues années. Lui et moi, on est pareils. Et bientôt, comme lui, je disparaîtrai.

Crunch ! Crunch ! – Mark a trouvé les chips. Je me retourne, il me tend le sachet et je refuse. Il mâche bruyamment, puis s'empare du Magnum sur le frigo. Stress. Il le pointe fièrement vers la fenêtre, se prenant pour Virgil Tibbs.

— Trop la classe ! J'aimerais bien en avoir un comme ça !

— Moi aussi. Tu prends les autres Bud ?

J'en emporte trois, dont celle de Fred, et on rejoint le salon. La télé a fait place à la platine, où Otis et ses cuivres boostent mon malaise. Je tends *la* bière à Fred :

— C'était pour moi mais, finalement, j'en veux pas.

— Sûr ?

— Je reste au scotch, pas envie de mélanger.

Il prend la Bud sans y goûter. À tous les coups, il se méfie. Je me ressers un verre, évitant son regard. Ça y est, il avale une gorgée, puis une autre, il est parti pour la finir. J'ai plus qu'à attendre. Je m'assieds et les autres se lancent dans une longue discussion sur Bobby Stills, bâillonné en plein tribunal. Bâillonné, putain. On enchaîne avec le Bill Cosby Show, Huey, Angela…

— Et elle est sympa ?

— Ouais, mais trop intello.

— Ben, son créneau, c'est la philo.

— J'espère qu'elle retrouvera son job.

… puis la Manson Family…

— Ils ont tout avoué : Tate, LaBianca, Hinman.
— Lui aussi ? C'est eux, t'es sûr ?
— Chez lui, il y avait écrit « porc » sur le mur.
— Et une empreinte de panthère. Si c'est eux, pourquoi Gero est toujours inculpé ?

… et le Gay Liberation Front.

— Fiers de quoi ? De se faire enculer ?
— Pff, t'es con. Fiers d'être ce qu'ils sont, comme nous.
— C'est pas pareil.
— Les matraques, ils connaissent, eux aussi. Ils ont raison de se rebeller.
— Ouais, mais faudrait qu'on soit tous derrière la même banderole : Noirs, Blancs, Latinos, féministes, pédés… Il y a trop de groupes. Hein, Fred ? Oh !
Il se réveille, affalé dans le canapé, puis étire les bras.
— Merde… me suis endormi…
— Faut dire qu'il est tard.
— Je vais me coucher… vous pouvez rester ici… Tyrone ?
— Je leur filerai de quoi dormir. Bonne nuit, mec.
Il me répond à voix basse, complètement shooté. Je le regarde se lever, traîner les pieds jusqu'à la chambre, et la porte se referme sur lui. C'est fini, je le reverrai plus jamais. Il me manque déjà. Je l'imagine s'asseoir à côté de Debbie, essayer de se désaper, s'écrouler sur le lit. Putain, qu'est-ce que j'ai fait… Will, à ma droite :
— Moi aussi, je suis cassé.
— Faut se pieuter, la journée va être longue.
Je finis mon verre et le repose.
— Un dernier morceau, et je vous installe les matelas.

Je prends mon paquet de Marlboro, me lève, vacille. L'alcool et l'angoisse. Je me dirige vers la platine, troque Elaine Brown contre Dorothy Ashby – *Soul Vibrations*, un truc bien cool. J'en ai besoin. Je veux pas le faire mais c'est trop tard, alors j'approche de la fenêtre. Cinq mètres, trajet interminable où je revis ces deux dernières années : les manifs, les réunions, les sourires des gamins, et je m'arrête devant la vitre. Concentré sur la rue, je sors mon briquet, allume une clope. Le signal.

Le groove se répand, Dorothy sublime sa harpe et moi, je me décide à rejoindre les autres. Ils écoutent le morceau en secouant la tête. Je me rassieds, pose mon paquet sur la table basse, regarde ma montre : 4 h 45. J'attends. J'attends la peur au ventre, quand LA PORTE VOLE EN ÉCLATS !

Sursaut général.

Flics, partout.

Ils sont douze : huit Blancs, quatre Noirs.

Ils hurlent, ils canardent. Aucune sommation. Terrorisé, je me protège derrière un fauteuil. Mark est le premier à tomber, criblé de balles. Les siens ripostent, Ed se fait dégommer et valse dans un cri strident, celui de Debbie – « Fred ! Réveille-toi ! » Les flics se retranchent dans l'entrée. Mon plan de l'appart' leur sert bien, je peux être fier de moi. Moi, le salaud qui a déchargé les fusils… ce qu'Anna découvre, stupéfaite, avant de crever la gueule ouverte. Blessé, Will lâche son flingue et boite jusqu'à la cuisine.

— Tyrone ! Avec moi !

Il s'empare des Magnum. Clic ! Nos regards se croisent. Il comprend et me lance un regard noir, quand sa tête éclate. D'autres balles lui perforent le cou, le torse. Tout ce sang dans la cuisine et le salon, piétiné par la meute. Je me tasse derrière le fauteuil, trois flics enfoncent la porte de la chambre. J'entrevois Debbie, hystérique, puis Fred, toujours endormi. Ils le dégomment à bout portant. Lui, mon frère…

« Couleur ou pas, il y a que deux classes ! Les opprimés et les oppresseurs ! Les exploités et les exploiteurs ! »

… dont le sang jaillit…

« Et notre classe s'est divisée ! "Noir, je hais les Blancs ! Blanc, je hais les Noirs ! Latino, je hais les paysans ! Paysan, je hais les Indiens !" On se bat entre nous ! »

… éclabousse le lit…

« On combat pas le racisme par le racisme, mais par la solidarité ! On combat pas le capitalisme par le capitalisme noir, mais par le socialisme ! »

… les murs…

« On les combattra quand le peuple fera la révolution prolétarienne internationale ! C'est ça, le pouvoir au peuple ! »

… et les tirs cessent enfin.

Silence glaçant, couvert par les bégaiements de Debbie, terrorisée. Ils l'ont épargnée, je sais pas pourquoi. Faut pas qu'elle me voie vivant sinon elle comprendra. Les autres flics m'ignorent, occupés à examiner les corps dans le salon. L'un d'eux investit la cuisine, où il retourne le corps de Will. Sa chair, déchiquetée, fait des bruits insupportables. Dans la chambre, un flic s'approche du cadavre fumant de Fred, puis vise sa tête. Deux dernières balles, au cas où. Et c'est un Noir qu'a fait ça.

Debbie se remet à hurler. Cri animal, qui m'arrache au sol. Debout, haletant, j'observe les flics. Ils ramassent les flingues des autres, les rechargent pour que le BPP me soupçonne pas. Ça y est, ils ont fini et maintenant, ils me fixent.

Ils vont me buter.

Clark a plus besoin de moi.

Je panique, me jette par la fenêtre et m'écroule un étage plus bas. Pluie de verre, déluge de balles. Je me rétablis et, serrant mon épaule, m'enfuis dans la nuit. Des mains me rattrapent, m'entraînent dans une ruelle.

— Vite ! Allez !

— W-Wayne ?

Il me tire par le bras, je devine ses larmes et celles de Linda. Ils accélèrent, encouragés par les riverains. D'autres habitants s'insurgent, au son de sirènes de police. Accablé par la culpabilité, l'épuisement, l'horreur, je divague. La rue s'étire en boulevard, la nuit se transforme en jours dans cette bagnole, ce couloir, ce sous-sol, cette chambre, ce van, ce train, cet avion, cet aéroport, cet escalier où des mecs m'aident à descendre jusqu'au tarmac. D'autres Panthers, que j'ai encore jamais vus. Tandis qu'ils m'escortent, là-bas, le soleil fait briller trois lettres immenses : LAX, « Los Angeles International Airport ».

Adieu, Chicago.

Adieu, Fred.

Et pardon.

50

8 décembre 1969

CHARLENE

Ils ont tué mon frère.

Ils ont tué Malcolm.

Ils ont tué King.

Ils ont tué Denzil.

Ils ont tué Arthur.

Ils ont tué Tod, Bunchy, Jim, Mark et Fred.

Notre porte-parole, assassiné dans son sommeil. Les lâches ; une centaine de balles. J'ai vu les photos, l'appart a été anéanti. En butant Fred, ils m'ont encore tuée. Tellement que j'arrive plus à dormir. Alors je fume sur mon matelas, bercée par la nuit, le vent qui résonne en coups de feu.

Un frisson, et l'hiver me rappelle à l'ordre, même s'il est pas aussi rude qu'à Philly. Je repense à ma rue, à mon père, à Roy et aux autres. Ils me manquent, surtout Stan, mais je suis mieux ici. Dès le premier jour, j'ai pris le rythme. Depuis, je suis passée de « Los Angeles » à « L.A. », de la vie à la survie. Car ici, c'est la guerre. On se balade ? Les porcs nous désarment. On vend le journal ? Ils le brûlent. On distribue la bouffe ?

Ils la confisquent. Et quand c'est pas eux qui nous emmerdent, c'est les Slaves.

3 h 48

Je me lève, regarde les autres dormir. Helen, Gordon, Casey, Peaches, Ben… Ma nouvelle famille, depuis bientôt deux mois. Il y a aussi Tyrone, à l'écart, recroquevillé sous sa couverture. Lui, il était là quand Fred s'est fait buter. On le planque chez nous, le temps que ça se tasse à Chicago. Depuis son arrivée, il a pas dit un mot. Il fait que dormir, défoncé aux médocs. Traumatisé, comme moi, après la mort de Tod.

J'avance et dépasse la cuisine, l'armurerie, la salle de classe. Dans le couloir, sacs de sable et pièges sous les fenêtres – Gero a pas fait le Viêtnam pour rien. Au fil des pas, il se dévoile à la lumière de sa lampe de bureau. Gero, c'est plus qu'un mec, c'est un concept. Avec son foulard sur le crâne, son collier de lames de rasoir et son dos brûlé au napalm, on dirait un pirate du futur. Et son bateau, c'est notre QG.

Je le découvre rivé sur un cahier, entre son flingue et la radio. KDAY, fréquence soul. Bientôt la première de *Buck White*, la comédie musicale avec Ali. Notre héros, à Broadway… Il doit vraiment avoir besoin de fric. Gero pose son stylo.

— T'arrives pas à dormir ?

— Mm. Tu fais quoi ?

— La compta. On accueille deux gars mercredi.

Gero, c'est le joker du Parti. Si t'es en fuite, il te planque, il change ton nom, et il t'envoie ailleurs. Brouiller les pistes pour épuiser les porcs. C'est pour ça que le proc' le harcèle. Il lui avait collé la mort de Hinman mais, après les aveux des Manson, il a été obligé de laisser tomber. Quant à l'empreinte de panthère…

— … t'as du nouveau ?

— Non. Mais il paraît que les Manson, ils nous aiment pas.

— Ils ont pas l'air d'aimer grand monde. Le procès, ça va être quelque chose.

Il étire les bras, fait craquer ses articulations. En fond, la radio parle maintenant d'Indiens et d'Alcatraz. Dix-huitième jour d'occupation pour protester contre leurs conditions de vie. Ils sont funky, à l'AIM. Gero avale une gorgée de Coca, repose sa bouteille.

— Et Tyrone ? Il dort ?

— Ouais… encore… il fait que ça.

— C'est qu'il en a besoin. Il a failli y passer.

— Je sais. T'as des nouvelles de Debbie ?

— Elle est partie en clinique. Et à part ça, les visites continuent.

Fred, notre nouveau martyr. On a ouvert son appart' au public pour que les gens voient le sang, les murs criblés, la barbarie des porcs. J'ai regardé la reconstitution à la télé ; un mensonge par seconde. Ils parlent de légitime défense, alors que les nôtres ont pas tiré une seule fois. Tout ça, ce sera dans le docu des journalistes qui suivaient Fred. Je pense aussi à James Davis, le flic qui lui a explosé la tête. Je comprends pas comment un Noir peut faire ça. Je m'adosse contre le mur.

— Tu le connaissais bien, Fred ?

— Ouais. Et toi ?

— Je l'ai croisé qu'une fois et pourtant, il me manque… beaucoup.

— Moi aussi, mais faut s'accrocher. Il sera pas mort pour rien. Ça bouge, là-bas.

Il ouvre son tiroir, sort un exemplaire du *Chicago Daily News*. Il me montre un article entouré au stylo – *« Il semble que les miracles existent. Les balles des Panthers ont dû se dissoudre dans l'air avant d'atteindre quoi que ce soit ou qui que ce soit. À moins qu'ils n'aient tiré dans la mauvaise direction, c'est-à-dire contre eux »* – et enchaîne :

— C'est un Blanc qu'a écrit ça, et pas n'importe qui : Mike Royko.

— Connais pas.

— Une pointure, et il est loin d'être fan du Parti. Tu vois ? Même nos opposants commencent à ouvrir les yeux.

— J'espère…

— Crois-moi. Il va y avoir de grandes manifs et Angela est montée au créneau.

— Je croyais que c'était tendu avec elle.

— C'est compliqué. Il y a des divergences, mais Fred, elle l'appréciait.

Je pense à Angela, à Huey et Bobby dans leurs taules. J'imagine leur réaction en apprenant la mort de Fred, leur douleur de pas avoir pu assister à l'enterrement. La radio balaie mes pensées, revenant sur le festival d'Altamont et Meredith Hunter. Un frère, planté par un Hells pendant le concert des Stones. Depuis deux jours, on parle que de ça. Hunter avait dix-huit ans, comme moi, et après Fred, c'est le mort de trop. Je m'attends à ce que Gero rebondisse sur le sujet, mais il passe à un autre.

— Roy m'a appelé.

— Ah. Comment ça se passe, là-bas ?

— C'est chaud. Tes potes, Bart et Mumia, ils se sont fait coffrer.

Merde. Je pense à eux, surtout à Mumia, tellement cool. Je me demande pourquoi il est en taule, mais je suis sûre qu'il y est pour rien. Sales porcs. Gero, encore :

— Roy voulait de tes nouvelles. Il a dit qu'il était plus fâché, que tu pouvais revenir.

— J'ai pas envie, je suis mieux avec vous.

— Et ton père ? Il te manque pas ?

Je baisse les yeux, tire sur ma clope, puis nos regards se croisent.

— Je retournerai à Philly, mais pas maintenant. Si tu veux pas me garder…

— J'ai jamais dit ça. Faut que je voie, que tu fasses tes preuves.

Il renoue avec son stylo. Moi, j'écrase ma clope, regarde par la fenêtre. South Central est désert, confondant ses détritus avec les étoiles. Le vent agite les feux orange suspendus au-dessus du carrefour. Ils se balancent…

« Nouveau coup dur pour le groupe, après le décès de Brian Jones. Toute l'équipe de KDAY tient à témoigner son soutien aux proches de Meredith Hunter, et c'est en pensant à lui que nous allons écouter un extrait du nouvel album des Stones, Gimme Shelter. *Un joyau qui rappelle que si la mort rôde, la vie continue. »*

… au son des premiers accords, sournois. Ça dure, c'est sale, et ça me plaît. Une autre guitare débarque, puis un chœur, un grattement malsain, jusqu'à la batterie. Gero augmente un peu le volume et Jagger me kidnappe :

« Ooooh, a storm is threat'ning !
My very life todayyyy ! »

Je m'abandonne, envoûtée. Ce truc, c'est pas une chanson, c'est un animal, ce coyote au pelage d'argent traversant l'avenue. Je le suis du regard, moment hors du temps où tout me paraît possible. La nuit permet ça. La nuit qui s'anime au loin, dessinant des formes…

— Gero ?
— Mm ?

… affinées en silhouettes…

— Gero ?
— Mm ?

… de flics. J'en vois plein, ils sont armés et marchent dans notre direction.

— Gero !
— Quoi, putain ?

Pétrifiée, j'arrive pas à répondre. Il me rejoint devant la fenêtre, découvrant les porcs. J'en devine dix, vingt et plus, à la lueur des feux. Leurs ombres s'étirent au sol, monstrueuses, confirmant leur nature d'assassins. L'un tient un mégaphone. Il y a d'abord un larsen, puis cette voix : « POLICE ! VOUS ÊTES TOUS EN ÉTAT D'ARRESTATION ! » Avec Gero, on échange un regard, et il me file son flingue.
— Ramène les autres ! Grouille !
Je m'élance, Gero ouvre la fenêtre.

— VOUS VENEZ NOUS COFFRER ? ET SOUS QUEL MOTIF ?

— « DÉTENTION D'ARMES À FEU » MALGRÉ LE DÉCRET QUI…

— ON S'EN FOUT ! ON RECONNAÎT NI VOS LOIS, NI VOTRE GOUVERNEUR, NI VOTRE PRÉSIDENT ! RIEN !

Le porc en remet une couche et moi, je me précipite dans le couloir. Vite. Vite. Vite prévenir les autres, qui sortent du dortoir. Les cheveux en pétard, Helen se frotte les yeux.

— Qu'est-ce que… ?

— Les porcs !

Elle fuse vers l'armurerie, suivie de Tyrone et des autres. Pistolets, revolvers, fusils et gilets pare-balles s'entrechoquent. Je les rejoins, ils m'assaillent de questions que j'ignore, pressée de rejoindre notre chef. Je le retrouve, armé d'un fusil à pompe, dos au mur. Gordon, essoufflé :

— Gero ! Qu'est-ce qu'ils veulent ?

— Du calme. C'est pas la première fois.

— En pleine nuit, si !

— C'est moi qu'ils veulent, intervient Tyrone.

On le découvre en retrait, l'air accablé. Ça y est, après deux semaines de silence, il s'est enfin décidé à causer. Voix meurtrie, cassée, celle que j'avais à la sortie de la clinique. Jackie se fait rassurant :

— Non, t'inquiète pas.

— Si… c'est moi… C'est ma faute…

Tyrone baisse la tête. J'ai envie de m'approcher, de le rassurer, mais on lui lance un gilet. Un chacun. J'enfile le mien, quand le chef des porcs se met à gueuler :

— L'IMMEUBLE EST CERNÉ ! RENDEZ-VOUS OU…

— OU QUOI ? CASSEZ-VOUS, FILS DE PUTE !

À ces mots, le mégaphone s'incline et leurs flingues se lèvent. Le cœur battant, je regarde les porcs en face, à droite, à gauche, partout.

Ils ont tué Fred et les autres.

Mille fois, ils m'ont tuée.

Ils me tueront plus.

Je pointe le flingue – « LE POUVOIR AU PEUPLE ! » – et presse la détente. Une balle, pour tous mes frères assassinés. La meute riposte, retranchée derrière des containers. Éclairs. Fumée. Jagger…

« Waaaar, children ! It's just a shot away !
It's just a shot away ! »

… et Gero m'engueule en tirant. Lui, Peaches, tout le monde. Ça fuse de tous les côtés ; l'enfer sur terre. Tyrone se jette au sol, se bouche les oreilles. On est onze, ils sont une cinquantaine, mais on est quand même les plus nombreux : des millions, des milliards d'ancêtres avec nous, coalisés en « non ». L'Afrique au cœur, je canarde…

« It's just a shot away ! »

… avant de recharger. Se baisser. Éviter les balles. Se relever. Viser et tousser dans ce nuage de poussière. Il se dissipe, révélant la progression des porcs. Ils avancent, tassés, longeant les bagnoles. Aux fenêtres, des riverains les insultent et nous soutiennent. Le ghetto est ici, avec nous, et ça nous booste. Les douilles s'accumulent, les murs explosent, Gero change de fusil :

— Appelez le siège ! Et le Club, qu'ils préviennent Angela !

Voûté, Gordon traverse la pièce. Il décroche le téléphone, une nouvelle rafale l'oblige à se cacher derrière le bureau. Je l'entends parler, hurler comme hurlent ces salauds, dehors. J'ai peur, je pense à mon frère, mon père, et repars à l'assaut.

« It's just...

51

Même nuit, plus tard

NEIL

... a shot away ! »

Incroyable, cette chanson. En cinq ans, les Stones sont passés du blues à *ça*. Ils ont muté, comme moi. Pas étonnant qu'elle me parle autant. Oui, parfaitement. Elle me parle et je lui réponds, dans ma Rover, en route vers le siège du BPP. « Affrontement entre les Panthers et les forces de police » – c'est ce qu'ils ont dit à la télé.

Sales nègres. Jamais ils s'arrêtent. Depuis la mort de l'autre, pendant le concert, ils sont encore plus enragés. Mais s'il s'est fait planter, c'est parce qu'il avait sorti un flingue. J'ai vu les images, le Hells s'est juste défendu. Mais ça, bien sûr, les médias n'en parlent pas. Des lâches. Pas comme moi, alors j'accélère en direction de South Central. Une heure que ça canarde, je ne veux pas rater ça.

5 h 02

Je ralentis et m'engage sur l'avenue, colorée par des gyrophares. Ordures et immeubles clignotent du bleu au rouge, on croirait la fête nationale. Lentement, je dépasse les curieux. Nègres, Latinos, Chicanos… L.A. est venue assister à sa propre fin. Ça commente d'un trottoir à l'autre, ça se bouscule pour causer aux journalistes. Tous à l'affût, l'indécence entre les crocs. Moi, c'est différent, j'observe ceux qui observent. Et si je peux voir des nègres crever, c'est encore mieux.

Je continue d'avancer, découvre que les bars sont restés ouverts. Hot-dogs et bières, tout est prêt pour le show. Je compte quatre cordons de police, jamais vu autant de flics. L'un d'eux m'ordonne de reculer, alliant le geste à la parole. Je coupe le contact, sors, claque ma portière. À une centaine de mètres se dresse le QG des Panthers, criblé d'impacts. Vu d'ici, il ressemble à un gigantesque bloc de gruyère. Le flic, furieux :

— Regagnez votre véhicule et rentrez chez vous !

— Laisse ! dit une voix. Il est de la maison !

John, mon ex-équipier. Six mois que je ne l'ai pas vu. La dernière fois, c'était ici, quand on baladait nos p'tits nègres. Le jeune officier, gêné, s'éloigne et rejoint les siens. Leur mine, cadavérique, m'apparaît à la lueur des réverbères. Une heure qu'ils encaissent, conspués par la foule, qui les traite d'« enculés » et de « sales porcs ». Ça les affecte, je le vois. Leurs véhicules souffrent, eux aussi. Rétros explosés, portières perforées. John me tape sur l'épaule :

— Ça fait plaisir de te voir. Quoi de neuf ?

— Ça va. Et toi ?

— La routine… jusqu'à l'appel du central.

Son regard change, compatissant. Il hésite à me brancher sur la mort de Tate et de ses potes, puis esquive le sujet.

— Et le boulot ? Ça te manque pas ?

— Un peu, mais j'avais besoin de repos.

— Je comprends. Je me suis inquiété pour toi… T'es sûr que ça va ?

J'acquiesce, sa question ne méritant aucune réponse. S'il s'était tant inquiété, il m'aurait appelé – il a eu six mois pour le faire – alors qu'il aille se faire foutre. Je détaille le périmètre de sécurité. Un hélico, douze fourgons et des dizaines de tireurs sur les toits. Le LAPD a sorti le grand jeu sous la pression du maire. Cette démonstration de force s'adresse à ses électeurs, lui qui a fait campagne sur l'insécurité. Il était temps.

— Eh ben, c'est du sérieux.

— Il y a dix minutes, c'était chaud. Il paraît qu'ils sont une trentaine.

— Ah… Reddin est sur place ?

— Ouais. En interview, quelque part.

— Une opé en pleine nuit, ce n'est pas son genre.

Il n'ajoute rien, concentré sur le bâtiment. À son silence, je comprends que le FBI est aux commandes. Un soupir, et John poursuit :

— Ils veulent envoyer une bombe, pour « accélérer les choses ».

— C'est risqué. Les Panthers ont pas mal d'alliés dans le coin.

— Ils sont isolés, on a coupé leur ligne. Le SWAT se tient prêt.

L'hélico détourne notre attention. Son projecteur fend la nuit, aveuglant les assiégés. Je balaie les environs du regard, avant de deviner une flaque de sang entre deux fourgons.

— Vous avez perdu quelqu'un ?

— Non. Un nouveau, blessé à la cuisse.

— Et les Panthers ?

— On leur met la pression, pour qu'ils se rendent.

— Et…

— On attend.

Alors j'attends. Les secondes s'étirent, interminables. Le froid, la tension, l'hélico éprouvent la foule. La confusion se répand, génère des altercations çà et là. Injures et rumeurs s'entrecroisent, mêlant les morts de Bunchy Carter et de Fred Carlson. Braqueurs et communistes, les modèles de tous ces nègres. Et parmi eux, beaucoup de Blancs qui se disent solidaires. Sales traîtres.

John s'impatiente, enchaîne les cigarettes. Il n'en peut plus, aussi frustré que ses collègues. L'atmosphère s'alourdit, magnétique, électrocutant le quartier. Je m'en nourris, comme Zodiac. Tout le pays est focalisé sur L.A., alors il ne peut que suivre l'affaire, lui aussi. Je l'imagine devant sa télé, captivé, et j'aime ça.

5 h 28

J'attends.

J'attends.

J'attends.

Éclats de voix, encore. Des nègres, évidemment. Une femme face à des caïds, qu'elle tente de calmer. À sa coupe afro, je reconnais cette pute d'Angela Davis. Je ne suis pas surpris de la voir ici, son « coco club » étant à deux pas. Un groupe la rejoint, neutralisé par des agents. Dans une ruelle, un clodo exhibe sa bite, en soutien à Jim Morrison.

5 h 51

J'attends.

J'attends.

J'attends.

J'attends la cassure, cette seconde décisive où quelqu'un craquera. Riverain, flic, journaliste, peu importe. Un seul fou suffira pour allumer la mèche. Je veux une émeute, l'anarchie, et ça prendra le temps qu'il faudra. Le rien peut faire durer son plaisir, le mien n'en sera que plus grand.

— Ah ! dit John. Il était temps !

Il m'indique une Mercedes, immobilisée au carrefour. Le maire apparaît, sous les huées. On lui avait reproché de ne pas être allé à Watts après les émeutes, alors cette fois, il a fait le déplacement. Les caméras se précipitent vers lui et Yorty passe sur le gril. Cravaté d'artifices, il ment pour tenter de rassurer la population.

Je l'observe, quand résonnent des vrombissements. On se retourne tous ; ça vient de la 41e. Il y naît une lueur, un casque scintillant sous la lune. Son aura n'a d'égale que le noir implacable de cet uniforme, de ces bottes, de ces pneus écrasant lentement les détritus. South Central se tait à l'approche du motard, dupliqué à l'infini. Dix, vingt, trente… Ils sont une centaine, figés derrière leurs pare-brise. Le LAPD déploie sa « division star », exhibant ses nouvelles motos Guzzi.

La parade impressionne tout le monde, sauf moi. Ce n'est qu'un numéro de cirque pour les médias. Stratégie grossière mais efficace, car les nègres se remettent à tirer : « CASSEZ-VOUS, SALES PORCS ! » Les flics ripostent. Avec John, on se retranche derrière un fourgon, d'où j'observe la fusillade. Des caméras explosent, des gens se réfugient dans les immeubles et les bars. Le spectacle est total, entre le Viêtnam et *La Horde sauvage*. Les Panthers redoublent de rage. Les autres descendent de leurs motos et avancent en tirant. John serre son flingue à deux mains.

— Tu ferais mieux de partir !

L'hélico dirige son spot vers les assiégés. À l'une des fenêtres, j'entrevois une fille – « LE POUVOIR AU

PEUPLE ! » – et deux mecs. Ils visent l'appareil, en vain, puis les tireurs sur les toits. Dans tout ce merdier, un hurlement se distingue. Cette négresse, agenouillée au carrefour. À chaque détonation, elle implore le ciel, invoquant sa fille. Sa « Peaches chérie », dont je comprends qu'elle est à l'intérieur. Bien fait pour sa gueule.

— Neil ?

Chief Reddin, à ma gauche. Il m'entraîne avec lui, à couvert.

— Qu'est-ce que vous foutez là ? Tirez-vous !

Un flash m'apparaît ; mes mains autour de sa gorge. Je m'éloigne, étranger aux balles et à tous ces cons. Je me dirige vers ma Rover, la dépasse, m'oriente vers le bar le plus proche. À l'entrée se tient un obèse en robe de chambre, armé d'un fusil :

— Qu'est-ce que tu veux ?

Sa voix rauque m'irrite au plus haut point. Presque autant que ce crucifix, pendu à son goitre. Une autre pulsion m'envahit, mais je me contiens.

— J'aimerais boire un coup.

— Maintenant ?

Je sors mon portefeuille, en extrais un billet de vingt dollars. Le mec me dévisage, sidéré. Ses yeux trahissent son dilemme, m'accompagner à l'intérieur ou continuer à monter la garde. Les échanges de tirs précipitent sa décision. Il m'arrache le billet.

— Sers-toi, mais je t'ai à l'œil !

Il me cède le passage, je pénètre dans son bar. Chaises renversées et verres au sol ; tout traduit l'effroi des clients au premier coup de feu. Je contourne le comptoir pour accéder aux bouteilles. L'autre me guette du coin de l'œil, méfiant, quand résonne un nouvel échange de tirs. Je me sers un scotch, avale une gorgée, puis aperçois un juke-box dans un coin. Chansons. Liste. Pièce. C'est reparti pour *Gimme Shelter*…

« Ooh, see the fire is sweepin'!
Our very street today ! »

… et le gérant se retourne de nouveau pour me surveiller. Je lui souris, levant mon verre au chaos.

« Waaaar, children ! It's just a shot away !
It's just...

52

Même nuit, encore plus tard

TYRONE

... a shot away ! »

J'en peux plus, des Stones. Trois fois qu'ils passent, trois heures que ça dure. Tirer, attendre, guetter les infos, tirer, attendre, guetter les infos, tirer et attendre quoi, bordel ? Rien, car on a aucune chance. Geronimo le sait, mais il s'acharne. Tous déchaînés. J'ai été envoyé ici pour être en sécurité et je me retrouve avec des dingues. Des cons. Ils me croyaient muet, traumatisé, mais j'avais pas envie de parler, c'est tout.

Je vais crever… Tous ces tirs, ces enragés : Helen et son fusil, Ben et ses deux flingues, puis Charlene. Une hystérique, complètement allumée. Tout ça, c'est sa faute. Si elle avait pas ouvert le feu, on serait au poste. On se ferait cogner mais, au moins, on serait vivants. Là, on est bons pour crever les uns après les autres, seconde après seconde, balle après balle. Des heures qu'on s'éteint, compressés dans nos gilets, torturés par cette pendule, là-haut.

7 h 21

À chaque détonation, chaque cri, je sursaute de terreur. Je vais crever, je crève, je palpe mon corps et non, c'est pas pour cette fois. Bientôt. Maintenant ; les murs se referment sur moi en nuage épais. Je le balaie de la main et cogne quelqu'un malgré moi, je sais pas qui, je comprends rien, ça va trop vite. Depuis le début. Au premier tir, tout le LAPD a débarqué. Bizarre. Et les motos, les hélicos… On dirait que c'était planifié, comme une opération militaire. « Le pouvoir au peuple ! » – Geronimo et les autres repartent à l'assaut.

Et ça dure.

Longtemps.

Très longtemps.

Une éternité. Je me tasse, cramponné au fusil. Je voulais pas le prendre, mais fallait faire « vrai » devant les autres. Alors, de temps en temps, je tire… Comme maintenant. J'entends plus rien, juste les gémissements de Peaches, au sol, les jambes en sang. Charlene lui refait un garrot et Ben panique :

— L'hélico ! Il a disparu !

Ils approchent des fenêtres, accroupis, les canons fumants. J'hésite, puis me décide à les rejoindre. Craquements. Les gravats, le verre, mes os qui capitulent. Dehors, je devine les agents et les motards, mais plus d'hélico. Geronimo, la main en visière :

— C'est pas bon… Ils préparent un truc !

— Faut se rendre !

— Jamais ! On résistera jusqu'au bout !

— C'est nos dernières balles ! Faut se rendre, je te dis !

— Non ! hurle Charlene. Si on sort, ils nous buteront ! Ils attendent que ça !

On échange des regards, quand résonnent les encouragements de la foule. Trois heures qu'elle nous soutient. Les porcs matraquent à tout-va. Le quartier se défend à coups de poing, de barres de fer. Et les cris de cette mère, quelque part :

— PEACHES !

— JE VAIS BIEN, M'MAN ! JE T'AIME !

Leur dialogue me déchire le cœur. Jackie, à Charlene :

— J'en peux plus… C'est fini… faut se rendre…

— Non ! Ils nous buteront, comme ils ont buté Tod !

— Écoutez !

On se fige, puis on retourne aux fenêtres. Pas trop près, juste assez pour voir resurgir l'hélico. Et quelque chose a changé. Quelque chose qui se balance à un câble, survolant South Central. Au sol, les porcs s'écartent sur son passage, les motards reculent, les snipers se tassent sur les toits.

Là, je comprends.

On comprend tous.

— BOMBE !!!

L'hélico disparaît au-dessus de nous. Terrifiés, on forme une mêlée. J'étouffe entre Ben et Jackie. Je m'agrippe à eux, creuse leurs épaules jusqu'au sang, ferme les yeux… et voltige, soufflé par l'explosion. L'enfer m'engloutit, me recrachant un peu partout. Mon bras, ici. Ma jambe, là-bas. Mon cerveau en feu, où brûlent mes dernières pensées. Elles sont pour ma mère, puis Fred, face à moi. Un fantôme, revenu me hanter. Je reconnais Geronimo, blanchi de plâtre. Il me secoue :

— Tyrone ? Tyrone ! Oh !

J'émerge, sonné, assailli d'acouphèèèèèèènes. Vivant, je suis vivant. Les autres ont survécu, eux aussi. Helen m'aide à me rétablir, Ben nous rejoint. Son oreille pisse le sang, souillant ma nuque. Geronimo tousse, très fort, puis ramasse son fusil.

— Tout… tout le monde est là ? Gordon ? Jackie ? Charlene ?

Un à un, ils se manifestent à travers la fumée. Elle se dissipe, révélant ce qu'il reste du plafond : rien. Les murs ont tenu, je sais pas comment. Déchiquetés mais toujours là, ancrés dans le refus. Je tourne sur moi-même, butant contre les gravats et la pendule brisée, bloquée sur 8 h 04. Déjà. Le temps, l'espace – tout ça, c'est fini. Il y a plus que nous et ces putains d'acouphènes, couvrant les cris de la foule.

À travers la fenêtre, j'aperçois les premières lueurs de l'aube… et des ombres au loin, après la 41e. Des silhouettes, entre les bagnoles. Synchrones, elles rampent sur les trottoirs, droit sur nous. Des militaires cagoulés, armés d'énormes fusils.

— Gero !!!

— C'est le SWAT !

Il me plaque au sol, m'évitant une rafale mortelle. Au son, je comprends que leurs armes, c'est du lourd. Special Weapons And Tactics – deux ans que CBS en faisait la pub, sans jamais les montrer. Des anciens du Viêtnam, spécialistes des black ops et des pires trucs. Après la bombe, ils viennent finir le boulot. Sans sommation.

Gordon pointe son fusil, balayé par une nouvelle rafale. La poussière se soulève, traversée par d'autres balles. Ces mecs sont à deux cents mètres, mais tirent avec une précision chirurgicale. On devrait être tous morts, mais ils peuvent pas se permettre de nous buter comme ça. Trop de journalistes, trop de témoins. Ben et Charlene canardent à fond, sans réussir à repousser l'unité. Imperturbable, elle continue d'avancer en rouleau compresseur, écrasant nos dernières secondes de vie. Et là, je craque. J'arrache mon gilet, mon pull, et mon tee-shirt. Blanc. Je le brandis, m'élance vers la fenêtre. Jackie me retient – « Non ! Fais pas ça ! » – et je me débats – « Lâche-moi ! » – parvenant à me libérer. Un autre me ceinture par la taille, je le repousse, agitant mon tee-shirt dehors.

— ARRÊTEZ !

Derrière, les autres enragent et me traitent de tous les noms. Là-bas, les gars du SWAT s'immobilisent, échangent des regards. Leur chef fait signe de reculer. Ils s'évaporent sous les huées de la foule, quand un porc apparaît au carrefour. Un gradé, vu son uniforme. Il active son mégaphone :

— ICI L'OFFICIER SUPÉRIEUR THOMAS REDDIN, EN CHARGE DU DÉPARTEMENT DE POLICE DE LOS ANGELES ! ÊTES-VOUS PRÊTS À VOUS RENDRE ?

— OUAIS !

— CE N'EST PAS UNE TACTIQUE ?

— NON !

— ALORS, SORTEZ ! UN PAR UN ! SANS ARMES ET LES MAINS SUR…

J'entends pas la suite, plaqué au sol par Gordon. Il me boxe la gueule, fou de rage. Je me laisse faire – épuisé – et il y va fort, très fort, mais sans m'insulter, les larmes aux yeux. Ce qu'il frappe, c'est pas moi, c'est le destin. Geronimo s'interpose.

— Arrête ! Il a raison, faut se rendre !

— Comment tu peux… Pas toi, bordel…

— On s'est bien battus, mais maintenant, c'est fini.

Gordon se décide à me libérer. Les autres me fusillent du regard, puis soupirent, exténués. Charlene chiale dans un coin, recroquevillée. Geronimo s'accroupit et la serre dans ses bras.

— Chuuuut, pleure pas.

— Je… je veux pas me rendre… Je voulais qu'on gagne…

— Mais on a gagné.

— Te fous pas de moi…

— On a gagné, je te dis. Écoute ça.

Elle relève la tête au son de la foule – « Le pouvoir au peuple ! » – que je découvre – « Le pouvoir au peuple ! » – le poing levé. Des milliers de personnes, solidaires. Geronimo a raison : notre victoire, c'est eux. Tous ces témoins qui, à partir d'aujourd'hui, sauront de quoi est capable leur gouvernement de fachos.

Charlene sourit et ses yeux se plissent, libérant une dernière larme. Elle se rétablit, aide Peaches à se relever. Un regard de Geronimo, et tous jettent leurs flingues. Les canons claquent. Après quoi, il dépoussière son béret et le remet. On fait pareil, ajustant nos uniformes. Se rendre, ouais, mais avec dignité. J'enjambe les gravats jusqu'au couloir, entravé de ferraille et de briques. Les autres se calquent sur mes pas, sauf Peaches. Je l'entends boiter et parler de sa mère, ce qui me fait penser à la mienne. La gueule qu'elle fera quand elle me verra aux infos.

Tu me manques, maman.

Encore un pas, et je croise les mains sur la tête, m'offrant au soleil. Il est éclatant. Un soleil de Californie, fier et insolent, qui s'en fout d'être à trois semaines de Noël. Ses rayons caressent l'avenue, nappée de poudre d'or. C'est sublime. Ma récompense après quatre heures de calvaire. J'avance, acclamé par la foule. Applaudissements, encouragements… Le ghetto nous célèbre. J'aimerais remercier ces gens, leur dire combien ils m'ont aidé et – « Ma chérie ! » – une femme surgit. Elle bouscule les caméras pour aller enlacer Peaches, derrière moi. Je vois rien, mais j'entends tout. Leurs cris d'amour, leurs pleurs bouleversants, les coups dans mon dos. Je m'écroule, plaqué au sol. Ma tête cogne, un genou de mille kilos m'écrase la nuque.

— Aaaaah !

On me tord les bras, on me menotte, on me traîne. Même sort pour les autres. Les motards nous escortent, leurs vrombissements me rendent fou. Geronimo et les siens résistent, dopés par la foule. Des gens s'interposent, attaquent les porcs. Les matraques se déchaînent. Des hippies tombent, des Muslims saignent, quand jaillit une grenade lacrymo. Et c'est reparti : tousser, cracher, brûler de l'intérieur. J'entrevois Peaches, arrachée à sa mère, puis enfermée dans un fourgon. Comme Ben, là-bas, et Charlene, déjà loin. Les enculés, ils nous séparent. Et moi, on me balance dans un autre fourgon.

Crac ! – mes côtes.

Clac ! – la porte.

Clark, assis devant moi.

— Salut, mon pote ! Alors, quoi de neuf ?

53

3 janvier 1970

CHARLENE

— Sale négresse.

La gardienne remet ça, à voix basse. Harcèlement insidieux, que l'autre fait semblant de pas entendre. Moi, je fais exprès de marcher cool, béret en poche et veste sur l'épaule. Interdiction de les porter dans l'enceinte de Chino. Les portes, les cellules se succèdent. À travers les barreaux, les filles me sourient. Noires, Chicanas et quelques Blanches en guise d'exception. Elles m'encouragent du regard – « Bonne chance », « Lâche rien » – en taisant leur soutien, sous peine de sanctions.

— P'tite pute.

La truie me pousse, encore, et je prends tout mon temps. Des racistes, j'en ai connu, mais là… Encore une qui s'endort sur CBS et se réveille dans *Newsweek*. Alors, une « Noire marxiste qui tire sur des gentils policiers blancs », ça passe pas. Elle peut continuer, je m'en fous, car aujourd'hui, je me casse. Mon avocat a bien bossé : quand le proc' parlait détention d'armes, il répondait légitime défense. Grâce à lui, aux manifs du Parti et à la presse underground, je serai dehors dans une minute.

— Salope.

Je me contiens, sinon ça se retournerait contre moi. Comme le jour de mon arrivée, quand elle m'a fouillée. Ses doigts, elle les a enfoncés et ça m'a fait mal, alors je lui ai foutu mon poing dans la gueule. Résultat : une semaine à l'isolement, sans visites, sans bouquins, sans funk. L'enfer. J'ai cru devenir folle. Heureusement, il y avait les promenades. Une heure par jour, pour fumer et regarder le ciel à travers le grillage.

Une semaine interminable, avant qu'on me foute en cellule avec matelas glacé et bouffe infecte. Je voulais écrire à Gero, mais je savais pas où il était, alors j'ai écrit au siège. Ma lettre a été détruite ; pas conforme au règlement. Une feuille recto-verso au format 21/28 et c'est tout, mais j'étais pas au courant. À part ça, aucun coup de matraque, juste des insultes et des menaces. Faut dire que je suis passée sur toutes les télés, alors si je sors avec des cicatrices, ce sera chaud pour Reagan.

On dépasse l'église et son prêtre, l'atelier et ses machines à coudre. Ben ouais, ici, il y a que des femmes et forcément, les femmes, ça fait de la couture. Manque plus qu'un bloc « brushing et tarte aux pommes ». Pays de merde. On traverse la cour, le froid me happe et me lâche plus, du parking à l'allée. Et ça y est, la palissade nous sépare.

— Bonne année, sale négresse.

— Bonne année, sale truie.

Ça claque ; mon cuir sur le dos. Je mets mon béret, observe les environs. Aucun Panther, donc les autres ont toujours pas été libérés. Je lève les yeux au ciel, bleu pâle, quadrillé par le grillage. Je sais qu'il y en a pas, mais je le vois quand même. Un mois de taule, à peine, et il faudra du temps pour que les mailles d'acier disparaissent.

Je repère deux arrêts de bus, mais je sais pas lequel choisir pour L.A. On t'enferme, on t'humilie, et quand t'es dehors, tu galères. Je m'oriente vers l'autoroute, on verra bien. Au fil des pas, je pense à mon Noël en taule, à Philly… Il y a un an, avec le Front uni et le reste, je misais tout sur 1969. Je voulais que ça groove et ouais, ça a groové :

Fred et Mark assassinés.
Bobby en procès avec trente autres.
Quarante-cinq Panthers incarcérés à vie.
Cinquante-deux condamnés à trente ans.
Cent trente recherchés par le FBI.

Tout ça, je le sais grâce à Moira, de la biblio. Une tox qu'a pris perpète pour avoir saigné un porc. Il paraît qu'elle a étouffé son bébé et que l'autre est venu l'arrêter, mais c'est compliqué, vu qu'elle m'a parlé de racket. Bref, elle m'a filé en douce un exemplaire du journal et… Ça klaxonne. Je me retourne, reconnais Gero au volant de sa Buick. À sa droite, Gordon sourit, un joint aux lèvres. Ça m'étonne, vu que notre règlement interdit la défonce, mais bon, il y a le Parti et il y a la Californie. Gero sort.

— Salut, p'tite sœur !

Je le retrouve comme je l'avais quitté – béret, foulard, collier de lames – avant de découvrir son arcade et sa lèvre enflées. Ils l'ont pas loupé, les salauds. Il me tape dans le dos et ça fait du bien, comme ce funk qui s'échappe de l'autoradio.

— Contente de vous revoir. Vous étiez où ?

— Folsom. Comment tu vas ? Ils t'ont cognée ?

— Non. Toi, en revanche…

— Ils pouvaient pas, alors ils m'ont envoyé des Slaves. Allez, en route !

Je m'installe à l'arrière, basculant dans un nuage de shit. Gordon me tend son joint – « Bonne année ! » – et je tire dessus. On roule et moi, je décolle.

— Waouh… Et les autres ? Ils sont sortis ?

— Tous, sauf Tyrone. On a monté un comité de soutien.

— Cool. Et Peaches ? Comment elle va ?

— Elle est en rééducation. Elle pourra remarcher, mais ça prendra du temps. À part ça, le QG est toujours en travaux. Pour l'instant, on loge dans un hôtel.

— J'ai hâte d'arriver, de me poser un peu.

— Va falloir attendre, on file rendre visite à George.

George Braxton, notre relais dans le milieu carcéral. Emprisonné il y a plus de dix ans pour avoir volé soixante-dix dollars et condamné à une peine indéterminée. Quand on m'a dit ça, j'ai rien compris, mais en fait, il repasse en commission tous les ans et chaque fois, on le renvoie en taule. C'est pour ça qu'il a la haine, qu'il se révolte. Et si des milliers de détenus foutent le bordel, c'est grâce à lui.

— T'es sérieux ? Je sors de taule et tu m'emmènes dans une autre ?

— Ouais. Au fait, félicitations. Maintenant que t'es allée en taule, t'es une vraie Panther.

Cinq heures plus tard,
comté de Monterey

Je suis en Californie que depuis trois mois, j'ai encore beaucoup à apprendre, mais je sais un truc : la pire prison de l'État, c'est Soledad. Tous les ex-taulards que j'ai rencontrés me l'ont dit et là, en passant le poste de contrôle, je les crois. Miradors, barbelés, murailles gigantesques, plein de gardiens… rien à voir avec Chino. Ici, ça pue la détresse et l'abattoir. Soledad porte bien son nom.

Et nous voilà assis au parloir, avec Gero. Il a insisté pour que je l'accompagne – « Faut que tu voies George, c'est un modèle pour nous tous. » Nos flingues, c'est Gordon qui les garde. Je l'imagine sur le parking, avec son joint et son funk, et je me dis qu'il a une sacrée chance. Je murmure à Gero :

— Je pensais pas qu'on avait le droit d'y aller à deux.

— La direction lâche du lest. George, s'ils le font chier, il passe un coup de fil et c'est le chaos dans toutes les taules du pays.

— LA FERME !

L'un des gardiens, en retrait. Un pour chaque mur, sans compter les autres derrière la vitre. Ils me matent, alors je me concentre sur les trous dans le plexi. Ah, ça s'ouvre. George apparaît entre deux gorilles, avec sa coupe afro et ses menottes. Il nous sourit, lui, le fondateur de la Black Guerrilla Family. Vingt-neuf ans dont onze en taule. C'est fou, j'arrive même pas à imaginer.

Il s'arrête devant sa chaise, la retourne et l'observe de près. D'abord les pieds, puis les rainures du dossier. Il la repose, examine ensuite le cadre de la vitre.

— Gero… qu'est-ce qu'il fout ?

— Il vérifie qu'il y a pas de micros.

George inspecte la table, s'assied enfin et chuchote à travers les trous :

— Content de te voir, mec.

— Moi aussi. Je te présente Charlene, de Philadelphie. Elle sort de Chino.

George plante ses yeux dans les miens.

— Bien remise ?

— Mm. J'étais à l'isolement, c'était dur.

— Je sais, j'en reviens.

— T'y as passé combien de temps ?

— Vingt-neuf jours, comme d'hab'.

— Sérieux ???

— C'est le max. Si t'y retournes et qu'ils dépassent la durée légale, tu peux déposer un recours. On a des droits, qu'ils le veuillent ou non.

J'ai du mal à le regarder, tellement il m'impressionne. Vingt-neuf jours d'affilée… Je me sens nulle avec ma semaine d'isolement. En plus, avant, il était à Folsom et San Quentin. S'il a pas craqué, c'est qu'il a un sacré mental. Gero enchaîne à voix basse :

— Tu tiens bon ?

— Ouais. Je fais des pompes, j'écris à mes vieux, à mon frère. Comment il va ?

— Il se fait chier et…

Gero se tourne vers un gardien – « Recule ! T'as pas à nous écouter ! Recule ou on porte plainte ! » – et le Blanc le toise durement. Il regagne sa place, échange des regards avec les siens. Gero poursuit, si bas que j'entends à peine.

— Jon veut monter un groupe pour toi.

— Il a pas le rythme. Recadre-le, qu'il se trouve un job tranquille.

OK, là, ils passent en langage codé pour plus de sécurité. Il vaut mieux, surtout si l'autre veut faire évader son frère. Gero continue :

— À part ça, il aide ma sœur, il lui fait ses courses.

« Il est garde du corps pour Angela. »

— Cool. Et elle ? Toujours avec son cow-boy ?

« Elle en est où, avec Reagan ? »

— Ouais, elle en bave. Une chance qu'elle ait ses gamins.

« Heureusement, les campus la soutiennent. »

— Faut qu'elle réagisse, *qu'elle mette la pression à l'université. Et vous ?*

— Depuis le SWAT, on a la cote. Les Slaves ont calmé le jeu, j'ai négocié une trêve.

— Cool. T'es au courant pour le SDS ?

— Mm. Il était temps, ça sentait la fin depuis un moment.

— Et du coup, le Weather durcit sa ligne. Ils parlent de poser des bombes.

— Pff... Vaut mieux bosser avec l'AIM, ils sont clean.

— Et couillus. Alcatraz, c'est parti pour durer. Il y a un truc à faire avec eux.

— T'en as parlé à Huey ?

— Il est chaud. J'ai plein de projets, j'ai même commencé un bouquin.

— Eh ben, tu chômes pas.

— Non. Et surtout, j'entends des trucs. Des trucs qui me plaisent pas. Ça aurait dû être notre année, 1969. Le Parti était sur sa lancée, mais on a été freinés.

— Je suis d'accord. Les porcs, les Feds, ils ont mis le paquet.

— Ça explique pas tout. Les procès, l'hiver, c'est fatal. Ça se grippe, ça se mouche.

« Si on en chie autant, c'est qu'il y a des traîtres. »

— C'est clair. Les microbes, ça y va. J'ai rien vu venir.

« On a trop recruté, on s'est fait avoir. »

— Faut te soigner. Une bonne cure, c'est ce qu'il te faut.

« Le Parti doit réagir, faut assainir les rangs. »

— Je vais carburer aux médocs… histoire d'être clean au printemps.

— Le plus tôt sera le mieux. Hein, Charlene ?

George m'a parlé, mais je réponds pas, sous le choc. Des traîtres, chez nous. J'y crois pas. Je me tourne vers Gero, puis George. Leurs regards insistants me glacent.

— Vous êtes sérieux ?

— Ouais. À Philadelphie, t'as rien observé de particulier ?

— Comme quoi ?

— Une recrue moins impliquée. Ou trop, justement.

— Ben non, on était tous sur le coup.

— On m'a dit que les porcs y faisaient plus de descentes qu'ailleurs.

— J'en sais rien… La section est très active, ça doit être pour ça.

— Ou parce qu'on les renseigne. Pourquoi t'es partie ? C'est à cause de Roy ?

Là, je comprends que Roy va passer sur le gril. Ils se trompent. Roy m'a fait chier, c'est vrai, mais c'est le premier à m'avoir donné ma chance et ça, je l'oublierai jamais. Ils insistent, alors j'explique pourquoi je me suis cassée – sans parler de la coke – et c'est déjà la fin de la visite. On souhaite bon courage à George et il nous sourit, le poing levé. Une image qui m'accompagne jusqu'au parking.

Dix jours plus tard, ils ont ouvert une nouvelle cour à Soledad. Au sommet du mirador, il y avait un gardien, Miller. Ils ont fait sortir des détenus, puis une baston a éclaté entre Noirs et Blancs. Personne sait ce qu'il s'est passé, mais ce qu'est sûr, c'est que Miller s'est payé trois de nos frères. Une balle chacun.

Le 16 janvier, un jury de Blancs s'est réuni. Ils ont parlé d'« homicides justifiés », leur grand truc depuis toujours, et Miller s'en est tiré avec un non-lieu. Une demi-heure plus tard, ils l'ont annoncé à la radio. Puis, Angela est passée nous voir, elle a dit que c'était chaud à Soledad. Il y avait une émeute dans l'aile Y, où un gardien blanc a été balancé du troisième étage.

Tous les détenus ont été interrogés, ils avaient la pression. C'était à cause de l'article 4500 du Code californien, qui prévoit la peine de mort « pour tout condamné à perpétuité reconnu coupable d'avoir attenté à la vie d'un non-prisonnier ». Le surlendemain, trois gars ont été accusés : Dwight Drumgo, Johnny Clutch et George.

54

28 janvier 1970

NEIL

Monsieur le Gouverneur,

Je vous écris car notre Californie est rongée par le cancer nègre. Pour avoir vécu l'assaut du Capitole, vous savez que notre État est l'un des plus exposés à cette menace, qui s'étend sur tout le territoire. Toujours plus de violence avec, comme première victime, notre police. Insultée, agressée, tuée. De nombreuses stars s'en accommodent au point de financer les Black Panthers. Ces traîtres vivent dans leurs villas dorées et ne souffrent jamais de la situation, comme moi et des millions de compatriotes.

Monsieur Reagan, nous partageons la même aversion pour les nègres, alors qu'attendez-vous pour agir ? Certes, ce ne sont pas nos seuls ennemis intérieurs, il y a aussi les gauchistes et les gourous comme Leary, enfin incarcéré, mais avant de purger notre race, il faudrait déjà s'occuper de la leur. D'autant que les nègres font des émules, à commencer par les Indiens. Deux mois qu'ils occupent Alcatraz. Un scandale, tout comme les Panthers de la section de Los Angeles, qui ont presque tous été libérés. De grâce, Monsieur le Gouverneur, agissez. Agissez au plus vite ou je serai dans l'obligation de le faire.

55

15 février 1970

TYRONE

La vie est belle. J'aurais jamais cru penser ça un jour, je l'ai compris en survolant le pays. J'en connaissais que la laideur, puis j'ai découvert ses prairies, ses forêts, ses montagnes magnifiques. Ça a été un choc, comme si je tombais amoureux. J'aurais pu le comprendre il y a trois mois, quand Wayne m'a mis dans l'avion, mais j'ai dormi pendant tout le vol. Faut croire que je devais passer par Los Angeles avant de comprendre. Maintenant, je sais : la vie est belle, sauf pour moi. Ma vie à moi, c'est Clark.

— *Content de te revoir, Tyrone. Je peux enfin te féliciter pour Carlson. Sans toi, on n'y serait pas arrivés. Et maintenant, dis-moi pourquoi tu t'es enfui.*

— *Je… j'ai paniqué…*

— *Tu fais chier. Je t'avais prévu un plan de sortie, mais il a fallu que tu joues en solo.*

— *J'ai eu peur ! Vous comprenez ? Peur !*

— *Du calme. N'en parlons plus.*

21 h 14

Atterrissage. Secousses. Stress entre ces deux G-Men, à l'avant du Boeing. Cinq heures que je suis là, menotté, surveillé, épié par les passagers. Tout à l'heure, quand on survolait le Grand Canyon, une hippie est sortie des chiottes et m'a regardé avec compassion. J'ai eu envie de la tuer, de lui faire bouffer sa robe à fleurs. Car tout ça, le FBI, les menottes, mon costume de civil, c'est des conneries. Une mise en scène qui se terminera dans quelques minutes, ici, dans l'Illinois.

— *Ça y est ? C'est fini ?*

— *Fini pour Los Angeles. Tu retournes chez toi.*

— *Hein ? Vous déconnez !*

— *Le BPP a monté une campagne et ça commence à faire du bruit. On ne peut plus t'exfiltrer, ni changer ton identité. Ils te réclament à Chicago, alors on va te renvoyer là-bas.*

— *Non ! Je veux pas ! Déjà, je devais juste infiltrer et vous m'avez obligé à...*

— *Tu as toujours le choix. À toi de faire le bon, c'est tout.*

Les gorilles retirent leurs ceintures, l'un ouvre la mienne et l'autre se poste dans l'allée. Il surveille, le torse bombé, la main sur sa crosse. Ça impressionne les hôtesses, qui chuchotent entre elles. Connasses. On me tire par le col, on me rétablit de force et je me dirige vers la porte, pris en sandwich. Celui de derrière m'ordonne d'accélérer, ce que je fais. Le regard fixe, confronté à cette nuque bien dégagée, rasée à la perfection. Les hôtesses saluent les G-Men et me dévisagent, après quoi on sort, direction le sas.

— J'ai fait ce que vous vouliez... Pourquoi vous vous acharnez sur moi ?

— J'essaie juste de t'aider.

— C'est ça ! Fred, Mark... ils sont tous morts, sauf moi ! Les autres sont pas cons, ils ont forcément compris ! Ils vont me faire la peau !

— Non. Ils ne se doutent de rien.

— Si ! C'est obligé !

— S'ils t'avaient démasqué, tu crois qu'on prendrait le risque de te renvoyer là-bas pour qu'ils te torturent et que tu leur racontes tout ? Ils te font confiance, mais ça peut changer. Plus on te garde, plus ils penseront que tu collabores et c'est pas bon pour toi. Ta seule chance est de réintégrer la section.

J'avance dans le sas, à la blancheur aveuglante. On dirait le couloir d'un vaisseau spatial. *USS Enterprise*. Spock. Téléportation. Si seulement je pouvais disparaître… Le problème, c'est que je saurais même pas où aller. Je me retrouverais sur Mars que je serais encore malheureux, rongé par ma culpabilité et ma soumission. Les Noirs, les Indiens, les étudiants, les féministes, tout le monde crie « non » et moi, je dis « oui ». Oui au FBI. Je suis né en esclave, je crèverai en esclave.

— J'ai plus rien à faire là-bas... De toute façon, sans Fred, ils iront pas loin.

— Au contraire, ça les a endurcis. On a besoin de toi pour les freiner. Et bien sûr, on double la mise.

— Je m'en fous, du fric. Je veux pas crever, c'est tout.

— Justement. En premier lieu, il faut que ton retour soit crédible. L'idée, c'est de leur faire croire qu'ils ont gagné, qu'ils ont fait plier le juge avec leurs manifs.

— *Ça marchera pas.*

— *Ça a marché pour Geronimo et les autres, alors il n'y a pas de raison.*

On se dirige vers deux porcs, qui font la gueule. Ils sont pas dans le secret, choqués par ma « libération ». Ils examinent le docu des Feds, puis nous ouvrent l'accès au hall bondé. Brouhaha. Kiosques. Journaux. Viêtnam. Biafra. Beatles. Séparation ? La question est posée et je m'en fous, repérant des Panthers. Wayne, Linda, Ronnie et un ado que je connais pas. Le grand absent, c'est Fred. Je pense à lui, en les voyant approcher. Wayne me sourit et ils se plantent devant nous. Linda, émue :

— C'est bon de te retrouver. Je me suis inquiétée, j'ai cru que…

— Je t'avais dit qu'il reviendrait ! Ils avaient rien contre lui !

Ça, c'était Wayne. Les autres restent silencieux, mais ils sont heureux de me voir. Je suis trop mal, d'autant que tout le hall nous observe. Ronnie, aux G-Men :

— Allez, faites pas la gueule ! Vous pouvez pas gagner à tous les coups !

— Fais pas le malin, toi.

L'un me retire les menottes. Je masse mes poignets engourdis et bascule de l'emprise du FBI à celle du BPP. Wayne me prend dans ses bras – « Tu m'as manqué, putain ! » – et les autres suivent. Le nouveau se présente, il s'appelle Harvey et me quitte pas des yeux, fasciné par le héros que je suis censé être. Les G-Men nous observent, en retrait. Ronnie les prend à partie :

— Tirez-vous ! Et le bonjour à Hoover !

Ils nous fusillent du regard, puis repartent. Pour eux, la comédie est terminée. Les autres m'entraînent vers la sortie. Wayne me tape dans le dos.

— C'est quoi, ce costard ? Va falloir te changer, et vite !

— Hâte de prendre une douche… Ma mère, comment elle va ?

— Mieux. Faudrait que t'ailles la voir.

Je franchis les portes, aspiré par la nuit. Retour à Chicago, son blizzard infernal, son atmosphère de poissons macérés. Dehors, deux bagnoles. Je reconnais Hank au volant de la première, puis découvre l'autre chauffeur. Un gros, qui me salue en levant son burger. Hank m'ouvre la portière côté passager, et flash ! J'imagine la suite : moi à l'avant et les autres, derrière. Trajet tranquille jusqu'à l'autoroute, où l'un d'eux me tire par les cheveux et – « Tiens ! Sale traître ! » – me plante la nuque.

— Allez ! Tu montes ?

— Je préfère aller derrière.

Je m'installe, la peur au ventre, découvre des posters à mes pieds. « Libérez Huey », « Libérez Bobby », « Libérez Tyrone » avec ma gueule. Photo prise sur le vif, quand j'étais encore un nouveau. Le groupe se répartit dans les bagnoles. Nous, on récupère Linda et Wayne, qui s'assied à ma droite. Hank démarre, puis l'interrogatoire débute :

— Alors ? Ils t'ont cuisiné ?

— Ils voulaient tout savoir… tout… Au fait, et Ford ?

— On lui a proposé de remplacer Fred, mais il a refusé. Il a peur, ce con.

— Ça se comprend.

— Reste à savoir ce qui le fait flipper, le FBI ou nous. On a reçu d'autres lettres. Elles l'accusent de la mort de Fred, comme quoi il bosserait pour les porcs.

— C'est des conneries. On a été piégés, c'est clair, mais Ford, j'y crois pas.

— C'est peut-être l'un des siens… ou quelqu'un de chez nous, va savoir.

— Ou la Rainbow.

— La Coalition, c'est fini. Les Latinos, les Portos, ils ont tous les Feds au cul.

— Et à part ça, qui a repris la section ?

Hank me quitte pas des yeux dans le rétro, Linda croise le regard de Wayne. Un dialogue se joue entre eux, tout en non-dits, alors j'insiste :

— C'est qui ? Debbie ?

— Non, elle est trop mal. Elle a pas les épaules. Toi, oui.

— Hein ?

— Depuis ton départ, on cherche un remplaçant…

— Non.

— … mais on a trouvé personne, alors on a tous voté…

— Non !

— … et c'est toi qu'as été désigné, à l'unanimité.

Le mot claque. Un coup de marteau, qui me tasse dans la banquette. Elle se creuse et je m'enfonce, prisonnier, asphyxié, avant de me tourner vers Wayne :

— Désolé, je peux pas.

— Je comprends que ça te gêne, mais c'est ce que Fred aurait voulu.

— T'en sais rien.

— Tyrone, ça fait un bail qu'on se connaît. T'as toujours été loyal. Tu m'as sauvé de la rue en m'amenant au Parti et t'as tenu bon face aux porcs. J'imagine même pas la pression qu'ils t'ont mise, mais t'as rien lâché. L'héritier de Fred, c'est toi.

— Non, je…

— Huey et Bobby ont validé ta nomination. Va falloir t'y faire, « chef ».

Six jours plus tard, le Weatherman a fait sauter une baraque, celle du juge chargé du procès des 21. Le mec a rien eu, mais ça a fait de la pub aux Panthers. Le siège a tout de suite pris ses distances, alors CBS et *Newsweek* en ont remis une couche.

Puis, le 6 mars, une autre bombe a explosé à New York, du côté de Greenwich, au QG du Weatherman. Un accident ; trois d'entre eux sont morts. Ça a secoué toute l'équipe, sauf moi. Moi et Fred, de retour, lui aussi. Deux semaines qu'il me hante du matin au soir, de l'appart' à la rue, de la section aux bouteilles de scotch.

56

8 mars 1970

CHARLENE

Gordon, il est top. Depuis que je suis sortie, il m'a prise sous son aile. Comme Gero, mais lui, il est souvent absent, il va au siège, il négocie avec les gangs. Du coup, je traîne avec Gordon, il me fait visiter L.A. et découvrir des super trucs comme Funkadelic. Il y a aussi les Lumpen, le groupe du Parti. Eux, on les a vus en concert, on était plus de cinq cents à chanter *Free Bobby Now*. Ça nous motive, car il y a du boulot. Pendant que les autres reconstruisent le QG, Gordon et moi, on installe notre local temporaire à l'hôtel. C'est petit, ça pue, mais on est au cœur du South Side. On y relance la machine en diffusant le journal, en formant les recrues…

— T'as fait de la taule ?
— Ouais. C'est un problème ?
— Au contraire. Bienvenue, mon frère !

… qu'on envoie à Chicago. Un billet d'avion, et ils visitent l'appart' de Fred avec le sang et tout. C'est douloureux, mais essentiel. Et quand les nouveaux reviennent, ils sont gonflés à bloc, prêts à crever pour le Parti. Avec eux, on s'occupe des gamins, on leur apprend à écrire, on les amuse avec des chansons…

« Porc, petit porc ! Oh, oh, oh ! Casse-toi, maintenant !
Groin ! Groin ! Bang ! Bang ! Porc mort ! »

… on manifeste pour Huey, Bobby, les 8, les 21 et nos frères à Soledad car, eux aussi, ils sont innocents. Surtout George. Du coup, les avocats mettent le paquet. Pour lui et tous ceux qui sont encore en taule. Il y en a beaucoup, alors on continue la lutte. Et aussi, on surveille l'équipe pour essayer de démasquer les traîtres…

— T'es parti tôt, hier.
— J'avais des courses à faire.
— Ah.

… comme à Seattle et New York. Deux mouchards, un dans chaque section. Il paraît qu'ils en ont chié – eau bouillante et chalumeau. Il y en a qu'un qu'a avoué, l'autre est mort avant. La torture, je cautionne pas, mais bon, faut bien préserver le Parti. Bref, entre les manifs et le reste, on carbure à fond. Et quand on rentre le soir, on est vidés, comme maintenant. Gordon s'enfonce dans sa chaise :

— Ah ! C'est bon de se poser !
— Ça va, les mecs ?

Les nouveaux acquiescent, ils ont plus la force de parler. Quinze heures qu'ils turbinent non-stop. Quand je les regarde, je me revois il y a deux ans. Ils accrochent leurs vestes, rangent leurs flingues. L'un d'eux, Vince, s'adresse à Gordon :

— On peut aller se coucher ?

— Bien sûr. Vous avez bien bossé, aujourd'hui. Bonne nuit !

Ils nous saluent, le poing levé, puis montent l'escalier. Direction le dortoir, où ils ronfleront dans cinq minutes. La porte refermée, je m'affale dans le canapé.

— Ils assurent. Encore une semaine, et ils seront prêts.

— Il est pas encore minuit, ça te dit d'aller boire un coup ?

— Je suis claquée… et faut qu'on monte la garde.

— Ton verre, tu l'as bien mérité. Je vais rencarder Emma.

Emma et ses sœurs, les putes d'en face. Au début, c'était tendu avec leur mac, puis on a trouvé un accord : on les laisse tapiner et, en échange, elles surveillent notre local quand on sort. J'aime pas trop ça, vu qu'elles sont exploitées, mais ça nous permet de souffler un peu. Et après tout, si elles en chient, elles ont qu'à rejoindre le Parti.

— OK, mais j'ai surtout envie d'un burger.

— On bouffera sur le trajet. J'ai des potes à voir.

— Cool. On passe prendre Gero ?

— Non.

Plus tard,
Surf Rider Beach

Gordon coupe le contact. Je rote mon Big Mac et observe la plage, où des ombres dansent sur de la pop autour d'un feu. On prend nos flingues et on sort, traversant la rue en héros. Fiers, la tête haute. On ignore les gens, passe du bitume au sable, et je reconnais la musique – *Peace Frog*, des Doors. Il y a plein de fêtards. Des hippies, tous blancs. Beaucoup sont à poil, les mains levées vers la lune.

— C'est eux, tes potes ?

— Ouais. Ils sont de la Confrérie.

— Mais… ils existent vraiment ?

Ça alors, la Confrérie de l'Amour Éternel, je croyais que c'était une légende urbaine. Sur eux, j'ai tout entendu : que c'est une secte de dealers végétariens, que leur QG est une librairie, que c'est une couv' pour leur trafic, qu'ils ont des labos à travers le pays, que leur réseau s'étend jusqu'au Pakistan et qu'ils brassent des milliards. Bref, on a rien à faire ici. Pourtant, on continue d'avancer, quand deux surfeurs se referment sur nous. Dreads, tatouages et fusils à pompe. L'un d'eux, un joint aux lèvres :

— C'est pour quoi ?

— Je suis Gordon, j'ai rendez-vous avec BB.

Le mec s'éloigne, laissant son pote nous surveiller. Là-bas, l'autre approche d'une hutte et parle au barman, qui se tourne vers nous. Un sourire, et on nous laisse passer. Jim Morrison nous accueille – *« She came and then she drove away ! Sunlight in her hair ! »* – entre deux hautes enceintes, qu'on dépasse.

— C'est qui, BB ?

— Beautiful Bill. Tu vas voir, c'est un sacré mec.

Le barman vient se planter devant nous avec ses yeux azur, son bermuda violet et surtout, sa peau orange. Ça, je crois d'abord que c'est dû aux flammes, mais non, c'est son bronzage. Gordon et lui se tapent dans le dos – « Salut, mon frère ! » J'aime pas ça, mais je dis rien.

— Mec, je te présente Charlene.

— Salut, toi ! Allez, venez boire un coup !

On le suit. D'habitude, notre look attire les regards mais là, les gens sont trop occupés à tripper et à baiser.

Drôle d'ambiance, une partouze encadrée de mitraillettes. Je suis mal à l'aise, j'ai envie de me casser. Arrivé à la hutte, BB regagne son comptoir et – « Glou ! Chpoc ! Pchhh ! » – nous sert deux cocktails. Gordon prend le sien.

— Merci, mec. C'est quoi ?

— C'est d'enfer !

Je goûte et là, c'est le frisson. J'identifie du kiwi, de la vodka, mais il y a autre chose, un truc qui cartoone mes sens comme un toboggan qui… Oooooh yeah ! Ça funke à mort et finalement, tous ces gens qui baisent, ça me dérange pas tant que ça. Je crois même que ça m'excite. Gordon allume sa clope, puis celle de BB.

— Vachement fort, la musique. Les porcs vous emmerdent pas ?

— Les flics, on les arrose.

Je repose mon verre, choquée :

— Vous bossez avec eux ?

— On veut la paix, alors on s'arrange.

— Mais… comment vous pouvez…

— On fait ce que prônait Malcolm X. Il voulait la collaboration, et voilà, on y est !

— Il parlait de solidarité, pas de…

Gordon me lance un regard, BB le relance :

— Comment ils vont, les Soledad ?

— C'est dur, ils ont pas d'alibi. Des gars pourraient les innocenter, mais ils ont peur de témoigner. Le système leur met la pression… Reagan, toujours lui.

— M'en parle pas. Tim en taule, c'est sa grande fierté, à ce fils de pute !

BB renverse un sachet de coke sur le comptoir. Il sniffe, renifle, se tripote les narines, Gordon en fait autant. Si Gero nous voyait, il lui péterait la gueule et le virerait de la section. Moi aussi, car j'ai pas pu résister – le cocktail, l'ambiance, et waouh ! C'est de la bonne, rien à voir avec celle de Philly. Putain, j'adore la Californie. J'en frissonne, me tourne vers Gordon.

— C'est… c'est qui, « Tim » ?

— Timothy Leary, leur boss.

— Notre dieu ! s'exclame BB. Il m'a ouvert l'esprit, mec ! Grâce à lui, j'ai compris plein de trucs sur la vie, la mort, tout ça ! Et maintenant qu'il est en taule, on a la haine !

— Pareil. Heureusement, on a de plus en plus de soutiens dans le monde. Un Français va même venir, un écrivain, Jean Genet. Ça te parle ?

— Non.

— C'est un pédé, mais bon, il est super connu et on a besoin de stars.

— Je comprends. Nous, on s'est branchés avec le Weather.

— Fais gaffe. Ils rigolent pas.

— Ça tombe bien, nous non plus.

Une blonde débarque, nue et coiffée d'un nénuphar. Elle murmure à l'oreille de BB. Moi, j'hallucine sur ses seins énormes aux mamelons comme des soleils. La fille repart, BB lui claque le cul et se tourne vers Gordon :

— Je reviens. Faites comme chez vous !

Il traverse les fêtards en direction d'un moustachu en costard, avec une mallette. Les Doors font place à un truc endiablé, genre tablas. Et plus ça joue, plus ça chauffe dans ma tête. Gordon termine son cocktail, s'essuie les lèvres.

— Alors ? BB, t'en penses quoi ?

— Il s'en fout, de la révolution. Il veut juste faire du fric… du sale fric.

— Ça t'a pas empêchée de te taper un p'tit rail. Et son « sale fric », il nous aide bien. Les avocats, les flingues, c'est pas avec les ventes du journal qu'on pourrait se payer ça.

— Gero… il est au courant ?

— Si c'était le cas, il serait là, avec nous. Et t'as pas intérêt à lui raconter.

— Non, évidemment… mais s'il l'apprend, il risque de…

— Tu me fais chier avec Gero ! Il passe son temps au siège pendant que nous, on fait tout le boulot ! Moi, j'ai pas besoin de lui, je fais ce que je veux !

— Ah, ouais ?

— Ouais.

— Alors vas-y.

Je soutiens son regard, il sourit et on s'embrasse follement. Nos langues fusionnent, je m'agrippe à son cuir, ici, là-bas, à l'hôtel, où on baise toute la nuit, tous les jours. Les autres, on s'en fout. Pendant qu'ils bossent, on se transcende…

« LIBÉREZ LES FRÈRES DE SOLEDAD ! »

… au top du plaisir et des acides. Jouir, s'abandonner, se libérer, planer jusqu'en Afrique, de coups de reins en coups d'État, de vie en morts, du Sénégal au Lesotho qu'on soutient de toutes nos forces…

« LE POUVOIR AU PEUPLE ! »

… avant de retourner baiser, complètement défoncés. J'aime trop ça, je suis sa pute, sa fan, trop fan de Rufus Thomas, putain de concert, c'est chaud, tellement chaud avec les Viets, ça s'insurge, ça tire, ça hurle…

« CRÈVE, ENCULÉ ! »

… et les mecs s'écroulent dans les poubelles. Deux Slaves, une balle dans la tête chacun. Notre vengeance, à Gordon et moi. Ces salauds ont eu ce qu'ils méritaient, ils avaient qu'à pas buter Bunchy et Jim. Un an. Un an que des milliers de gens rêvaient de les buter. Eh ben, nous, on l'a fait. Tant pis pour la trêve. De toute façon, leur gang aurait fini par remettre ça. Gordon recule.

— Faut se tirer ! Vite !

J'ai entendu, mais je réagis pas. Mon flingue à la main, j'observe ces deux cons aux gueules éclatées. De leur crâne s'échappe une vapeur bleue, violette, orange, verte, et la nuit clignote, funky trip aux nuages de coke. Ou d'amphètes. Ou de ces pilules dont je connais même pas le nom. Tout ce que je sais, c'est que ces fils de pute sont morts et que moi, je me suis jamais sentie aussi vivante.

57

23 mars 1970

NEIL

« Avant de vous tuer, je vais balancer votre bébé par la vitre. » *Zodiac is back.* Ce que Kathleen Johns a dit aux flics.

Elle roulait sur la 132 avec sa fille à côté, quand il a fait des appels de phares, derrière. Johns s'est arrêtée, il a prétendu que l'une de ses roues vacillait. Des conneries. L'autre y a cru et l'a laissé resserrer les boulons. Quand elle est repartie, il l'a suivie jusqu'à ce que la roue se barre, comme prévu. Bien joué. Là, il a proposé de l'amener à la station-service la plus proche. Quand il l'a dépassée, Johns a été surprise. Puis il l'a menacée et elle s'est jetée de la bagnole avec son bébé.

Ça s'est passé la nuit dernière et depuis, le pays ne parle que de ça. Les flics n'y croient pas. Ils ont tort, c'était bien lui. Je le sais, car c'est moi qui l'ai fait revenir. Il était jaloux. Il n'a pas supporté que je parle en son nom dans l'émission. Mais là, pour la première fois, il a échoué. Moi, je réussirai. J'ai espéré en Reagan, mais il n'a rien fait et tous les Panthers de L.A. ont été libérés.

« Cat's foot ! Iron claw !
Neuro-surgeons scream for moooore ! »

Il faut agir. Ce qui m'a décidé, c'est le sondage d'aujourd'hui : 25 % des nègres du pays bandent pour le BPP. 25 %, bordel. Rien que d'y penser, ma migraine s'accentue, jamais rassasiée. Vorace. Radio. King Crimson…

« At paranoia's poison door !
Twenty first century schizoid maaaan ! »

… et je manœuvre le volant, m'enfonce dans la nuit. Néons et démons, balayés par la pluie diluvienne. Je dépasse Rosedale, notre premier cimetière à avoir accueilli toutes les races, toutes les religions. C'était au siècle dernier ; le début de la fin. Trahie, profanée, ma ville agonise. Où que je sois, je vois et entends sa détresse. Ça ne peut plus durer.

Je coupe le contact, sors de ma Rover. Retour à Slauson, à quelques mètres du lieu où tout a commencé il y a deux, trois ans, je ne sais plus. Doug, c'est à lui que je pense en traversant le carrefour. Le déluge fouette ma nuque, le sol, les ordures. Boucan dissonant, mon cœur survolté. Je prends la première rue et ne croise aucun caïd, ni dealer. Personne. J'ai bien ciblé mon territoire. L.A., je sais tout d'elle : ses zones d'affluence, ses quartiers sensibles, ses rues désertes.

Je m'engouffre dans une ruelle, jusqu'au croisement avec la 54e. Gravats, détritus et bagnoles cramées. Seul signe de vie, ce torrent noir drainant des litres de crasse. J'y vois le Styx, puis un passeur sur l'autre rive. Un nègre en train de pisser, sous un porche. Un clodo en parka moisie, avec des sacs en plastique en guise de chaussures. La vulgarité incarnée, qu'Ali et Poitier cherchent à cacher sous leurs costards. Mais moi, je sais. Tous pareils, tous nuisibles.

L'autre boutonne son froc pourri. Je le regarde tituber vers un canapé retourné, sous lequel il se couche. J'avance. M'arrête devant le canapé. Donne un coup de pied. L'autre râle, je reshoote dedans et il s'agite.

— Oh !

Je tape encore, il s'énerve :

— Putain !!!

Il s'extirpe de son trou. Entre dix-huit et vingt ans, la moyenne d'âge des Panthers. Immaturité et hargne – il a le profil d'une future recrue. D'ici peu, il tuera les miens au nom de Marx. Pour l'heure, il m'impose son haleine chargée de bière. Ses cheveux crépus. Ses grosses lèvres. Son acné, ces boutons blancs dégueulasses qui n'appartiennent qu'aux nègres. Puis sa puanteur, aggravée par la pluie. Il se redresse et me défie :

— C'est quoi ton problème ?

Je regarde à droite…

— OH !

… puis à gauche…

— OH ! TU ME RÉPONDS ?

… et en l'absence de témoins, sors mon couteau. Il panique. Je l'égorge d'un revers, censurant son cri. Ça y est, j'y suis. Là, dans sa chair. Son cou se déchire, lentement, libère une vapeur céleste. Puis l'extase. Cette trachée fendue, ouverte sur ma victoire. *Stars and Bars*, mon drapeau, notre premier étendard enfin réhabilité. Plus les étoiles scintillent, plus le sang s'écoule et colore son torse. Il bascule en avant, s'écroule sur moi. Les yeux exorbités, la joue écrasée contre mon épaule avant de glisser sur le sol. Il gémit, convulse en serrant sa gorge. La mare s'épaissit, brouillée par le déluge.

Je l'observe, captivé, aux premières loges de son agonie. Je tremble, oui, mais ce n'est que d'excitation. Car c'était facile. J'en suis presque déçu… Je frémis, alerté par une sirène de police. Je recule dans l'ombre, aperçois un véhicule du LAPD. Une patrouille, de celles que je faisais avant. J'attends qu'elle passe, et la nuit redevient mienne. Toujours personne. Rien que lui et moi, hors du temps.

Et je ne veux pas partir.

Pas maintenant.

Je viens à peine d'y goûter, je veux prolonger l'instant.

Alors, je m'accroupis. D'une main, je le maintiens au sol et de l'autre, lui perfore le torse. Tuer le mal à la source. Extirper la lame, humer cette vapeur fruitée, puis recommencer. Encore. Encore. Encore. Encore un coup pour Ali – *« Mes ennemis sont les Blancs »* – pour Brown – *« I'm black and I'm proud ! »* – pour King – *« J'ai fait un rêve ! »* – pour Norton – *« Révolution ! »* – pour Stills – *« Le pouvoir au peuple ! »* – pour Bruber – *« Black Power ! »* – pour Glazer et ses éditos orduriers, écrits en Algérie, bien protégé. Protégé. Protéger et servir mon pays, qui compte désormais un nègre de moins.

58

15 avril 1970

TYRONE

Tic… l'aiguille entame son dernier quart. Tac… elle se rapproche. Tic… plus que quelques secondes. Tac… et j'arrête mon réveil avant qu'il sonne. Insomnie, encore, et toujours ces crampes d'estomac. Envie de chialer, mais j'ai pas le temps, faut que je sois à la section dans un quart d'heure.

Je m'étire dans le lit, me masse les tempes, récupère la bouteille. Une gorgée pour la culpabilité, trois pour l'angoisse. Clark. Je repense à notre entrevue, puis au sanatorium, hier. J'ai aperçu ma mère à travers une vitre, elle regardait la télé avec d'autres vieux. J'ai pas osé entrer, mais faudra bien. Besoin de lui parler, de l'entendre, et tant pis si elle m'engueule.

Je me lève, traîne les pieds et bute contre une autre bouteille. Elle roule ; le son me rend fou. Crispé, je pénètre dans la salle de bains. Interrupteur. Lumière. Miroir. Fred, aujourd'hui encore. Putréfié sous sa veste en lambeaux, comme son torse suintant, criblé d'impacts. Le crâne éclaté, il allume une clope et me sourit.

— *Salut, mec.*

— Commence pas.

— *C'est toi qu'as commencé. Tu m'as trahi.*

— Je sais, putain… pas besoin de me le rappeler…

— *Comment t'as pu me faire ça ?*

— Arrête… s'il te plaît…

— *Je t'aimais comme un frère. Comment t'as pu ?*

— Je suis désolé… vraiment… Je t'ai déjà expliqué, Clark m'a obligé…

— *C'est toi qui m'as piégé, pas lui. Allez, grouille, on nous attend.*

Peu après,
Madison Street

J'avance, clope au bec, le ventre noué. Mes tripes se contractent un peu plus au fil des mètres – l'omniprésence de Fred, puis l'angoisse de croiser Zac et son clebs, Sonia et ses tattoos, Al et son ballon… fidèles au poste. Ils étaient là avant moi, ils seront là après moi. Ils me saluent chacun leur tour, m'obligeant à leur répondre. Le supplice s'éternise avec les gamins, qui me suivent jusqu'au local, comme tous les matins :

— Allez, recrute-nous ! On est chauds !

— Barrez-vous !

Ils capitulent, en tout cas pour aujourd'hui, et s'éloignent en râlant. Moi, j'écrase ma clope devant la porte. Stress. J'entends déjà l'équipe me casser les couilles avec Soledad et le reste. Je me décide à entrer, fatigué d'avance. « Salut ! » – Wayne et treize autres, le noyau dur de la section. Tous prêts à recevoir mes ordres, au son afro-jazz de Demon Fuzz et de son *Afreaka !* Ronnie me tend un café.

— Bien dormi ?

— Non. Les nouveaux, ils sont où ?

— Sur les chantiers, avec les grévistes. Dis, t'es au courant ?

— Quoi ?

— Apollo 13. Un réservoir a explosé, les mecs sont bloqués dans l'espace.

— Ah… c'est con.

Ma réponse les fait rire, c'était pas voulu. Certains en remettent une couche, comme quoi c'est bien fait pour ces Blancs, que Nixon gaspille du fric avec la NASA alors que nos frères crèvent la dalle, et tout ça me gonfle, à commencer par la musique. Je baisse le volume, contourne le bureau, m'installe dans le fauteuil. Celui de Fred, qui me fixe, là-bas. Mal à l'aise, j'avale une gorgée de café et m'adresse à Hank :

— C'est quoi le programme, aujourd'hui ?

Lui, mon second. J'avais d'abord pensé à Wayne, mais les autres savent qu'on est potes et ça aurait créé des tensions. Hank sort son carnet, qu'il feuillette :

— Dans une demi-heure, t'as rencard avec le nouveau pasteur.

— Pff…

— Après, un groupe de Seattle ira chez Fred. Puis, 11 heures, manif devant la mairie.

— Pour quoi, déjà ?

— Les logements.

— Ensuite ?

— On file à la clinique à 13 heures. Les porcs ont intercepté des médocs.

— On ferait mieux d'aller au poste, intervient Linda.

— Et on les bute tous, c'est ça ? Si tu veux de l'action, casse-toi ! Moi, j'ai eu ma dose ! On est là pour aider le ghetto ! C'était la ligne de Fred et ça reste la mienne !

Silence général. Ils me regardent comme si j'étais un extraterrestre. J'ai déconné, j'aurais pas dû perdre mon sang-froid. Fred aurait jamais réagi comme ça. Je me tourne vers lui et il me fait un fuck, quand Hank continue :

— Des médocs, on en trouvera d'autres. Concernant Fred, les journalistes ont appelé.

— Les…

— Ceux qui le suivaient. Ils sont en train de monter leur docu, ils proposent de rajouter une séquence avec toi pour que tu parles de lui.

— Non. Rappelle-les, dis-leur que j'ai les Feds au cul. Autre chose ?

— On raconte que des gars du Weather sont dans le coin.

— Et ?

— On pourrait les rencontrer, pour voir.

— Voir quoi ? On a rien à foutre avec eux. Bon, c'est tout ! Ouais ? Alors, au boulot !

La section s'agite, neuf mecs et cinq filles totalement dévoués. Et les nouveaux, c'est pire. Pour eux, je suis la réincarnation de Fred, ils sont tous prêts à crever pour moi. J'ai honte, c'est pour ça que je me suis mis à picoler. J'ai pas les couilles de me suicider, alors je me tue au scotch. La mort lente, celle du lâche.

Wayne et quelques autres sortent avec des caisses à outils, direction les apparts du quartier. Plâtre, plomberie, dératisation – notre nouveau truc. Fred en avait parlé, mais c'est moi qui l'ai appliqué. Les gens sont contents, ça fait de la pub et ça occupe mes Panthers. Pendant qu'ils bossent, ils me foutent la paix.

Ronnie et les autres passent des coups de fil, de Peoria à Springfield. Garder le contact, voir ce qu'on peut faire pour bousculer l'Illinois. Mon café terminé, je sors ma clef. Tiroir. Serrure. Cahier. Dépenses. Entre l'essence, le matos et les planques, ça va mal. À ce rythme, on sera à sec avant Noël et faudra trouver du fric ailleurs. Relancer nos donateurs, mais ça suffira pas. Dans cette putain de ville, il y a que les Blackstones pour nous aider à renflouer les caisses. Je veux pas, Clark me le ferait payer et…

— On peut te parler ?

Hank et Linda, devant moi. J'acquiesce, referme le cahier. Hank lorgne l'équipe, Linda se penche pour chuchoter :

— Ça concerne Wayne. Il y a un problème.

— Quoi ?

— Je sais que c'est ton pote, mais…

— Accouche.

— Hier soir, on a bu des coups avec lui. Il a fini bourré, il s'est mis à parler de Fred et il a dit que t'avais eu vachement de chance d'avoir survécu.

— C'est vrai… et alors ?

— Et alors, ça veut dire qu'il trouve ça bizarre.

Wayne, soupçonné. Lui, si dévoué. Mon pote, quelque part, en train de retaper un appart' pour qu'une famille y vive décemment. Linda continue, toujours à voix basse :

— On a hésité à t'en parler, mais… Désolée, je sais que ça te fait mal.

— Vous emballez pas. Je suis le seul à avoir survécu, alors je savais que ça paraîtrait louche. Vous y avez pensé, vous aussi, hein ?

— Non, dit Hank.

— Vous pouvez me le dire. Je comprendrais, c'est humain.

— On a jamais douté de toi. Fred, tu l'aimais encore plus que nous, ça crevait les yeux. Tu l'as soutenu face aux Blackstones, t'as tout fait pour que ça marche. Wayne, il en a buté deux. Il a jamais été chaud pour l'alliance, alors que ça aurait pu tout changer. Et il y a les lettres. Fred le soupçonnait.

— C'est des conneries.

— Non. Un jour, il m'a dit qu'il t'en avait parlé.

— Bon, c'est vrai, mais franchement… Ce que je crois, c'est que Wayne voulait être mon second et qu'il digère pas, c'est tout.

— Arrête de lui chercher des excuses. Il veut déstabiliser la section et tu le sais.

Leurs regards ; ils sont convaincus. J'arriverai jamais à les raisonner, je suis obligé de les suivre. Si je le fais pas, ils trouveront ça bizarre. Envie de vomir, de crever, de me saigner les veines, mais j'ai pas de lame, rien, alors avec les dents, me rogner le poignet jusqu'à l'os, comme un putain de cannibale de merde. Je m'enfonce dans le fauteuil, genre « Je suis le boss », mais c'est pour pas m'écrouler. J'allume une clope :

— Quand il a parlé de moi, les autres, ils ont dit quoi ?

— Il y avait que nous deux, heureusement. Faut agir, avant qu'il foute la merde.

Sonné, j'avale une bouffée de tabac. Là-bas, Fred me sourit et un cafard sort de son crâne.

59

27 mai 1970

CHARLENE

Les murs, ça tourne. Cramponnée au lavabo, je vomis mes pilules et ma culpabilité. Les Slaves, je voulais pas les buter, mais c'est trop tard, ils sont morts, tous morts au Viêtnam, au Cambodge, à Kent, ces étudiants tués par les porcs, et je déverse ma haine, celle du Weatherman et de leur bombe.

« Boum ! »

Le siège de la garde nationale.

« Boum ! »

La réponse au fascisme.

« Boum ! »

Je m'écroule sur le carrelage, touche mon front. Brûlant. Je me redresse lentement, me rince la gorge, la gueule, puis ajuste mon flingue. Un chewing-gum, et je sors des chiottes. Retour à la clinique. J'arpente le couloir, longeant la file d'attente. Aujourd'hui encore, tout le monde est là, des bébés aux croulants. Ici, on s'occupe de tout : la gale, les caries, les poux, les mycoses, les blessures par balles, et tout ça gratos. On soigne même des Muslims, c'est dire si on est cool.

Je dépasse la foule, traversant son brouhaha de « Je tousse gras et je me plains, car j'attends depuis ce matin ». Direction Gero et le docteur Lambert, en pleine discussion dans la salle de pause. Lambert, c'est l'un des meilleurs pédiatres de L.A. Deux ans qu'il aide le ghetto, en plus de son cabinet. Pourtant, Gero est furax.

— Comment ça, « c'est fini » ?

— Je suis désolé…

— Vous pouvez pas nous laisser tomber. Les gamins ont besoin de vous.

— Je sais, mais je n'en peux plus.

— Vous êtes surmené ? On va vous alléger un peu.

— S'il n'y avait que ça. La police me harcèle, elle me contrôle tous les jours. Et puis, il y a les Slaves. Ils menacent ma famille, ils disent que si je continue…

Lambert baisse la tête, se masse le front. On dirait qu'il craque, alors je m'éloigne de quelques mètres. Je fais semblant de lire l'affiche « Conseils aux femmes enceintes », observant discrètement la scène. Gero lui tape sur l'épaule.

— Vous inquiétez pas, on vous protégera. Restez avec nous, s'il vous plaît.

— Rester pour quoi ? Je passe mon temps à traiter des carences, des bronchites ! Ça ne changera pas tant que ces gens vivront dans des taudis insalubres ! Trouvez-leur du travail ! Avec un salaire, ils mangeront mieux et vivront sainement !

— Sans blague ! On met la pression aux patrons, mais personne veut les embaucher !

— Alors mettez-les au moins dans des logements décents !

— POUR ÇA, IL FAUT DU FRIC !

Son coup de gueule ébranle le couloir, attirant tous les regards. Gero est haletant. Je l'avais jamais vu comme ça, même quand le SWAT nous a attaqués. Lambert et lui se fixent en silence, après quoi le premier reprend :

— Désolé, vraiment, mais j'ai pris ma décision. Je pars à la fin du mois.

Lambert sort de la salle, tête baissée, les mains dans les poches de sa blouse. Un fantôme accablé, qui me dépasse sans me voir. Gero réapparaît :

— T'étais où, bordel ?

— Aux chiottes… Le burger est pas passé…

— Allez, bouge ton cul !

Je le suis dans le couloir, où j'entends plus que les bébés. Les autres la ferment sur notre passage, tous impressionnés par Gero, sa colère, son Magnum. Quand on arrive dans le hall, un mec nous repère – « Le pouvoir au peuple ! » – et lève le poing. Sa manche tombe, révélant un avant-bras aux plaies purulentes. Putain de tox.

On sort de la clinique, Gero explose de rage et défonce une poubelle à coups de rangers. Il en a besoin. Pendant qu'il se soulage, j'observe South Central. Détritus. Piétons. Détritus. Bagnoles. Détritus. Cinéma. *Cotton Comes to Harlem*, un film avec que des Noirs. Faut trop que je le voie. Gero se calme enfin, je le regarde allumer une clope :

— Ça va ?

— T'inquiète, on va se débrouiller.

— Je m'inquiète pas.

Il surveille le coin. Aucun Slave, mais il a pas l'air rassuré. C'est à cause des lettres anonymes. Il avance, je le suis entre les pots d'échappement. Nausée, encore. Et mon chewing-gum qu'a déjà plus de goût. Trop mâché, trop nerveuse. Évidemment, que je flippe. Gero nous rassure en permanence, mais ça devient dur d'y croire : les porcs nous épuisent, les procès nous ruinent, les médias nous enfoncent, les gangs nous déciment et les donateurs nous lâchent. La semaine dernière, Hillman devait aller dans un Jewish Club influent pour récolter du fric, mais il y a eu une rumeur comme quoi il était antisémite et du coup, il est grillé.

Et puis, il y a Seberg. De toutes les stars, c'est celle qui nous finançait le plus, mais à cause du *Times*, c'est fini. S'en prendre à une femme enceinte ; les enculés. Ils disent que le père du gamin, c'est un Panther, alors plus personne veut d'elle à Hollywood. Il paraît qu'elle est mal, que c'est pour ça qu'elle nous aide plus. Gordon, il dit que c'est parce que c'est une Blanche et qu'on peut pas leur faire confiance, sauf que des fois, on peut. Y a qu'à voir le Français, Genet. Son visa lui avait été refusé, mais il est quand même venu. Maintenant, il donne des conf' sur les campus…

« Avec Bobby Stills, je le répète, il ne doit pas y avoir une autre affaire Dreyfus ! Je compte sur vous pour que se répande la contestation ! Je compte sur vous pour parler de Bobby Stills, dans vos familles, dans les universités, dans vos classes ! Vous devez débattre avec vos professeurs et, éventuellement, vous opposer à eux et à la police ! »

… c'est Angela qui traduit, quand elle a le temps. Des mois qu'elle se démène pour récupérer son boulot, mais ils lâchent rien. Et comme si ça suffisait pas, il y a les traîtres. Nous, on en a démasqué un. Au Parti, plus on en cherche, plus on en trouve. Un à Portland, deux à Boston et trois à Philly, dont Roy. On dit qu'il a plaqué Alicia et leur fils, qu'il s'est enfui pendant l'interrogatoire. Lui, un mouchard ? J'y crois pas, c'est impossible, ça devient n'importe quoi, faut que je fume.

— Je vais acheter des clopes.

— Attends.

Gero s'approche :

— Les Slaves, les deux qui se sont fait buter, tu sais quelque chose ?

— Non… Pourquoi ?

— À ton avis ? Ça a refoutu le bordel, voilà pourquoi ! Tu sais qui a fait le coup ?

— Non, désolée.

— Si t'entends des noms, tu me le dis. Autre chose : je sais que t'es avec Gordon. Tu baises avec qui tu veux, je m'en fous, mais on dit qu'il se défonce. C'est vrai ?

— Bah, il fume un peu, comme nous.

Gero plonge son regard dans le mien, et c'est super dur de pas détourner les yeux. Je sais qu'il y a du monde autour, mais je vois que lui. Lui et son air accusateur. Il tire sur sa clope, recrache la fumée par le nez.

— Il prend de l'acide ?

— Non.

— Te fous pas de moi. Je t'aime bien, mais si tu me mens, tu vas en chier. Alors ?

— Non, je te jure… Je suis tout le temps avec lui, je l'aurais vu.

— Si ça arrive, tu me le dis. Je veux pas de ça dans ma section.

J'acquiesce, le cœur battant. Je me tourne, dépasse le ciné, entre dans la boutique de Lazarus. Trois clients devant moi. Un clodo, une pute et un gamin qui lui mate le cul. Le clodo est venu acheter une bière, alors qu'il est déjà bourré. Il titube, fait tomber ses pièces.

Lazarus l'engueule et je patiente. En général, j'aime pas perdre du temps, mais là, ça m'arrange, ça retarde le moment où je retrouverai Gero. Là-haut, au-dessus des journaux, une radio. J'entends un auditeur en train de chialer. La fin des Beatles, encore un qui s'en remet pas. L'animateur le laisse vider son sac, puis enchaîne :

— *Et maintenant, c'est au tour de Bernardine ! Salut !*

— *Salut. On m'entend bien ?*

— *Oui !*

— *Vraiment ?*

— *Oui, oui ! C'est à toi !*

— *OK. Je vais vous lire une déclaration d'état de guerre. Ceci est le premier communiqué du Weather Underground. Partout, dans le monde, les gens luttant contre l'impérialisme américain espèrent que la jeunesse de l'Amérique utilisera son rôle stratégique derrière les lignes ennemies pour participer à la destruction de l'empire. Les Noirs ont combattu seuls durant trop longtemps, c'est pourquoi notre mission est de guider la jeunesse blanche vers la révolution armée et...*

60

29 juin 1970

NEIL

... nous sommes présents dans chaque tribu, communauté, foyer, ferme, caserne et maison où les jeunes font l'amour, fument de la drogue et chargent leurs flingues. Ceux qui fuient la justice du pays sont les bienvenus. Dans les quatorze prochains jours, nous attaquerons un symbole de l'injustice américaine. Ce sera notre hommage à Huey Norton et tous les révolutionnaires noirs qui nous ont inspirés par leur combat pour la libération de leur peuple. Plus jamais ils ne lutteront seuls. »

Et ils l'ont fait, ces salauds. Ils ont fait exploser le siège du NYPD. Un mois qu'ils nous ont déclaré la guerre, que le FBI se démène, mais ce foutu Weather Underground est toujours là, dans l'ombre, à préparer d'autres attentats. Hoover se fait vieux, il n'a plus la carrure. Quant à Nixon, il baisse son froc, comme au Viêtnam. Un incapable. Tous.

Ce que je me dis en extirpant la lame de ce clodo, au sol. Mon deuxième nègre, ici, dans cette ruelle obscure. Aucun témoin, une fois de plus. Et c'était encore plus facile. Jouissif. Enivrant. Un délice unique, à la fois intense et doux, qui m'a fait chavirer au-delà de tout.

Je contemple son torse déchiqueté, ces plaies d'où s'écoulent de petites rivières se rejoignant en mare. Il s'en échappe des volutes, serpents vaporeux qui m'ensorcellent.

(Inspiration)

Je me redresse.

(Expiration)

Essuie mon couteau.

(Obsession)

Regarde à droite, puis à gauche. Toujours personne, alors je m'accroupis auprès de lui. D'une main, je le saisis par les cheveux et de l'autre, approche la lame. Et j'appuie. Et j'insiste. Et je force. Et la peau se plisse. Et se creuse. Et se déchire enfin, au son du raclement : « Porc », gravé sur son front.

61

23 juillet 1970

TYRONE

Nuit d'été, étouffante, puant la sueur et la chatte. L'une de ces nuits où le ghetto devient mystique, hanté d'épaves ruisselantes – ces putes en soutif, ces vieux tassés sur leurs chaises, ces gamins qui font tourner un joint. Je les ignore, mais pas Wayne.

— Oh ! Les Jackson Five ! Jetez cette merde !

— Jackson Five, toi-même ! Va te faire foutre !

— Quoi ? Tyrone ! T'as entendu ce que…

— Fous-leur la paix.

Je m'éloigne, Wayne me suit en râlant jusqu'à mon quartier. Presque trois ans. C'est passé si vite. Je repense à ce jour où le FBI est entré dans ma vie. J'aimerais tellement revenir à ce matin d'août, pour oser dire non à Clark. J'étais une merde et j'étais condamné à le rester, mais il a fait de moi autre chose. Un traître. Un alcoolo. Et bientôt, un bourreau. Je tire sur ma clope, quand mon pote remet ça :

— Je vais passer chez Joe, acheter des Bud.

— Pas la peine. J'en ai chez moi.

— Cool ! J'ai hâte d'arriver !

Wayne et son enthousiasme permanent. Le mec le plus sympa au monde, ma future victime. Plus j'y pense, moins j'y crois. J'ai beau le savoir, ça bloque dans ma tête, mais c'est pourtant ce qui va arriver. Trois mois que je redoute ce moment. Trois mois que Hank et Linda le surveillent. Trois mois que le siège enquête sur lui et discute de son sort, sur lequel on a tranché ce matin. Wayne, encore :

— Et Ford, du nouveau ?

— Non. Qu'il aille se faire foutre, avec son gang.

— Eh ben… Tu les aimes pas, les Blackstones.

— Non.

— Et les Black Muslims ?

— Non.

— Et la Black Mafia ?

— Non plus.

— Et Black Sabbath ?

Il s'esclaffe, me tape dans le dos. Je simule un sourire, et c'est dur. Mille fois, j'ai vomi, j'ai eu la chiasse, mais là, c'est pire que tout. Le ventre noué, je traverse Racine Avenue. Les ordures s'accumulent, quand mon immeuble se dessine. Tachycardie. À bout de souffle, je jette ma clope et pénètre dans le hall, suivi de Wayne. J'appuie sur l'interrupteur. Aucune lumière, comme prévu, et je mens, comme prévu.

— Merde… les plombs ont sauté.

— Encore ?

— Je vais descendre, pour les remettre… Surveille les environs.

Il sort son flingue. Lui, si naïf et moi, si manipulateur. J'actionne mon Zippo. Nos ombres surgissent, couvrant le mur et les grafs jusqu'au fantôme de Fred, putréfié, encore plus répugnant. Mains dans les poches, il m'accuse de ses yeux vitreux.

— *Alors, enculé ? Tu remets ça ?*

Je fuis son regard, puis éclaire mes pas jusqu'à la porte du sous-sol. Trousseau. Flou. Tremblements. Je me ressaisis, insère la bonne clef. Le verrou claque en coup de fouet, alors j'avance et descends l'escalier. Fred resurgit.

— *T'es vraiment une merde. Pire que ce que je pensais.*

Je le dépasse. Son haleine acide, sa puanteur de décomposition s'infiltrent en moi et rongent mes sinus, jusqu'au sous-sol. Des années que je suis pas venu ici, mais rien a changé. Toujours ces rats crevés, ces seringues par terre, ce plafond bas voilé de toiles d'araignées. Elles vibrent au rythme de Good Time Charlie…

« Mary ! Mary ! Come here, woman ! »

… et son *Rover or Me*, super fort, provenant de l'immeuble d'à côté. Ça aussi, c'était prévu. Une semaine que mes voisins se font des soirées musique, de quoi couvrir les cris de Wayne, dans quelques minutes. J'avance, à cran, puis lâche mon Zippo.

— Fait chier !

Ma voix traverse l'obscurité jusqu'à Wayne, qui réagit :

— Un problème ?

— J'ai paumé mon feu ! Je vois plus rien !

— Attends ! J'arrive !

Alors, j'attends ici, dans le noir total. Sous terre, avec Fred. Il est maintenant derrière moi, son souffle me glace la nuque.

— *C'est ton pote. Ton pote d'enfance. Comment tu peux faire un truc pareil ?*

Ses mots verrouillent mes cervicales. Je serre les poings.

Non, Wayne, viens pas. Je t'en supplie, casse-toi, viens pas ici, putain.

Mais il apparaît avec son briquet :

— Funky, ta cave ! Il y a un concert ou quoi ?

— C'est les voisins.

Il me rejoint en éclairant le sol. Je fais semblant de chercher mon Zippo, le ramasse et remets les plombs. « Clac ! » – la porte, en haut. Wayne pivote vers l'escalier :

— C'est qui ?

Aucune réponse, juste ces pas de plus en plus proches. Deux ombres apparaissent, puis une lampe torche – Hank et Linda. Wayne leur sourit.

— Oh ! Qu'est-ce que vous foutez là ?

Ils nous rejoignent, l'air grave. Wayne, surpris :

— Y a un problème ?

Puis se tournant vers moi :

— Qu'est-ce que… ?

Hank l'assomme avec la lampe. Il s'écroule à mes pieds. Tétanisé, je le regarde secouer la tête, se masser l'arrière du crâne. Linda lui prend son flingue, puis s'en va ouvrir la cave. Hank soulève mon pote, qu'il traîne comme une carcasse de viande.

— T-Tyrone… qu'est-ce qui se passe ?

Je dis rien. Pas la force, à peine celle de les suivre. Cave. Lumière. Wayne. Chaise. Menottes, poignets et chevilles. Il se débat, me bombarde de questions. J'ai envie de me casser, mais faut que je reste, ma crédibilité se joue maintenant. J'allume une clope, puis baisse la tête. Hank verrouille la porte, Linda s'approche de Wayne :

— Tu te souviens, notre biture, il y a trois mois ?

— Euh… non…

— Je vais te rafraîchir la mémoire. On était chez moi, c'est le soir où t'as parlé de Fred. Tyrone, seul survivant du massacre, tu trouvais ça bizarre.

— Je… j'ai juste dit qu'il avait eu de la chance, c'est tout !

— Ah. Tu t'en souviens, maintenant ?

— Attendez… Qu'est-ce que…

— Tu voulais qu'on le soupçonne, mais tu t'es grillé. La mort de Fred, ça t'a pas suffi ? Fallait en plus que tu trahisses Tyrone ?

— Mais… c'est pas ce que vous croyez !

— On croit pas, on sait. Des putes comme toi, on en déniche dans toutes les sections, alors dis-nous : pour qui tu tapines ? Les porcs ? Les Blackstones ?

— Je suis pas un mouchard ! Vous êtes fous ! À l'aide !

— Te fatigue pas. Avec la musique, personne t'entend. Allez, raconte.

— Mais je suis clean ! Dis-leur, Tyrone ! Dis-leur, putain !

Je relève la tête, confronté à sa détresse, mais je résiste. Un chef du BPP, ça craque pas. Linda insiste. Mêmes questions et mêmes jérémiades. Elle me regarde droit dans les yeux, elle veut que j'enchaîne pour lui faire cracher ce qu'il sait pas. Je me lance :

— Wayne…

— On a grandi ensemble ! Tu me connais ! Tu sais que je suis clean !

— Dis-nous pour qui tu bosses et on te laisse filer.

— T'es sérieux ? dit Hank. Le siège a dit que…

— Ce qu'on veut, c'est des infos, pas du sang.

— Je sais que c'est ton pote, mais il a trahi le Parti ! On peut pas le…

— Wayne, je t'en supplie. Dis-nous tout et demain, tu seras loin d'ici. T'as ma parole.

Il se met à chialer, et c'est terrible pour moi. Insupportable. Les autres échangent un regard, Linda fouille la poche intérieure de sa veste et en sort un marteau. Wayne panique, j'entends rien à cause du funk. Etta James et son *You Got It*, hurlant. Hank bâillonne mon pote avec sa ceinture. Il serre à fond, censurant ses supplications.

— Mm ! Mm !

— C'est ta faute, dit Linda, tu nous laisses pas le choix.

Elle me tend le marteau. J'en veux pas, mais je le prends quand même, car c'est Wayne ou moi. Sa vérité ou la mienne. Il se débat, Hank le contient, Linda lui défait ses lacets et lui retire ses rangers. Il panique, ses pieds s'agitent tellement que je les vois plus. Linda les maintient fermement contre le sol. Je m'accroupis devant lui.

— Wayne… il est encore temps…

— Mm ! Mmmm !!!

— M'oblige pas à le faire… T'es prêt à parler ?

Ses yeux s'inondent encore plus. Hank et Linda me dévisagent avec insistance. Fred aussi, bras croisés. Alors, sous la pression des regards, je brandis le marteau. Je retiens mon souffle, Wayne écarquille les yeux, je vise son pied, et « CRAC ! » Il rougit, se creuse, se déforme. Ses os s'effritent, je les entends hurler à l'unisson…

« Waow ! You got it, baby ! »

… et Wayne convulse, comme électrocuté. Il bave, mordant le cuir. Son calvaire, c'est notre enfance qui saigne. Nos souvenirs, quand on se mettait une nappe sur le dos pour jouer à Superman. Il chiale et ses larmes sont les miennes, que je contiens. Elles s'accumulent, me crament les rétines et la tronche. Fred, là-bas :

— *Alors ? T'es fier de toi ?*

— Ta gueule !

— Hein ? s'étonne Linda. À qui tu parles ?

— Personne ! Wayne, on va retirer la ceinture et tu vas tout nous dire, OK ?

Il acquiesce, tête baissée. Hank desserre la ceinture et le hurlement jaillit, aussitôt censuré. Gifle, bâillon, et Linda lui bloque l'autre pied. Wayne se remet à supplier. Arrête. Ferme-la. FERME-LA, BORDEL, mais il continue et je craque, lui fracassant les orteils. Plus fort, plus mal, plus fou, car c'est pas lui que je torture, c'est moi. Moi qui devrais être là, sur cette chaise. Hank le saisit par les cheveux, lui relevant la tête.

— C'est ta dernière chance, mec ! Tu vas causer, oui ou non ?

Wayne réagit pas, submergé de souffrance. Hank perd patience. Il lui arrache sa veste, son tee-shirt, son froc, son slip, et mon pote se retrouve à poil, humilié. Ça pue la pisse, la terreur. Linda lui soulève la bite, dégageant ses couilles :

— Vas-y !

— N-non…

— Allez ! Là, il va cracher le morceau !

— Je… j'arrête…

Je balance le marteau. Hank me pose la main sur l'épaule :

— T'inquiète, on comprend.

— Non… Vous pouvez pas…

— On sait que c'est dur pour toi. Laisse, je vais le faire parler, moi !

Il ramasse le marteau, serre les dents, puis frappe à son tour. Wayne – ses couilles déglinguées, son cri déchirant m'entraînent dans l'horreur la plus abyssale. Autres questions, autres gémissements, autre chanson…

« Oh, yes we can ! We can can ! »

… et Lee Dorsey prend le relais. Son groove s'intensifie, s'enroule autour de ma gorge. J'étouffe, quand Hank pète les plombs. Il vise le genou droit et frappe de toutes ses forces. La rotule explose – « Allez, crache ! » – et Wayne se tord – « Pour qui tu bosses ? » – avant de s'évanouir, alors Hank remet ça. Genou gauche. *Yes We Can.* Bassin. *Yes We Can.* Coudes. *Yes We Can.* Clavicules. *Yes We Can.* Omoplates, et ça dépasse, ça lui sort du dos comme un aileron de requin. Je vacille, la main sur la bouche.

— Non… peux plus… je sors…

— Attends ! Il va craquer, je le sens ! On y est presque !

La voix de Linda, enragée. Je me tourne vers la porte et me retrouve face à Fred, qui m'applaudit mollement. Dans ses yeux, tout le mépris du monde. Je sors enfin, hanté par deux images. D'abord Wayne, disloqué, puis le marteau au-dessus de sa tête. Un coup, je m'adosse contre le mur. Un autre, je me laisse glisser au sol. Je regarde ma montre – minuit passé – et ferme les yeux, sursautant à chaque craquement.

À 1 h 24, Linda est venue me chercher. Il y avait plus de funk, c'est pour ça que je l'ai entendue. J'ai regagné la cave, Hank était en train de s'essuyer les mains. Wayne pissait le sang, le crâne déformé. Il respirait encore. Ses lèvres ont frémi, je me suis approché et il a tout raconté à voix basse : le chantage du FBI, sa mission de déstabilisation, ses contacts avec les Blackstones. « Et voilà ! », c'est ce qu'a dit Linda.

Ça m'a scotché. Je croyais être le seul mouchard de la section, alors j'ai accusé le coup. Même si, au final, c'était prévisible. Deux infiltrés, ça faisait deux garanties pour Clark. J'ai pensé à ce salaud et je l'ai maudit pour m'avoir caché ça, quand Wayne a continué sa confession. Il a parlé de Fred, des lettres anonymes, puis il a avoué l'assassinat de Lincoln et l'explosion à bord d'Apollo 13 – ses derniers mots avant de crever. Et c'est là que j'ai commencé à péter les plombs.

62

7 août 1970

CHARLENE

Libre.

LIBRE, putain. Ça aura pris plus de deux ans de manifs, de tracts, de conférences, de batailles contre le système. Ça nous a épuisés et ça a ruiné le Parti mais, avant-hier, Huey a enfin été libéré. Cinquante mille dollars de caution – le prix à payer pour notre ministre de la Défense. Au début, j'y ai pas cru. Avec le temps, je m'étais habituée aux « Libérez Huey ! » Il a été mon premier combat, mes premières banderoles, alors ça fait tout drôle. À sa sortie, on était là avec plusieurs sections, mille Panthers exaltés. Les porcs ont flippé et ils ont sécurisé la zone sur trois blocks. Les cons.

Quand j'ai vu Huey, ça m'a fait un choc. Jusqu'ici, pour moi, c'était ce guerrier sur les posters avec le fusil et tout. Eh ben, en fait, il est normal. Et plus petit, aussi. Il a jeté sa chemise, on l'a porté comme une star. J'ai réussi à le toucher, c'était dingue, puis il s'est cassé. Il a fait la tournée des parloirs, de Bobby aux frères de Soledad… depuis transférés à San Quentin. Pff, comme si ça pouvait freiner notre mobilisation.

Bref, Huey est libre et pourtant, j'ai le blues. C'est la redescente d'acides, et aussi parce que plein d'autres sont toujours en taule, comme Billy McCain. Un frère accusé d'avoir planté un gardien et qu'on vient soutenir ce matin, au tribunal de San Rafael. J'avance dans la file, regarde les porcs fouiller un mec en imper. L'un examine sa sacoche, le laisse entrer et m'intercepte.

— Lève les bras.

Je reste sans réaction.

— J'ai dit lève les bras ! répète le porc, sur les nerfs.

— T'as pas dit « S'il te plaît ».

— Me cherche pas, toi !

Il me fouille et trouve aucun flingue, vu qu'on les a tous laissés dans nos bagnoles, alors il me laisse passer. La salle est remplie de frères. Il y a aussi des étudiants, des Young Lords, des dealers de la Confrérie et des Indiens de l'AIM. Eux, c'est les meilleurs, après nous. Neuf mois qu'ils squattent Alcatraz. Le gouv' leur coupe l'eau, le courant et le téléphone, mais ils restent sur place. Impassibles. Des Indiens, quoi.

Gordon me rejoint et on s'embrasse comme des fous, tellement on s'aime. Lui, c'est mon homme, mon Funkadélice, mon *Free Your Mind and Your Ass Will Follow* parce qu'avec lui, la révolution, c'est tous les jours. Gero débarque, furax.

— Vous bloquez le passage, là ! Gordon, bouge !

— Cool, mec !

— Tu te prends pour qui ? Je suis ton chef, alors…

Il se tait et l'observe, examinant ses pupilles dilatées. Un battement de cils, et Gero me fusille du regard, après quoi il se casse. Gordon avance, je le suis à travers la foule.

— Il nous a grillés.

— Et alors ? Huey aussi, il se défonce. Sauf que pour lui, on dit rien, bien sûr.

On se fraie un passage jusqu'aux premiers rangs, occupés. Et merde. On revient sur nos pas, repère deux places vers le fond et on s'y précipite, doublant un autre couple. Une grosse et son mec, que je reconnais : Emory, le dessinateur du journal.

— Oh ! Charlene ! Qu'est-ce que tu fous là ?

— J'ai changé de section. Alors, quoi de neuf ?

— Ça va. Et toi ?

— Pareil. T'as des nouvelles d'Eldridge ? Son voyage, ça se passe bien ?

— Ouais, il paraît que les Viets sont super cool. Tu seras à Philly, le mois prochain ?

— J'espère.

Là, j'ai menti car j'ai pas envie d'y retourner. Même pour la Convention du peuple révolutionnaire, notre prochain gros événement. Emo nous présente sa Sonia, je lui présente mon Gordon, on échange quelques mots et ils s'asseyent tout au fond. Nous, on est pas bien placés, mais eux, c'est pire. Gordon me tire par le bras :

— C'est un ex ?

— Aïe ! Tu me fais mal.

— Alors ? C'est un ex ?

— Non. Je l'ai vu qu'une fois, à Oakland.

Il me libère enfin. Je me masse le bras – il m'a fait mal, ce con – puis balaie la salle du regard. Elle est bondée mais, entre nos martyrs, ceux en cage et en cavale, il y a plus d'absents que de présents. Dans les rangs, ça chuchote, ça refait l'actu : Isaac Hayes, le procès des Manson, le Weather et leur nouvelle bombe, à la base militaire de San Francisco. Yeah.

Les portes se referment, on scrute l'arène. Le juge Haley et ses lunettes de vieux, le proc' et ses cheveux gominés, les jurés et leur stress. Les trois quarts sont blancs, alors on les siffle, quand Billy apparaît. Rondouillard, menotté, escorté par deux porcs. On l'encourage, le juge s'excite avec son p'tit marteau de pédé.

— Silence !

Billy se place dans le box et lève le poing. On remet ça à l'arrivée de Ike, un autre de San Quentin, le seul témoin. Le juge pète un câble :

— Silence ! Silence ou je fais évacuer la salle !

Gero et les autres chefs nous recadrent. Le silence exigé par Haley s'installe, pesant, comme dans un western. Ambiance électrique, branchée sur nos respirations. Les porcs surveillent et nous, on les défie de tout notre mépris.

« Affaire nº 51627 ! État de Californie contre William McCain ! »

Le juge expose les faits ; tissu de conneries où on présente Billy comme une bête sauvage assoiffée de sang. Le proc' enchaîne et repousse à son tour les limites de la science-fiction.

— Accusé, levez-vous !

Billy s'exécute, cool, franchement pas impressionné. Comme Bobby et d'autres, il a choisi d'assurer lui-même sa défense. Il se présente et le juge l'interroge, j'en profite pour chercher des potes dans la foule :

— C'est bizarre, Angela est pas là.

— Elle a autre chose à foutre.

— Mm… ça me fait chier pour elle… J'étais sûre qu'elle gagnerait.

— T'en fais pas. Elle va rien lâcher, elle est têtue.

— Reagan aussi. Tu crois qu'elle pourrait enseigner ailleurs ?

Les portes s'ouvrent cette fois sur un frère en imper. Gringalet, dix-sept ans maxi. Le juge se tait et lui jette un regard dur. L'ado avale sa salive, sa sacoche sous le bras. Il avance, timide, les gens se serrent pour lui faire une place. Un mec important, donc.

— C'est qui ?

— Jon.

Ah, depuis le temps qu'on m'en parle. Jon, le frère de George « Soledad » Braxton. Onze ans qu'il l'a pas serré dans ses bras. Il s'installe au troisième rang, pendant que le juge s'acharne contre Billy. Je regarde les journalistes prendre note. D'ici quelques heures, leurs mots seront une propagande qu'il faudra une fois de plus dézinguer avec notre journal. Je soupire, puis observe Jon. Il bat des cils, ouvre sa sacoche et brandit un Magnum. Panique générale. Il le lance à Billy…

(Les porcs réagissent)

… qui l'attrape au vol…

(Ils dégainent)

… et vise le juge – « Jetez vos flingues ! » – quand Jon sort un fusil de son imper. Canon scié, pointé vers le proc'. Waouh ! Comment il a fait pour entrer ? Ils l'ont pas fouillé ou quoi ? C'est fou/funky/ flippant et je serre la main de Gordon, qui me transmet toute sa confiance. Il a raison, y a pas à stresser, juste à sourire en voyant les porcs lâcher leurs flingues. Le proc' panique, protège sa gueule. Jon, impérial :

— Du calme ! Je vais pas te buter !

— Qu'est-ce que vous voulez ?!

— On veut la justice ! Libérez les frères de Soledad !

Ses mots, on les reprend en chœur. Écho fantastique, bouleversant d'intensité, qui couvre les cris des jurés. Panthers, Lords & Co, on est unis comme jamais. Et nos poings levés, haut, très haut, à en crever le plafond pour atteindre le soleil.

« LIBÉREZ LES FRÈRES DE SOLEDAD ! »

Les jurés frémissent, même les Noirs. Un réflexe, alors qu'ils ont pas à avoir peur. Notre appel, il s'adresse aussi à eux. Pour qu'ils brisent leurs chaînes et rejoignent la lutte.

« LIBÉREZ LES FRÈRES DE SOLEDAD ! »

On répète tous, sauf Gero et d'autres chefs. Ils cautionnent pas. Des années qu'on prépare la révolution, et maintenant qu'on y est, ils font la gueule ? Eldridge serait à fond, lui. Si seulement, il voyait ça.

— Gordon… t'étais au courant ?

— Non.

Billy sort du box, Jon lance un autre Magnum à Ike. Hop ! Il le chope. Hop ! Il galope et les rejoint devant les porcs. Coups de crosse ? Non, ils préfèrent les humilier en déchargeant leurs flingues. Billy se dirige vers le juge, terrifié. Le proc' et lui supplient, les canons sur la nuque. Les porcs observent, impuissants, et c'est bien fait pour eux. Ils ont assiégé notre QG, on attaque leur tribunal. Jon, gonflé à bloc :

— Vu que les manifs, ça suffit pas, on change de méthode ! On veut pas de sang, alors restez calmes ! Vous, là ! Tout le monde au sol, mains sur la tête !

Le greffier et les porcs s'allongent, suivis de près par les jurés. Parmi eux, trois Blanches au même brushing et au même look « esclaves au foyer ». Ike, aux otages :

— La clef des cellules ! Vite !

Un mec fouille sa veste en tremblant, sort un trousseau. Ike le lui arrache et fonce vers les portes, pendant que Jon entraîne le juge dans l'arrière-salle. J'y devine un téléphone, sur lequel la porte se referme. Tout le monde attend, murmure d'un banc à l'autre. Et cette tension, plus écrasante à chaque seconde. On étouffe, on trépigne, on sursaute au retour de Ike. Il est accompagné d'un taulard balafré, équipé d'une corde et d'une mitraillette. Jon revient avec Haley, le fusil scotché sous le cou. Billy :

— Vous avez eu le shérif ?

— Ouais ! Il va retenir ses gars !

Jon tire le juge par le col. Billy pousse le proc', Ike et l'autre attachent les trois jurées. Ils les dirigent à travers la salle et s'arrêtent aux portes, à quelques mètres de nous. Et moi qui pensais qu'on était mal placés… Jon inspecte le hall, après quoi ils sortent. Des cris résonnent, déformés en sommations. Je vois les porcs et leurs canons pointés. Ike et le balafré, d'une même voix :

— Jetez vos flingues !

— Libérez les otages !

— Jetez vos flingues ou on les bute !

Les jurées paniquent. L'une s'évanouit ou glisse, je sais pas, il se passe trop de trucs à la fois. Ça hurle, ça claque au sol – les flingues des porcs. Tenus en joue, ils reculent jusqu'au mur. Des avocats accourent, s'enfuient du bâtiment. « Ding ! » – l'ascenseur s'ouvre sur un blond avec une veste à franges et un sac en bandoulière. Jon le braque :

— T'es qui, toi ?

— Jim Kean du *San Rafael*… Qu'est-ce qui se passe ?

— La révolution, mec ! Et toi, qu'est-ce que tu fous là ?

— Je… je suis photographe.

— Ah, ouais ? Alors, vas-y, fais-toi plaisir !

Le blond se fige, ahuri. Dans la salle, c'est l'ébullition. Beaucoup veulent participer au coup de force, comme moi. Gero et d'autres chefs nous retiennent, ils veulent pas qu'on y aille, ils disent que c'est dangereux, mais je m'en fous. L'autre sort son appareil et photographie Jon, sa mitraillette, son audace incroyable. Ike, furieux :

— Jon ! T'es sérieux ? Ce mec, c'est une pute ! Un complice du pouvoir !

— Je sais, mais on en a besoin ! Les gens doivent savoir pourquoi on fait ça !

— On va encore passer pour des enragés ! Eh, toi ! Arrête avec ton Kodak !

Ike l'empoigne. Le mec supplie, relançant les cris des autres. Jon s'interpose, parle à son pote. J'entends pas mais, vu la rage de Ike, je comprends qu'il veut embarquer le photographe. Jon essaie de le raisonner, l'autre veut rien entendre et il a raison. Ce Blanc, c'est un salaud, comme tous les Blancs. Billy va au clash :

— Oh ! Cinq otages, ça te suffit pas ? Laisse-le prendre ses putains de clichés !

Ike lâche l'affaire et ça reprend, les photos, le chaos. Nous, on est déchaînés, mais nos chefs continuent de faire barrage. Jon interpelle les porcs :

— Maintenant, écoutez bien ! On va sortir avec les otages ! Si nos frères sont pas libérés à midi, on bute tout le monde !

Il avance, faisant du juge son bouclier. Ike, Billy et le balafré suivent, protégés derrière le proc' et les jurées. Avancée stratégique, rythmée par les photos de l'autre con, et ça y est, ils sont dehors. Ils sont loin, mais le peu que je vois, c'est magique. Le soleil sublime leur action en exploit. Que c'est beau, putain. Si beau de les voir scintiller, transcendés en icônes.

Jon vise à gauche, Billy à droite, puis le groupe traverse le parking. Ils dépassent les bagnoles, lentement, en direction d'un van jaune. Les portes s'ouvrent, les otages montent à l'arrière et, dans le hall, à quelques mètres de nous, les porcs ramassent leurs flingues. J'ai peur qu'ils sortent et canardent le van… mais non.

Ils font rien.

Ils attendent.

Et je comprends, terrifiée.

Je pousse Gero de toutes mes forces – « JON ! » – et parviens à sortir de la salle. Je m'élance – « REVENEZ ! » – mais des porcs me retiennent. Je me débats, alerte Jon et les autres. Ils m'entendent pas, enfermés à l'avant. Jon démarre et le van fonce, quand le piège se referme. Détonations. Le pare-brise explose, stoppant leur échappée. Jon, tout ce sang. Je pense à lui, à son frère, au mien, et ma douleur devient cri. Notre cri face à la police de San Rafael, dehors, qui canarde le van. Les portières se rouvrent. Autres tirs, autres morts : Billy, le balafré, puis le juge. Un imprévu, balayé par une nouvelle rafale. Les jurées se réfugient derrière une haie, l'une est blessée au bras. Le proc' se précipite pour les rejoindre et s'écroule sur le ventre. Il se tord en hurlant. Ses bras s'agitent, pas ses jambes. Paralysé. Les porcs s'en foutent, ils continuent de tirer. Ike riposte, enragé. Ses balles criblent les bagnoles, tout autour. Vitres, phares, pneus – le parking s'enfume, assombrissant l'été. Ike recharge son Magnum et – « AAAAH ! » – bascule en arrière, la jambe en sang. Il gueule comme je chiale. La fumée se dissipe, révèle un incroyable champ de bataille. Cimetière d'hommes et de bagnoles, où Ike est frappé, menotté, bazardé dans un fourgon. En sueur, le shérif et ses gars remballent leurs flingues sous les objectifs des vautours.

Quand les secours ont débarqué, on nous a fait sortir par-derrière et on nous a dispersés. Là, on s'est rués sur les bagnoles pour récupérer nos flingues, mais les chefs ont dit « non ». Ordre du siège, qui craignait un nouveau bain de sang. Alors, même si on voulait pas, on est tous repartis, sous escorte.

Arrivés à L.A., on a foutu le feu. Gero était en première ligne, puis on s'est fait gazer, coffrer. Entretemps, Huey a filé à San Quentin pour informer George de la mort de son frère. Mais, à cause de la télé, George était déjà au courant. C'est pour ça qu'il est pas venu au parloir, il a pas eu la force.

Le soir, on a tous été relâchés. De retour au QG, on a retrouvé Gero échoué dans le canapé, complètement déprimé. Ben a posé la question et la réponse est venue de CBS : d'après le shérif, les flingues utilisés par Jon et les autres étaient enregistrés au nom d'Angela. Notre Angela Davis, en cavale, traquée par le FBI à travers tout le pays.

63

31 août 1970

NEIL

Quartier Crenshaw. Moins grand que Watts, plus dégagé que South Central, mais tout aussi dégueulasse. Détritus à perte de vue, où se confondent clodos et dealers. Une décharge, à l'image de ses habitants : nègres, bridés et Indiens torse nu, été comme hiver. Ailleurs, je me ferais attaquer par l'un de leurs gangs, mais pas ici. Car ici, les communautés cohabitent. Ici, tout le monde veut la paix. Moi, non.

— Tenez, monsieur.

L'épicier, un vieux Jap' bedonnant. Son accent m'irrite, ce phrasé suraigu. Il me rend la monnaie et me salue, je l'ignore et sors, un gros paquet de courses dans les bras. Je tourne le dos au soleil, arpente le trottoir. Concentré, le regard fixe, le nez au-dessus des oranges. Leur peau transpire un parfum bienvenu, qui me permet d'échapper à la puanteur des hippies. Tous avachis par terre, avec leurs joints et leurs tam-tams. Ils sont à leur place, parmi toutes ces merdes de chiens.

— Eh, mec ! T'as pas une pièce ?

Je ne réagis pas et dépasse leur squat, puis un kiosque, où les unes m'imposent ce que je sais déjà : hausse du chômage et énièmes émeutes en prison. Sales nègres. Arrivé à ma Rover, j'ouvre le coffre, dépose les courses et – « clac ! » – je suis déjà au volant. Contact. Avenue. L'autoradio me guide à travers le trafic. Avant, j'étais en overdose d'infos. Maintenant, je m'en nourris au maximum. Pour rien rater, être prêt à tout moment. Là, ça parle du festival de Wight, mais je m'en fous. Une pub, un virage, un appel à témoins…

« Angela Davis compte parmi les dix criminels les plus recherchés par le FBI. Accusée de meurtre, de kidnapping et de conspiration, elle est sans doute armée. Si vous la voyez, ne tentez rien. Contactez immédiatement le bureau local du FBI. »

… et je serre le volant. Davis. Salope. Elle peut se cacher, ils finiront par la choper. On la trouvera. Même si je dois tourner dans le quartier, je trouverai une place pour me garer. Ici, près du garage, et je sors, impatient. Car j'ai entendu les sirènes, le brouhaha dans l'impasse. Je rejoins la foule, découvre quelques bridés et beaucoup de nègres. Leur transpiration ; ça brûle tellement que je vois trouble.

J'ai la gerbe, mais je me contiens. Avancer. Me frayer un passage. Frôler leur peau, qui salit la mienne. Savon. Frotter. Plus tard. M'arrêter et me rendre compte que je suis le seul Blanc. Non, il y en a un autre, mais c'est un rabbin. J'y vais quand même parce qu'il est bien placé, à une dizaine de mètres des flics. Trois font barrage, pendant que deux autres déblaient des ordures et trouvent un cadavre. Mon quatrième nègre. Mon nouveau porc.

Les agents l'examinent. Autour de moi, les gens grimacent. Certains reculent de dégoût et un autre vomit, je l'entends. Ils ont vu sa gueule lacérée, c'est pour ça. Mon œuvre. J'ai chaud, tellement chaud, et je m'adresse au Juif :

— Qu'est-ce qui s'est passé ?

— Un clochard s'est fait poignarder.

— C'est arrivé quand ?

— Cette nuit, apparemment.

— Ah. Règlement de comptes ?

— Sûrement. Il s'est fait trucider.

— C'est le quatrième, fait remarquer une vieille. Il y en a eu d'autres sur la 54e et…

On me bouscule, on se place devant moi. Deux nègres avec barbe et djellaba. Nation of Islam. Sur ma liste, ça aussi. Je me contiens et enchaîne :

— La 54e ? C'est quoi, cette histoire ?

— Vous n'êtes pas au courant ? Remarquez, ils n'en ont pas parlé aux infos.

— Les morts, ils en parlent, sauf quand c'est nos frères !

Et voilà, les Muslims s'emballent. Ils exhument leurs ancêtres, déroulent leur tirade sur l'esclavage et la déportation, ce qui fait réagir le Juif. Génocide contre génocide. Tout ça m'irrite au plus haut point, alors je me casse. De toute façon, j'ai vu ce que je voulais voir. Quoique… Bien envie de faire durer le plaisir. Je cherche un point d'observation, repère un snack à l'angle de Degnan et de la 43e. Je m'y dirige, laissant la foule à sa pleurniche. À l'entrée, le gérant observe l'attroupement, torchon sur l'épaule.

— Bonjour.

— Bonjour.

Il ne m'a pas adressé un regard, hypnotisé par le ballet du LAPD. J'entre et m'installe à une table, à côté de la vitre. Le mec se pointe à ma table sans entrain.

— Un Coca, s'il vous plaît.

Il regagne le comptoir. Je scrute l'arrivée de l'ambulance, quand une voix attire mon attention sur la télé, là-haut. J'y découvre une journaliste, puis des pierres tombales à l'arrière-plan. « Cimetière Riverside, Marshalltown » ; c'est indiqué en bas de l'écran.

Le gérant réapparaît avec mon Coca et, cette fois, c'est moi qui l'ignore. Captivé par ces gens en deuil, parmi lesquels je reconnais des stars d'Hollywood. Tous derrière Seberg, en train de chialer. La journaliste, sur un ton compatissant, revient sur ce qu'elle appelle « le destin tragique de Jean Seberg » : sa carrière, sa grossesse, son soutien au BPP, son combat contre les médias, ses plaintes pour harcèlement, sa dépression, son addiction aux médocs, sa tentative de suicide, sa césarienne en urgence et la mort de son bébé, deux jours plus tard. Sa p'tite Nina, enterrée aujourd'hui dans un cercueil de verre, pour que le pays entier voie qu'elle était blanche et non métisse.

OK, le père n'est pas un nègre, mais elle croit quoi, la Seberg ? Que le coup du cercueil, ça va suffire à l'innocenter ? Je le sais, moi, que c'est une salope. Qu'elle a baisé avec les Panthers. Qu'elle a souillé notre race avec la leur. Qu'elle est coupable de haute trahison. Et ça, forcément, ça se paie.

64

Septembre 1970

TYRONE

— *Fellas, I'm ready to get up and do my thing !* *(Yeah ! Go ahead !)*

— *I wanna get into it, man, you know !* *(Go ahead !)*

— *Like a, like a sex machine, man !* *(Yeah !)*

— *Movin' and doin' it, you know !* *(Yeah !)*

— *Can I count it off ?* *(Go ahead !)*

— *One, two, three, four !*

Et ! C'est ! Parti ! Cuivres ! Et ! Batterie ! *Get up !* – James se lance et Bobby lui répond – *Get on up !* – en choriste fou – *Get up !* – aussi fou que ce funk – *Get on up !* – dont j'ai tant besoin. *Stay on the scene !* Besoin de boire. *Get on up !* Pour oublier Wayne. *Like a sex machine !* Mort à cause de moi. *Get on up !* Moi, le salaud. *Get up !* Moi, le parano. *Get on up !* Alors, je purge les rangs. *Get up !* Trouve des traîtres. *Get on up !* Même quand il y en a pas. *Get up !* Torturer. *Get on up !* Arracher les ongles. *Like a sex machine !*

Cramer les pieds. *Get up !* Faire parler les uns. *Get on up !* Qui dénoncent les autres. *Wait a minute !* Encore. *Shake your arm !* Encore. *Then use your form !* Encore du sang sur mes mains…

« Le socialiste Salvador Allende est donc élu président de la république du Chili. Une élection controversée, celui-ci n'ayant recueilli que 37 % des voix. »

... alors, je bois pour tenir le coup. *Get up !* Garder le rythme. *Get on up !* Recruter. *You got to have the feeling !* Manifester. *Sure as you're born !* Moucharder. *Get it together !* Compter les perquisitions. *Right on, right on !* Les arrestations…

« C'est aujourd'hui que s'ouvre le procès des Panthers 21, accusés d'association de malfaiteurs dans le but de préparer des attentats. »

… et les inculpations toujours plus nombreuses. *You said you got !* Ça chauffe en taule. *You said the feeling !* Ça brûle. *You got to get !* L'alcool et la came. *You give me the fever !* Celle des Blackstones. *And the cold sweat !* Qu'on dézingue…

« Nous apprenons aujourd'hui l'évasion de Timothy Leary, le célèbre gourou, qui était incarcéré pour détention de marijuana. »

… en toute impunité. *I got mine !* Car ça arrange tout le monde. *And don't worry 'bout this !* Les flics. *Get up !* Le FBI. *Get on up !* Même si Clark me dit de faire gaffe. *Get up !* Mais je fais ce que je veux. *Get on up !* Ivre mort du matin au soir…

« Selon nos sources, un gang connu sous le nom de "Confrérie de l'Amour Éternel" aurait payé 20 000 dollars le Weather Underground afin qu'il organise l'évasion de Leary et sa fuite vers l'Algérie. Celui-ci a été accueilli par le célèbre Eldridge Glazer qui, rappelons-le, dirige la section internationale du Black Panther Party. »

… et ça va trop vite. *Taste !* Je maîtrise plus rien. *Get on up !* Submergé par le fric. *Bein'!* Les connexions. *Get on up !* Les filles. *Taste !* Qui se donnent à moi. *Get on up !* Car je suis le chef. *Like a lovin' machine !* Tout-puissant, comme Glazer…

« Ouais, on organise des petits déj' pour les gamins, mais c'est pas la raison d'être du Parti. Les Panthers sont là pour renverser le gouvernement des États-Unis. »

… et tout le monde me craint. *Shake your money maker !* Quand j'envoie mes troupes. *Shake your money maker !* Pour racketter le ghetto. *Shake your money maker !* Étendre mon empire. *Shake your money maker !* À l'insu du Parti…

« C'est avec une immense tristesse que nous apprenons le décès de Jimi Hendrix, à Londres. Celui-ci aurait succombé à un mélange d'alcool et de drogues. »

… et je suis bouche bée. Assis dans mon lit, la bouteille à la main, statufié devant la radio. Jimi est mort. C'est pas possible. Pas lui, putain. Il peut pas crever, c'est un immortel. Mais la radio répète, me confrontant à l'évidence. Envie de chialer, mais j'y arrive pas. Clark a fait de moi un bloc de béton, dur et froid.

J'aimerais tellement pleurer pour toutes mes saloperies, mes victimes. Chialer comme Fred, à ma droite. La mort de Jimi, il la vit dans sa chair, qu'en finit plus de pourrir. Fini les cafards. Maintenant, c'est des vers qui lui sortent des orbites et ça fait des larmes bizarres. Puis il se tient la tête à deux mains, accablé.

— *Non... non, c'est pas possible...*

Ça me fait mal de le voir comme ça, j'ai envie de le consoler. Je suis pas le mieux placé, mais je peux pas rester sans rien faire. Alors, même si j'y crois pas, j'essaie de trouver les mots :

— Je sais… c'est injuste… Vingt-sept ans, c'est pas un âge pour crever.

— *Ta gueule.*

— Il est mort jeune, mais il aura bien vécu…

— *Ta gueule, je te dis ! Tu comprends rien !*

— Quoi ?

— *C'est pas pour Jimi que je pleure, c'est pour toi.*

65

11 octobre 1970

CHARLENE

Deuxième mois de cavale pour Angela.

Onzième mois de siège à Alcatraz pour l'AIM.

Quatorzième mois de taule pour Bobby.

Septième attentat du Weather, cette fois au tribunal de Queens. Ce matin, on a de quoi discuter avec Helen, Ben et les autres. Ambiance café-clope en l'absence de Gero. Il est en réunion à Oakland, ça nous permet de souffler un peu… et de sniffer beaucoup. Alors, pendant que Gordon prépare les rails, on discute. Et le sujet du jour, c'est la une du *Times* sur le tueur de L.A. : encore un clodo assassiné dans le ghetto. Onze coups de couteau et toujours le mot « porc » gravé sur le front.

— Faut le saigner, ce fils de pute !

— Pour ça, faudrait déjà le trouver.

— Faut chercher du côté du Klan ou des Hells.

— Non, c'est pas leur genre. Ce qu'il faut, c'est protéger les clodos.

— Faut surtout en parler à Huey. Il saura quoi faire.

— Tu parles. Huey, c'est plus ce que c'était. T'as entendu ses discours ? Il est mou, il bute sur les mots… C'est indigne d'un chef.

— Peut-être que parler en public, c'est pas son truc.

— Peut-être aussi que la taule, ça l'a cassé, et qu'il a plus les épaules.

— Quand il s'est fait coffrer, on était qu'une poignée. Depuis, on a pris de l'ampleur, ça doit lui faire bizarre.

— C'est ce que je dis, c'est devenu trop grand pour lui. Hein, Charlene ?

Je reviens à moi, enfoncée dans le canapé. Je sais pas qui m'a parlé, ça doit être Ben puisqu'il me fixe. Gordon se fait un rail, ouvrant le bal, puis c'est à moi. Sniiiif ! Tout se mélange : Huey, Soledad, L.A. et le tueur. Sniiiif ! Tout s'accélère : les gangs, les traîtres, la mort de Jimi et celle de Janis. Vingt-sept ans, elle aussi. On dirait une malédiction pour les jeunes, comme s'il me restait plus que huit ans à vivre. Je flippe et Helen me pousse…

« Oh ! T'es pas toute seule ! »

… pour sniffer à son tour. Les autres enchaînent, ça fait des bruits rigolos. « Ri-go-lo » – il est marrant, ce mot, alors je me marre. Survolté, le groupe se remet à discuter. Ils parlent d'Ali, de sa relaxe, de George et de la parution de son bouquin, tout ça en points d'exclamation. J'ai envie d'en placer une, mais à cause de la came, je sens plus ma bouche. Ça me démange, ça fait du bruit derrière la porte. Les gamins, affamés.

— Putain ! Ils sont déjà là ?

— Ouais, soupire Gordon, au boulot !

Il me tape sur la cuisse, genre « Au boulot, TOI ! », et ça me plaît pas. Mais alors pas du tout. Je reste dans le canapé, il soutient mon regard :

— T'es sourde ?

— On est cinq. Pourquoi c'est forcément à moi d'y aller ?

— Quand je te dis de bouger ton cul, tu le fais !

— Tu te prends pour qui ? Et pourquoi t'y vas pas, toi ?

— Charlene, commence pas !

— Mais c'est vrai, ça ! Pourquoi tu…

Je m'écroule, la joue en feu. Une baffe. Gordon m'a filé une baffe, j'en reviens pas et je tremble. Lui, il se refait un rail. Les autres bronchent pas, même Peaches, ma super pote. Elle m'aide à me relever, mais c'est tout.

— Vous… vous dites rien ?

— Tu l'as un peu cherché, hein.

— Quoi ? C'est la féministe qui dit ça ?

— Oh ! Vos histoires de couple, ça nous regarde pas !

— Allez, on se calme ! dit Helen. Je m'occupe des gamins !

Gordon lui sourit et la regarde marcher jusqu'au frigo. Il la mate, ça me rend folle. L'autre prend son temps pour sortir les œufs, histoire de bien lui montrer son cul. Il voit que je vois, alors il se sent obligé de me serrer dans ses bras. Je le repousse, mais il insiste :

— Désolé. Tu m'en veux ?

— Non… mais recommence pas.

L'autre pute fait cuire les œufs. Nous, on sort les assiettes et ce qui reste de bouffe, c'est-à-dire pas grand-chose. C'était ça ou la came. À travers la fenêtre, les gamins s'impatientent. Ils sont pas encore entrés qu'ils m'énervent déjà – « Pourquoi y a pas de bacon ? Et pourquoi y a qu'une tranche de pain ? » – quand la porte s'ouvre brusquement. Gero apparaît, on se fige tous.

Il voit la table.

Il découvre la coke.

Il file un coup de boule à Gordon.

Mon Gordon, qui s'écroule par terre. Un mug se brise, des tracts volent. D'autres y verraient une punition pour la baffe qu'il m'a filée, mais je l'aime trop, alors je me précipite auprès de lui. Il crache du sang et engueule Gero – « T'es dingue ou quoi ? » – qui sort son flingue. Panique. Je hurle, quand Ben le désarme d'un coup de pied. Notre chef devient fou, je le reconnais plus. Les autres le plaquent contre le mur :

— QU'EST-CE QUI TE PREND ?

— TOUT ÇA, C'EST À CAUSE DE LUI !

— MAIS QU'EST-CE QUI SE PASSE ?

— CE QUI SE PASSE, C'EST QU'ON EST VIRÉS DU PARTI !

Ses mots m'assomment. Je suis K-O debout, comme les autres. On échange des regards, et c'est Peaches qui le relance :

— Virés ???

— Ils ont épluché nos comptes et je me suis fait allumer à cause de vos trafics !

Il fusille Gordon du regard. J'ai peur que ça pète encore, mais non, Gero est trop accablé. Il se dirige vers son bureau, s'enfonce dans sa chaise, allume une clope d'une main tremblante. Gordon s'essuie les lèvres :

— Désolé… vraiment…

— La ferme.

— Gero…

— Le seul responsable, c'est moi. Si j'avais été plus présent, vous auriez pas dealé avec la Confrérie. Et maintenant, c'est trop tard.

— T'inquiète, le fric, ça va, ça vient. On va se refaire avec le journal et le reste, et dans six mois, on sera au top.

— Il y a pas que le fric. Huey a pété un câble, il a parlé du SWAT, il a dit qu'on avait donné une mauvaise image du Parti.

— On s'est fait attaquer, on était censés faire quoi ? Les accueillir avec des fleurs ? Il fait chier ! C'était pas la peine qu'il sorte, si c'est pour nous casser les couilles !

— S'il y avait que lui… Au siège, ils sont remontés. Ils disent qu'on est incontrôlables.

— Et Bobby, il en pense quoi ?

— J'en sais rien, mais c'est le grand nettoyage dans les sections. Après les traîtres, ils purgent les « mauvais éléments ». C'est comme ça qu'ils nous appellent.

Je l'écoute, mortifiée. Ses phrases, des aiguilles brûlantes qui me percent les tripes, jusqu'à ce que les larmes viennent.

— Faut prévenir Eldridge !

— Je l'ai appelé. Il est comme nous, il comprend rien.

— Faut qu'il revienne régler tout ça !

— Il peut pas, il se ferait coffrer. Renvoyez les gamins chez eux et rencardez les nouveaux, faut qu'on se casse.

— Mais je veux pas, moi ! Le Parti, c'est ma vie !

— C'était notre vie à tous, mais c'est fini.

— Non ! Je vais aller au siège, je vais leur parler et…

— T'as pas l'air de comprendre : on a été exclus du Parti. Et si on est pas avec lui, on est contre lui.

— Mais…

— On a une heure pour quitter la ville, avant que nos remplaçants débarquent. Et je tiens pas à les croiser.

Après avoir viré les gamins, on s'est réunis avec les nouveaux. Il y en a que trois qui nous ont suivis, les autres ont flippé. Alors, on a laissé nos bérets, nos vestes. On a gardé que les flingues et les bagnoles, puis on est partis à onze. En une seconde, on est passés du Parti à la clandestinité. C'était dur, un vrai déchirement, comme si je m'étais fait amputer. J'ai pas pleuré, mais j'avais trop la haine, je me sentais trahie.

On a roulé cinq heures d'affilée et on s'est posés chez un pote de Gero, à Phoenix. C'est là, deux jours plus tard, qu'on a appris qu'Angela s'était fait coffrer à New York. C'est là aussi qu'on a fondé la Black Liberation Army.

66

20 novembre 1970

NEIL

« On veut dire aux Américains que la Troisième Guerre mondiale a commencé. Rejoignez les forces de la liberté. Nous sommes partout, nous sommes heureux, nous sommes libres et nous allons libérer le monde. »

Leary, encore lui. Il n'a jamais fait autant parler de lui que depuis qu'il a fui. Au soleil, avec sa femme et Glazer. Qui se ressemble s'assemble.

Et ce cancer nègre, qui n'en finit plus de ronger mon pays. Oui, ils ont fini par coffrer Davis, mais ils ont rendu sa licence à Ali. La Cour suprême, je ne comprends pas. Du coup, il est remonté sur le ring et a défoncé Quarry. Un Blanc, californien, comme moi, humilié en direct. Et le procès de New Haven : affaire classée et libération des Panthers, ils ont même relâché Stills. Je l'ai vu aux infos, à sa sortie, quand Norton et lui se sont pris dans les bras. Ça m'a fait mal. Tellement.

Je coupe le contact, sors de la Rover, traverse le garage pour inspecter mon quartier. Désert. Nuit fraîche, pure, sans le moindre voisin. Ceux qui ont des chiens les ont déjà promenés et ceux qui n'en ont pas bâillent devant leur télé. « Tic ! Tic ! Tic ! » – les moustiques flirtant avec les réverbères. Je les regarde, irrésistiblement attirés par la lumière, claquer contre les ampoules et s'y brûler. Comme je les comprends.

Je ferme le garage et ouvre le coffre, retrouvant mon nègre. Le sixième, encore plus crasseux que les autres. Je lisse mes gants, le tire par le col, mais il me résiste. Lourd, le salaud. Je l'avais pourtant bien choisi – rachitique. J'insiste, il s'écroule à mes pieds et rougit le sol, libérant un fumet puant. Je le saisis par les bras, le traîne. Sa gueule, son tee-shirt poisseux frottent contre mes pneus jusqu'à l'escalier.

Une marche, je le hisse.

Deux, son corps claque.

Trois, ses jambes se tordent.

Quatre, et le voilà chez moi. Ivresse, encore, cette chaleur qui m'engourdit. Je le traîne du salon au couloir, puis du couloir à la salle de bains, où je le bazarde dans la baignoire. Il se désarticule, comme un jouet. Mon jouet.

Je me masse les lombaires et m'assieds sur les chiottes, reposant mon corps. Les bras ballants, j'observe ma proie. La céramique n'en révèle que sa coupe afro et son front, auquel je décide de m'attaquer. Le *Times* dit que je suis un monstre, alors autant lui donner raison. Je ressors mon couteau et tire le nègre par les cheveux, lui redressant la tête.

Quand l'idée.

L'excitation.

La lame ; tremblements. Je me concentre, incise dé-li-ca-te-ment. La peau cède en petits craquements, lente musique aux accents synthétiques. Et ce tracé pourpre, c'est ma route. Moi qui patrouille aux tréfonds de L.A., à l'affût.

Impatient.

Une, puis trois gouttes s'écoulent. Elles fendent ses sourcils, ses yeux, ses joues, ses lèvres, tandis que je continue, appliqué. D'une main ferme, je progresse. Tourne. Racle avec soin, et ça y est, j'ai fini.

Impatient de savoir.

Je pose le couteau, retiens ma respiration, puis approche mes mains. Mes doigts. Mes ongles, plantés dans sa chair. Je la retrousse et tire lentement. Ça vient peu à peu, tissant des corniches rougeâtres.

Impatient de savoir ce que ça fait.

Plus que quelques secondes, et elle se décolle enfin. Sa face, dans mes mains. Mon trophée. Je le fixe, absorbé par ses paupières dégoulinantes, ouvertes sur le néant. Alors, je l'applique minutieusement sur mon visage. J'appuie sur les joues, le menton, pour qu'il adhère bien à ma peau. Voilà, c'est bon, et je me tourne vers le miroir. Black Power.

67

12 décembre 1970

TYRONE

Et vas-y que je te suce, que je t'avale… Gourmande, la salope. Et son cul, qu'envahit tout l'écran. Dans la salle, les fauteuils se remettent à grincer. Trois vieux et deux tox, venus se réchauffer ici, cramponnés à leurs bites. Enfer de solitudes, osseuses et gémissantes, où je me saoule à la Bud en attendant Clark. J'entends la porte, derrière, puis des pas. Je regarde ma montre, qui me confirme que c'est lui. Il s'assoit à ma droite et râle déjà :

— Tes gars à l'entrée, ils m'ont fait chier.

— Ils sont là pour me protéger.

— C'est clair. Ils m'ont fouillé jusqu'au slip.

— C'était désagréable ?

— Plutôt, oui.

— Eh ben, maintenant, vous savez ce que ça fait d'être noir.

Il ajoute rien, mais ça le démange. Trois ans qu'on se voit, je le connais par cœur. Clark et son look passe-partout – barbe, jean et badge antiguerre. Je sais pas qui est le plus ridicule, lui ou les gauchos avec leur panoplie. J'allume une clope, il continue :

— Tu pues l'alcool.

— Je sais.

— T'as intérêt à te ressaisir. La picole, le racket… C'est pas pour ça que je t'ai renvoyé ici.

— Vous vouliez que je foute le bordel, c'est ce que je fais.

— Je t'ai connu plus subtil. Si tu continues comme ça, le BPP va te tomber dessus. Je suis même étonné qu'on ne t'ait pas déjà sanctionné.

— Ils m'ont envoyé un mec d'Oakland, un fouille-merde. Il a épluché les comptes, mais il a rien vu, ça fait des mois que je les trafique.

— Et si ça se sait ? Si on te dénonce ?

— Personne osera, je tiens le ghetto.

— Même les Blackstones ?

— Ils font profil bas. À part ça, j'ai arrêté les collectes et j'ai réduit l'équipe de la clinique. J'ai dit que c'était temporaire, qu'on manquait de fric.

— Et forcément, ça gueule.

— Les parents, surtout, mais je fais mon Nixon : quand ils parlent « santé », je réponds « sécurité ». Je les protège des flics et des gangs, alors ça les calme.

— Tu m'épates, je ne pensais pas que t'irais aussi loin. T'as pas de remords ?

— J'en ai eu au début, mais…

— Le fric, ça fait réfléchir.

— … on m'a jamais aidé, alors je vois pas pourquoi j'aiderais les autres.

Là-bas, la fille suce un autre mec. Marrant, ça. Quand j'étais ado, les films pornos, c'était « On baise à l'hôtel, tu filmes et tu nous paies à bouffer ». Là, il y a plein de persos, de décors, et même une histoire – enfin, un semblant d'histoire, on est quand même pas dans *Soldat bleu.* Clark, encore :

— J'entends parler d'une Black Liberation Army. T'es au courant ?

— Geronimo l'a créée à Phoenix. Un truc de dissidents.

— Scission ?

— C'est pas officiel, mais le Parti se divise de plus en plus. Norton et son trip social, Glazer et son délire militaire… c'est le débat du moment, et pas que dans ma section.

— Geronimo t'a contacté ?

— Pas encore. Il tardera pas à le faire, il a branché d'autres chefs. Il essaie de recruter les déçus du BPP, mais ils sont pas nombreux à le rejoindre. Les troupes ont peur des représailles, alors plutôt que de choisir, ils préfèrent tout lâcher.

— Stills, il en pense quoi ?

— Il s'aligne sur Norton. Ça sent la fin : les langues se délient, ça parle de viols, de magouilles… Glazer fait tout pour ressouder le Parti avec ses contacts et le journal.

— Et Leary ? Il joue quel rôle dans tout ça ?

— Aucun. Il a fui l'Algérie avec sa femme, ça a clashé avec Glazer.

— Divergences ?

— Séquestration. Glazer les trouvait trop défoncés, pas assez marxistes.

— Toujours aussi psycho, lui. Tu sais où Leary…

— On dit qu'il est en Europe. Et Angela, comment ça se passe pour elle ?

— Elle sera bientôt en taule. Quant à nous, on va arrêter de se voir. Trop risqué. Alors, on va s'appeler, la cabine en bas de chez toi. Tous les mercredis, à 7 heures.

Au premier rang, un mec jouit. Je le regarde soupirer, s'essuyer la main sur le fauteuil d'à côté. Clark me relance :

— Tu feras quoi, quand ce sera fini ?

— Je sais pas.

— Si tu veux quitter le pays, je pourrai te trouver une bonne planque.

— On verra. Et vous, vous ferez quoi ?

— Oh, moi…

Il finit pas sa phrase, mais j'ai compris. Sa mission est bientôt terminée alors, forcément, il a un peu le blues. Comme quand tu t'es acharné à avoir une fille… Une fois que c'est fait, il y a plus rien à faire. À l'écran, un autre mec défonce la pute. Ses couilles arrêtent pas de claquer, quand Fred apparaît en gros plan et me fixe. Travelling sur son regard, implacable. Du coup, pour la première fois depuis trois ans, c'est moi qui coupe court et me lève. Clark, surpris :

— T'y vas déjà ?

— Mm.

— Bon, ben… à la semaine prochaine.

Je dépasse les sièges et sors du rang, pour me diriger vers la sortie. Dans le hall, je retrouve « Punch », mon garde du corps. Il m'escorte, son flingue à la main, surjouant son rôle. Une porte, et je passe de la chaleur du ciné au blizzard de la 26e. L'après-midi s'étire, les jours et les nuits s'enchaînent de trafics en purges. Ma routine destructrice où, entre deux bouteilles, je pense à Fred, Wayne, Clark, le FBI…

Nos informateurs confirment que Glazer demeure influent par le biais du journal. Dites aux compagnies de transport de boycotter l'acheminement des colis. Envoyez des lettres à Glazer dans lesquelles Norton sera critiqué pour son manque d'autorité. S'il reçoit un nombre conséquent de plaintes, cela créera des dissensions que nous pourrons exploiter.

… et Hoover. J'aimerais bien le rencontrer, même si je sais que ça arrivera pas. Les gens importants, ils sont toujours occupés, ils ont jamais le temps pour les merdes comme moi. Mais bon, avec tout ce que je fais pour lui…

Frère Eldridge,

Je t'écris car je sais qu'on te tient pas au courant de ce qui se passe à Oakland. Au siège, les choses sont profondément désorganisées. Huey ne prend pas les bonnes décisions et on nous accuse de plein de trucs. Je sais plus quoi faire.

… ce serait la moindre des choses que Hoover me reçoive. Après tout, c'est mon boss. Et c'est fou. En vingt-cinq ans, j'ai eu qu'un job – un vrai, sérieux et bien payé – et c'est de faire la pute. Il y a sûrement un sens à tout ça…

Frère Eldridge,

Je fais partie de la section de Harlem et, depuis le retour de Huey, tout se dégrade. Si seulement tu étais là pour redonner force au mouvement. Il faut agir, et vite. Je voudrais pas qu'on laisse tomber Huey, à moins que tu penses le contraire.

… mais je m'en fous. J'ai mieux à faire, comme fêter Noël avec Mona, la nouvelle. Je nous sers un verre, je sors mes meilleurs disques, je lui dis que j'ai connu King et Malcolm. Ça l'impressionne, après quoi je lui roule une pelle…

Frère Eldridge,

À Boston, ça va de plus en plus mal. Huey nous impose des mesures qui parasitent nos actions. Il a trahi le Parti et il t'a trahi. On a pas besoin d'un leader qui fait la révolution le jour et la fête la nuit, on a besoin d'une direction que tu es le seul à pouvoir assumer.

… et je vire Mona une semaine après, comme les autres. Je l'aurais bien gardée chez moi, mais c'est l'heure de *Soul Train*. Le funky show dont tout le monde parle, mais qui passe qu'ici, à Chicago. Dans les autres sections, ils sont tous jaloux. Mona sort en s'appuyant contre le mur. Elle a mal au cul, mais se plaint pas, trop fière d'avoir été baisée par le chef.

Je claque la porte, déambule dans le salon, allume la télé, m'écroule sur le lit. Une seconde, et ça me reprend. Ses griffes remontent, escaladent patiemment jusqu'à ma gorge, et il reste là, pesant sur ma langue. Le stress. L'angoisse que ça s'arrête, de perdre mon pouvoir, de me faire entuber par Clark. Je décroche mon téléphone, appelle le QG des Blackstones et attends la voix de Ford.

— *Allô ?*

— C'est Tyrone.

— *Qu'est-ce que tu veux ?*

— Te souhaiter une bonne année.

— *Te fous pas de moi.*

— Je suis sincère, mec.

— *C'est ça, ouais. Tu butes mes gars, tu me pourris la vie, mais...*

— Justement, je te propose un truc pour bien attaquer l'année. Et si on la faisait, cette putain d'alliance ?

68

7 janvier 1971

CHARLENE

Encore un matin déprimant, pire qu'à Phoenix. On a bien fait de se casser, ça devenait chaud. Au début, des Panthers passaient nous voir pour causer, à la cool, mais ça a fini par clasher. On était tellement furax contre le Parti que les autres ont sorti leurs flingues. Heureusement, Gero a calmé le jeu, puis il a négocié notre départ.

Depuis, on se planque près de Denver. Nouvel État, nouvel hôtel, même douleur : le Parti, ça me manque. Il paraît qu'au siège ils nous en veulent à mort. C'est ce qu'a dit Lewis, un ancien Panther. D'autres nous ont rejoints, ils en avaient marre du Parti et… faut que j'arrête avec ça. Trois mois de cavale et j'arrive toujours pas à intégrer que le Parti, c'est fini. Maintenant, ma vie, c'est la Black Liberation Army.

Et nous, à la BLA, on est les vrais héritiers de Malcolm.

Nous, on est dans le concret.

Nous, on va libérer notre peuple.

Même si, pour l'instant, on est que quinze. En attendant, on essaie de recruter les Panthers du coin. On les voit dans les bars, après leur service, quand il y a pas leur chef, mais ils nous font pas confiance. Pareil chez les chômeurs, les ouvriers. Le rejet, la méfiance, la surveillance des porcs… ça devient usant, vraiment. C'est pour ça que cette douche, là, bien chaude, elle me fait du bien. Beaucoup de bien.

— Tourne-toi, me dit Gordon.

— S'il te plaît…

— Tourne-toi, putain !

J'obéis. Il me plaque contre le mur, m'écarte les jambes, me l'enfonce d'un coup sec. J'ai mal, mais je dis rien. Depuis qu'on s'est fait virer, il me fait peur. Encore plus tendu, autoritaire. Alors, j'attends qu'il termine, mais ça dure. Je serre les dents, vois le sang couler entre mes cuisses. Il se brouille à mes pieds, quand Gordon me tire par les cheveux. Il jouit, s'écroule sur mon dos et, essoufflé, murmure quelque chose. Avec l'eau, j'entends rien, mais ça doit être « Je t'aime », un truc dans le genre.

Il se retire, s'essuie aussi vite qu'il s'habille, quitte la salle de bains. Moi, le sang s'arrête – presque – et je prends la serviette. Culotte, jean, pull, mes fringues puent la sueur, la route, l'angoisse de pas savoir ce qui peut arriver. Tenir bon, me recoiffer et retrouver les autres. Treize révolutionnaires, entassés dans la chambre. Treize gueules au noir ruisselant, ridées par l'usure. Il manque Gero, toujours sur le parking, au téléphone avec son pote de Fargo. Gordon m'ignore, préférant causer avec Helen…

— J'en peux plus, de rester ici.

— Moi aussi. Faut qu'on bouge !

… pendant que Lewis, Ben et Peaches fument…

— Plus on sera nombreux, plus on aura de poids.
— Ben ouais, mais comment on fait ?

… et que Jim surveille la fenêtre avec Anna…

— Si Angela était là, elle nous dirait quoi faire.
— Oublie-la, elle est pas près de sortir.

… et que les autres se shootent, sur le canapé. Une seringue pour six, c'est tout ce qu'ils ont trouvé, ce matin. Ça me fait peur, ce truc. Les piqûres, j'ai jamais aimé ça. Herbie non plus, mais là, c'est son tour. Il arrive pas à nouer l'élastique, il s'énerve, se fait aider par Samantha. Voilà, il décolle, je le vois dans ses yeux.

Turner se lève. Lui, il a fait la sono aux concerts des Last Poets. Trop la classe. Il va se doucher, j'en profite pour lui piquer sa chaise. Un joint, et je reprends ma lecture. *Les Frères de Soledad*, le bouquin de George. Super. La partie sur son enfance, chaque mot est pour moi. Et les lettres à son avocate, quand il dit qu'*« après la guerre de Sécession, la forme d'esclavage a changé : nous sommes passés de l'état de cheptel à l'esclavage économique. Nous avons été jetés sur le marché du travail, mis en compétition avec les Blancs pauvres dans des conditions désastreuses pour nous ».*

— Qu'est-ce que tu fous avec ça ?

Je relève la tête, vois Lewis s'approcher. Il se plante devant moi :

— On galère pour bouffer et toi, t'achètes des bouquins ?

— C'est celui de Gero. Il me l'a prêté.

Lewis me le prend et le balance dans un coin. Je me lève.

— Oh ! Tu te crois où ?

— C'est de la merde, ce truc !

— Tu l'as même pas lu ! George, c'est un héros ! C'est…

—… un Panther, un traître ! Il est avec ceux qui nous ont virés !

— La ferme ! intervient Helen. Gero revient !

Là, c'est le stress. On aère la chambre, on cache l'héro et on jette les joints dans les chiottes. C'est con, vu que Géro est au courant. Il est blasé, il peut pas nous virer, sinon il sait qu'il se retrouvera tout seul. Il entre, le froid s'engouffre avec quelques flocons de neige. Gero verrouille derrière lui, avant de voir le bouquin au sol. Il se tourne vers moi.

— Je te le confie et tu le balances ?

— Euh…

— Un livre, c'est pas un objet, c'est quelqu'un ! Et là, c'est mon pote George ! Tu jettes mon pote par terre ?

Mal à l'aise, je ramasse le bouquin. Il me l'arrache des mains et le jette sur son lit. Fini pour moi, *Les Frères de Soledad*. Je fusille Lewis du regard. Gero décapsule une bière, avale une gorgée, puis s'assoit sur le lit.

— C'est mort pour Fargo. Ils nous lâchent.

— Merde… Qu'est-ce qu'on va faire ?

— Du calme. Il y a d'autres sections, et je connais le chef de Dallas.

— S'il est comme l'autre…

— SI T'ES PAS CONTENT, BOUGE-TOI LE CUL ! JE FAIS TOUT, ICI !

Turner ressort de la salle de bains, déjà. Un beau mec, avec ses muscles et ses cicatrices. Je le regarde se rasseoir, quand Gero avale une autre gorgée. Tête baissée, il réfléchit comme il fait toujours, en se caressant le crâne. Son foulard se froisse sans qu'il le réajuste et ça, c'est pas normal, ça veut dire qu'il gamberge. Anna s'approche de lui.

— On pourrait essayer Chicago, aussi.

— Non, ils ont fait alliance avec le gang local.

— Le siège a laissé faire ?

— Faut croire. Ils nous virent, mais pactisent avec des dealers. C'est n'importe quoi.

— Faut contacter les Lords, les Yippies !

— Et le Weather ? Faut les rejoindre et prendre les armes, nous aussi !

— Quelles armes ? On a à peine de quoi braquer une banque !

J'écoute, trop crevée pour parler. Ce que je sais, c'est que si le BPP nous avait pas virés, on aurait fini par se casser, car ils font trop de la merde. Je suis sûre que George cautionne pas. George et son bouquin, qui me manque. À chaque page, j'y retrouvais ma vie d'avant, les manifs, les gamins... Le cafard me reprend, mes mains se remettent à trembler. Deux jours sans acides et ça aussi, ça me manque. Je le sens dans mes tripes, qui gargouillent. Ça fait rire Herbie, complètement stone, et j'allume une clope.

— J'ai la dalle. Il nous reste combien ?

— Cent huit dollars.

— C'est tout ?!

— La faute à qui ? lâche Gero.

On baisse la tête. Ouais, la came, ça coûte cher, mais si on se défonce, c'est qu'on en a besoin pour tenir. Même si j'aime pas ce que je deviens. Tout le temps crevée, comme si j'étais vieille. Je vais me reprendre, je le sais, c'est juste que c'est compliqué, en ce moment. Sa bière terminée, Gero broie la canette dans sa main :

— On va refaire le plein d'essence.

— Pour aller où ?

— On verra demain. Avant, faut retourner à Denver, il y a une nouvelle radio. C'est des Muslims, mais il y a moyen de faire notre pub. On va aussi racheter des balles.

— Et la bouffe ?

Il répond pas et se lève, alors nous aussi. On écrase nos clopes, on reprend nos flingues, puis Gordon vérifie son chargeur. Il fait comme si j'étais pas là, que j'existais pas. Ah, c'est bon, il m'a souri, ça me rassure. Un regard de Gero, et Turner se dirige vers la porte. Il l'ouvre, l'hiver fait son come-back et je frissonne – « Putain ! Ça caille ! » – avant de découvrir Turner de dos, immobile, sous le porche. Anna l'apostrophe :

— Eh ben ? Qu'est-ce que tu fous ?

Il répond pas, le flingue le long du corps. Intrigué, Gero le rejoint, puis se crispe à son tour. Je comprends rien, je les rejoins et là, je comprends : sur le parking enneigé, plein de Panthers. Que des mecs, tous baraqués. Bérets, vestes et fusils à pompe – la section de Denver nous pose un ultimatum.

Alors, le temps se fige.

Le temps et la neige, en suspension.

Tous ces flocons, une constellation dans l'espace couleur cuir.

On est pétrifiés face aux Panthers, qu'arrêtent pas de nous fixer. Je m'attends à ce qu'ils nous menacent, mais non, leurs yeux parlent pour eux. Leurs yeux noirs, où on est passés de dissidents à ennemis. Les flocons étincellent tout autour, électrisant l'atmosphère fratricide. Gero, à voix basse :

— Turner, marche jusqu'aux bagnoles. Lentement.

— Mais…

— Ils nous buteront pas. Tout ce qu'ils veulent, c'est qu'on se casse.

Turner s'exécute. Gero, concentré sur les Panthers :

— Charlene, vas-y.

— Et toi ?

— Je ferme la marche. Avancez, le canon baissé.

J'avale ma salive, serre mon flingue. Mon pied droit ; je dois lutter pour l'arracher au sol. Je me dirige vers nos Buick, à une vingtaine de mètres. Et c'est loin. Et le vent glacé. Et la neige, qui craque sous mon poids. Bruits sourds, dissonants, plus aliénants à chaque seconde. Vertige. Ça tourne, tourne, tourne, Turner les dépasse et bientôt, ce sera mon tour.

(Cinq mètres)

La panique me consume au-delà du flip et du funk. Car en moi, ça se déchaîne. Mes nerfs, une basse folle. Mon cœur, une batterie survoltée. Mon sang, qui se remet à couler entre mes cuisses. Ça me brûle, mais je tiens bon et m'approche des Panthers.

(Dix mètres)

Je les dépasse un à un, tête baissée, écrasée par l'humiliation. Leurs souffles me lèchent la nuque, et c'est là que j'ai le plus peur. D'eux, mais surtout de Herbie et des autres, défoncés. Incontrôlables. Un regard, une insulte, et on se fera tous buter.

(Quinze mètres)

Turner atteint la première bagnole, s'installe au volant. Le moteur vrombit, ce funk infernal dans mes veines. Je sais pas ce qu'il se passe derrière moi, alors je prie. Moi, la marxiste athée, j'en appelle à tous les dieux pour que je me sorte vivante de ce merdier. Mes jambes. Il y a une minute, elles refusaient de bouger et maintenant, elles veulent courir. Je les contiens, arrivant enfin à la Buick. Je m'installe côté passager. Referme la portière. Serre la main de Turner, qui murmure :

— Ça va aller…

À travers le pare-brise, je regarde les miens approcher. Ils ont l'air aussi mal que moi, même Gordon. Il nous rejoint à l'arrière avec Samantha. Le reste du groupe se répartit dans les autres bagnoles. Gero est le dernier à dépasser les Panthers, qui se tournent et le suivent lentement. Il avance, le Magnum à la main, leur offrant son dos. Suspense insoutenable, qui porte mon angoisse à l'extrême, et ça y est : Gero monte dans la dernière Buick. Les Panthers s'arrêtent sur le trottoir, continuent de nous fixer.

Alors, nos bagnoles démarrent. Turner embraie, passe la vitesse, et on s'éloigne tous du parking. Je lorgne le rétro, où le danger s'évapore dans le néant blanc. On s'en est tirés. Hors de portée du BPP et, bientôt, hors de son territoire. Un virage, et on s'engage sur la 70, direction le Kansas. Moi, les larmes aux yeux, je pense au bouquin de George, resté à l'hôtel. Perdu à jamais.

69

19 janvier 1971

NEIL

Je me suis trompé. Sur toute la ligne. Mais je ne pouvais pas savoir. La Manson Family l'a confirmé devant le juge : Tate et ses amis, c'était eux. « PORC », c'était eux. Et moi, après avoir incarné la loi durant quinze ans, j'ai tué. J'ai cru identifier un ennemi et je l'ai tué, à six reprises. Mais j'avais tort, comme mon père.

Maintenant, je sais.

Je sais vraiment.

Le vrai problème, avant les nègres, c'est ceux qui leur ont accordé tout ce pouvoir. Ceux qui, par leur inertie et leur complaisance, ont permis ça. Toutes ces stars qui les financent, ces profs qui les soutiennent, ces bureaucrates qui laissent faire… Tous complices, comme l'étaient JFK et Johnson. Oui, même lui. Car c'est ce Texan, ce sudiste, qui a signé le Civil Rights Act.

Et aujourd'hui, c'est Nixon qui trahit, avec son plan de Philadelphie. Des mois qu'il en parlait. « Discrimination positive » ; encore un cadeau aux nègres. Pour eux, on a instauré le Medicare. Pour eux, on a suspendu la peine de mort. Pour eux, on fixe désormais des quotas pour qu'ils puissent bosser. Voler le job des vrais Américains. Et si un patron n'en embauche pas assez, il aura une amende et son chantier sera fermé. Puis tous ces nègres dans nos séries, nos films, nos institutions. J'ai compté : quarante-huit maires et neuf représentants au Congrès. Ils sont en train de s'emparer du pays.

Je ne comprends pas, Nixon était si ferme… Je ne sais plus quoi penser. Peut-être que son plan, c'est pour diviser les syndicats. Peut-être, oui. Peut-être aussi qu'il a viré de bord, tout simplement. Chômage, manifs, attentats, la pression est de plus en plus forte. Alors il se refait une image dans l'espoir de remporter un second mandat. Et les miens tomberont dans le piège. Et ils voteront pour lui. Et les nègres aussi, pour qu'il y ait d'autres nègres à d'autres postes toujours plus importants. Je pourrais en tuer des milliers que ça ne changerait rien, tant que Nixon sera là. Cet opportuniste, ce traître, ce salaud indigne de notre race et…

— Voilà, monsieur !

— Merci.

Je récupère ma monnaie, range mon portefeuille, rajuste mon écharpe. Je salue le gérant, qui répond en me souhaitant une bonne journée, et je sors de sa boutique.

Entre mes mains, une boîte.

À l'intérieur, un revolver Röhm calibre .22.

70

26 février 1971

TYRONE

Smoking the Day Away, c'est le titre du morceau. Et May Blitz, le groupe. Le mec l'a dit avant que la radio accouche de cette intro sinistre, ce chant incantatoire…

« I was waaalking in the foreeest,
Enchanted by an aaapple ! »

… dans ma tête, depuis des mois. Ce riff, c'est des dents. Minuscules ; des piranhas qui me bouffent le cerveau. Une couronne de crocs – ma couronne de roi déglingué, affalé sur mon trône, dans la fumée des clopes et les vapeurs de scotch. *Smoking Yesterday*, car c'était hier, le mois dernier, il y a trois ans, quand tout a commencé.

Et aujourd'hui, ça va pas. Même si je dirige l'une des plus grandes sections, que j'ai pactisé avec le gang de Jeff Ford – à l'insu du FBI – et que j'ai derrière moi cinq mille enragés prêts à renverser Chicago. Deux mois que je les retiens, que je dis qu'il faut bien s'organiser. Eh ben, j'ai eu tort d'attendre, car les Feds ont été informés. J'ai merdé, j'avais pas prévu Glazer.

Je savais qu'ils lui envoyaient des lettres à la con, mais pas qu'ils l'avaient mis sur écoute. Et la semaine dernière, il a reçu un appel de Geronimo. Ils ont parlé des sections et des chefs, dont moi. Moi et les Blackstones.

Depuis, Clark a la haine. Il a menacé de me renvoyer en taule si je réglais pas le problème, « et vite ». Mais buter Jeff, c'est vraiment pas le moment. Trop de parano, de purges… Les Panthers 21 en ont eu ras le bol alors, entre deux audiences, ils ont publié un texte qu'a encore plus foutu la merde. Ils ont critiqué Norton, en disant qu'il faisait n'importe quoi. Réaction : expulsion des 21. Glazer était furax. Du coup, je suis coincé entre Clark et le BPP. Et comme le premier lâchera rien, je mise tout sur le second. C'est pour ça que, ce matin, je suis devant ma télé. Dernières pubs avant l'émission, où Norton et Glazer s'expliqueront en direct, au téléphone. Ça va être chaud mais, leur réconciliation, j'y crois. Il le faut, pour ma survie. Jeff recoiffe sa corne afro, puis s'enfonce dans le canapé :

— Je le sens pas.

— T'inquiète.

— Je le sens pas, je te dis.

Je me tourne vers Fred, mon démon devenu squelette, un café à la main. Impatient, lui aussi. Norton et Glazer, ça fait un bail qu'il les a pas vus. Je finis mon verre et le remplis aussitôt. Le stress, au son du générique. Jeff allume une clope.

— C'est des teigneux, ça va forcément clasher.

— Ils sont pas cons. S'ils s'appellent, c'est pour ressouder le Parti.

— *Le Parti ?* Mais c'est fini, ça ! Il y a eu scission, bordel ! Tu m'as embarqué dans un sacré merdier et… ça commence ! Allez, tirez-vous !

Les filles arrêtent de nous sucer et se redressent, essoufflées. Elles s'essuient les lèvres, à l'écume de foutre, puis quittent notre bureau. Jeff boutonne son froc, ce que je mets du temps à faire, trop bourré. L'autre apparaît à l'écran, avec ses lunettes d'intello :

— *Bonjour, bienvenue dans AM. Je suis Jim Dunbar, en compagnie de Nancy Fleming et Gary Bentley.*
— *Bonjour, Jim.*
— *Bonjour, Jim. Comment allez-vous ?*
— *Très bien, merci. Et vous, Nancy ?*
— *Moi aussi, Jim. Chers téléspectateurs, ce matin, nous avons beaucoup de choses de prévues qui, j'en suis sûre, vont vous intéresser. N'est-ce pas, Jim ?*

Dunbar enchaîne, souriant, faussement humble. Ça marche avec son public, mais pas avec moi. Depuis sa Spéciale Zodiac, il est l'animateur n° 1, alors qu'il aille se faire foutre avec son air « J'ai beau être une star, je reste proche de vous ». Fiche en main, il se lance dans une rétrospective sur le BPP, revenant sur les procès, les condamnations. Il parle de tout sauf des cliniques et des écoles, mais je m'en fous. Ce que j'attends, c'est Norton. Et le voilà, super chic, tout en noir, confortablement installé dans un sofa. Jeff, encore :

— C'est chez lui, ça ?
— J'en sais rien. C'est peut-être le siège.
— Ah… En tout cas, ça sent le fric. T'as vu le salon, comme c'est grand ? Si c'est ça, être marxiste, je veux bien !

C'est au tour de Glazer, en noir, lui aussi. L'air cool, comme le jour où je l'ai rencontré. Derrière la porte, j'entends mes troupes s'agiter et faire des pronostics. Je les imagine, tous rivés sur la télé, comme des milliers de Panthers à travers le pays. Dunbar en remet une couche pendant une minute, avant de conclure :

— *Désolé pour cet exposé un peu long, mais il était essentiel que les téléspectateurs saisissent le contexte et l'enjeu de vos retrouvailles. La régie me fait signe, on me signale que la ligne est établie avec Alger. C'est à vous, messieurs !*

— *Allô ?*

— *Allô ?*

— *Allô, Eldridge ? C'est Huey, tu m'entends ?*

— *Et toi ?*

— *Ouais. Ça fait plaisir ! Comment tu vas, mon frère ?*

— *Ça va pas, et tu le sais très bien.*

Merde, ça commence mal. Glazer se lance, lui reproche son emprise sur le Parti. Il enchaîne sur la gestion, critique les expulsions et les liens avec les Blancs. Norton se défend, déstabilisé, avant de hausser le ton. J'observe, serrant mon verre à deux mains. Ma prière pour qu'ils se calment, mais Glazer revient à la charge…

— *J'ai l'impression que depuis que t'es sorti de taule, t'as pris la grosse tête.*

— *Tu te trompes.*

— *Je crois pas, non. Tous les jours, nos militants m'écrivent pour se plaindre de toi. Fais gaffe, mon frère. À cause de tes conneries, le Parti va droit dans le mur.*

— *Qu'est-ce que t'en sais ? C'est facile de critiquer quand on est pas là !*

— *Tu crois que ça m'amuse d'avoir quitté le pays ?*

— *Personne t'a obligé ! T'as choisi l'exil, alors assume !*

— *Oh ! Tu te prends pour qui ?*

— *Et toi ? Pendant que t'es bien planqué au soleil, nous, on bosse !*

… et ça dégénère. Jeff se crispe, tripote nerveusement ses chaînes en or. Plus ça clashe, plus je picole en espérant qu'ils arriveront à se parler. Qu'ils sauveront leur putain de Parti, et moi avec. Leur échange s'envenime, passe de la joute au combat. Dunbar perd le contrôle de son émission, qui devient un ring. Bourré, je pense à Ali, à son titre qu'il finira par reconquérir car c'est le plus fort, le plus couillu, comme Glazer, hyper agressif. Jusqu'ici, il appelait Norton « mon frère », mais maintenant, il se contente de « mec », et ça veut tout dire. Il fait allusion à sa défonce, dit qu'il est plus apte à prendre des décisions et que le vrai boss, c'est pas lui.

Norton riposte et l'attaque sur son passé de taulard, sans employer le mot « viols ». Je vois que ça le démange, mais il peut pas. S'il en parle, ça salira le BPP. Glazer change de sujet et ils reparlent politique…

— *Mec, tu le vois pas mais, chaque jour, on aide notre peuple !*

— *Vous l'aidez pas, vous l'assistez ! La révolution, c'est pas ça !*

… mais leurs ego les ramènent aux vieux dossiers. Histoires de filles, de came, de fric. On dirait des gamins, ils se rendent pas compte qu'ils sont en train de se ridiculiser aux yeux du pays. Les minutes, les clopes, les verres s'accumulent…

— T'es jaloux car c'est pas toi qu'as fondé le Parti, c'est Bobby et moi !

— Ouais, mais c'est grâce à moi qu'on a fait tout ça !

… et aggravent ma détresse, de minute en minute. Plus ils se déchirent, plus le BPP s'affaiblit, plus mon pouvoir diminue. Mon avenir s'assombrit à chaque seconde. Jeff me fusille du regard. J'ai peur. À travers la porte, j'entends Punch et les autres s'engueuler, conséquences immédiates du duel Norton/Glazer. Une demi-heure que ça dure, que l'étau se referme sur moi. Dunbar réussit à en placer une :

— Monsieur Glazer, je suis navré, mais nous arrivons au terme de notre émission.

— Déjà ?

— Eh oui, je sais. Souhaitez-vous adresser un dernier message à vos partisans ?

— Je veux témoigner mon soutien aux 21. Et dire aussi que, si le Parti est au bord de l'implosion, c'est à cause des conneries de Huey et de David Hillman.

— Hum… Monsieur Norton, un dernier mot ?

— Pour Eldridge. T'es toujours là, mec ?

— Quoi encore ?

— Tout ce que t'as dit, c'est grave. Non seulement ça nous discrédite, mais en plus, ça fait le jeu du capitalisme. On peut pas laisser passer ça.

— « On » ? C'est qui, ça ? C'est toi ?

— C'est le Parti. Et maintenant, on vous reconnaît plus, toi et ta section.

— Tu nous vires ?

— Ouais, et c'est ta faute.

— *C'est vraiment pas la bonne décision.*

— *Peut-être, mais c'est la mienne !*

— *T'es complètement allumé, mec !*

— *Au moins, j'ai des couilles, moi ! Car toi, tu t'es barré ! T'es un lâche !*

— *Moi, je pense que t'as perdu la boule, mec !*

— *Et moi, je t'appelle, je te parle et je dis ce que je pense de toi ! Et t'es un minable, une baltringue !*

Norton lui raccroche au nez, Dunbar rend l'antenne – mal à l'aise – et j'en reviens pas. Le générique d'*AM* me parvient, accompagné de craquements insoutenables. Les os de Fred, là-bas. Il se lève lentement et se dirige vers la porte en reniflant. Un squelette qui chiale, je pensais pas voir ça un jour. Fred sort du bureau et je sais que je le reverrai plus. Car la scission est désormais officielle, je suis foutu.

Anéanti, je me prends la tête à deux mains. Leurs tremblements contaminent mes tempes, mon corps tout entier. Les yeux fermés, je pense aux milliers de Panthers qui doivent être totalement perdus, à Clark qui doit jubiler, à ma mère contre laquelle j'ai envie de me blottir. Jeff écrase sa clope, éteint la télé.

— Et maintenant ?

— Je… je sais pas… Je comprends pas ce qui…

— C'est pourtant clair ! Ton BPP, il est mort, et ça va pourrir notre business !

— Non… écoute…

— C'est toi qui m'écoutes ! Le boss, c'est moi !

— Jeff…

— Toi et les tiens, soit vous êtes Blackstones, soit vous quittez ma ville !

— Jeff…

— QUOI, PUTAIN ?

— Ta gueule.

Je sors mon flingue et lui explose la gueule. Il s'écroule, éclaboussant l'écran. Mes troupes débarquent – « Chef ! Qu'est-ce qui… ? » – et se figent, sous le choc. Moi, je me ressers un verre.

La bouteille terminée, j'ai posé un ultimatum aux gars de Jeff. Beaucoup m'ont suivi, beaucoup sont morts. Butés et égorgés – mes troupes ont fait ça dans les apparts, les caves, le lac. Ça a duré du soleil à la lune, sans que les porcs interviennent. Le ghetto les avait pourtant alertés ; toutes ces mères paniquées. Ils devaient avoir autre chose à foutre, à moins que le FBI les ait retenus. Tout ce que je sais, c'est que la presse en a pas parlé. Faut dire aussi que le Weather a dynamité le Capitole alors, forcément, c'est ça qu'a fait la une. Et quand le siège a fini par apprendre le carnage, j'ai dit que c'était un coup de la Black Liberation Army et ils m'ont cru, ces cons.

Bref, j'ai fait ce que Clark voulait, j'ai « réglé le problème ». Les habitants du South Side ont flippé pendant une bonne semaine, puis les choses se sont tassées et le ghetto a repris sa routine. Moi aussi, jusqu'au 10 mars. Coma.

71

11 mars 1971

CHARLENE

L'aiguille perce ma veine, encore. Mais je veux pas, veux plus, trop tard, puisque Turner appuie et *Walk on By... on By... Bye*… et je la sens… douce… réchauffe mon bras… mon âme… pour la bercer tendrement… me consoler… si épuisée… meurtrie par l'agonie du BPP, cette famille que je continue d'aimer au fond de moi, tout au fond, où fleurissent des soupirs. Peaches et mes potes, défoncés eux aussi, dans ce squat de Dallas. Tous perchés, portés par notre Black Liberation Army.

Chicago
BLA : deux blessés.
BPP : un mort.

On commençait vraiment à déprimer, même Gero y croyait plus, puis on a reçu la visite d'une délégation. Cinq Panthers d'Oklahoma. Ils ont dit qu'ils avaient déserté, qu'ils voulaient nous rejoindre, comme les 21 et plein d'autres à travers le pays. Ce qui nous a profité, c'est le clash entre Huey et Eldridge.

Oakland
BLA : un mort.
BPP : un blessé.

Du coup, ceux d'Oklahoma nous ont rallié, et grâce à leur réseau, on a pu contacter des centaines d'ex-Panthers. Gero a passé des tas de coups de fil, il a fait le tour des radios, des campus, des journaux underground. En un jour, trois groupes de la BLA se sont créés dans l'Illinois, la Californie et le Missouri.

Columbia
BLA : un mort.
BPP : deux morts.

Depuis, on a onze sections dans huit États. Tout ça, c'est la faute à Huey et aux autres. S'ils avaient bien géré, on en serait pas là. Tant pis pour eux. Ils commençaient à avoir une portée internationale avec les Panthers d'Angleterre et ceux d'Israël, mais ils ont tout foiré. Et nous, on est en train de les détrôner.

New York
BLA : deux morts.
BPP : trois morts.

L'avant-garde de la révolution, c'est plus eux, c'est nous. Eldridge le sait, c'est pour ça qu'il nous soutient. C'est aussi pour ça que des Panthers ont buté Rob, l'un de ses meilleurs potes. Les enculés. Et tant pis si Angela nous critique, je l'emmerde avec son Mao et son *Petit Livre rouge*. La couleur de l'avenir – notre avenir à tous – c'est le noir, *« Black is beautiful »* comme Amin Dada, le grand libérateur. Et après l'Ouganda, les autres pays d'Afrique se lèveront pour faire danser le monde. En attendant, je plane. Fixe le mur. Hallucine sur la télé…

« Le Président s'adressera à la nation dans une semaine pour expliquer sa politique au Viêtnam. Une allocution suivie de plusieurs interventions à travers le pays, dont la première se tiendra le mois prochain en Californie, à Anaheim. »

… et mon regard se pose sur Turner et Anna, Ben et Samantha, Gordon et Helen, qui se roulent des pelles dans le canapé. Deux semaines que je me contiens mais, aujourd'hui, ça me rend folle – « Sale pute ! » – et je la tire par les cheveux. Elle me repousse, je la gifle, Gordon me file un coup de poing, je m'écroule sur la table basse. Coke, bières, flingues, tout valse. Julia retient Helen, déchaînée :

— LÂCHE-MOI ! JE VAIS LA MATER, CETTE SALOPE !

— C'EST TOI LA SALOPE ! TOUCHE PAS À MON MEC !

Elle se jette sur moi, me griffe en hurlant qu'avec Gordon, ils s'aiment, et qu'il en avait marre de ma gueule, que je suis trop coincée, que je suis pas une vraie femme comme elle. Le groupe s'interpose, on nous sépare, et je me retrouve à l'autre bout de la chambre. Tremblante, une mèche de cheveux dans la main. Helen, hystérique :

— Mes… mes cheveux !

— La prochaine fois, c'est pas les cheveux que je t'arrache, c'est la gueule !

Elle se met à chialer. Gordon la console alors, moi aussi, je craque. Mes joues ; elle m'a griffée jusqu'au sang, m'a humiliée devant tout le monde. « Ça va ? » me demande Curtis. Lui et son accent d'Okla, cette manière qu'il a de parler comme s'il venait de se réveiller.

Le téléphone sonne.

Trois fois, et ça s'arrête.

Le signal de Gero.

Tim est le plus proche du combiné, alors c'est lui qui s'y colle. Il appelle la cabine, parle, écoute en faisant des « Mm ». Ça dure bien trente secondes, après quoi il raccroche.

— Il nous attend au croisement de Kelly et Harwood.

— Et sa réunion ?

— Ça s'est bien passé. Ceux d'Austin vont nous rejoindre.

Tout le monde explose de joie, sauf moi. Ouais, on a gagné une autre ville, mais j'ai trop la haine envers Gordon pour m'en réjouir. On descend nos bières, on prend nos vestes-clopes-flingues et un dernier rail pour se rebooster. Putain, mon reflet dans le miroir : on dirait que j'ai quarante ans, alors que j'en ai que la moitié. Ça craint.

Tim ouvre la porte, surveille les environs, et go ! Retour à la rue, sa faune, sa jungle, ça bouge, ça vit, et le jungle boogie m'envoûte, une fois encore. Le mix héro-coke, c'est top. On dépasse nos bagnoles, les gens flippent et changent de trottoir. Gordon et sa pute sont trop près de moi, alors je rejoins Tim, devant :

— T'es resté un moment au téléphone. Un problème ?

— C'est la merde chez les Panthers. Ils galèrent avec leur journal, ça se diffuse plus.

— C'est bon pour nous, ça.

— Ouais, ça gueule dans les ghettos. Surtout qu'ils continuent de réformer à fond. Il paraît qu'ils veulent fermer les sections, pour tout centraliser à Oakland.

Sur le trajet, un présentoir du *Dallas Morning News*. Je l'explose d'un coup de pied, la pile se renverse. Je ramasse un exemplaire, marche en lisant la une. FBI. Scandale. Bien fait pour leur gueule. Tim me tape sur l'épaule.

— Vas-y, fais voir !

Je lui donne le journal. Au carrefour, je reconnais Gero et son garde du corps, « Rushmore ». Un boxeur à la gueule tellement déformée qu'on dirait qu'ils sont quatre. Gero nous sourit. Soudain son regard s'arrête sur Harwood Street. Il se décompose.

Je me tourne, découvre dix Panthers.

Pareil sur Kelly Avenue.

Armés jusqu'aux dents.

Ils nous visent, Gero dégaine et son cri me déchire. Du sang, partout. Celui de Tim, étalé au sol. Puis Anna, Turner, Herbie, Rushmore. Ça pue la chair brûlée, la folie. Les piétons s'enfuient, les bagnoles freinent et se percutent. Curtis m'entraîne derrière un kiosque, où le reste du groupe nous retrouve.

Gero se retranche sous un porche. Il hurle, mais j'entends pas à cause des tirs. Ça éclate, ça gicle de partout, et deux Panthers s'écroulent. Là-bas, Samantha rampe en nous appelant, quand sa tête explose. Volcan vermeil, où je sombre avec elle et les autres, Tim et son groove, Anna et ses blagues de cul, Turner et ses tours de magie qui marchaient jamais… Il y a plus que moi, Curtis, Ben, Gordon, Helen. Gero accourt en canardant nos assaillants, abrités derrière un camion. Sirènes, au loin.

— Les porcs !

— Faut retourner aux bagnoles !

Gero nous rejoint, le bras en sang.

— Allez-y ! Je vous couvre !

On fonce, les Panthers remettent ça, tout ce bruit, ces gyrophares. Une balle, Curtis bascule et m'emporte avec lui. Un Panther surgit. Je le bute à bout portant, me relève, retombe sous le poids de Ben. Mort ou blessé, je sais pas. Et mon flingue, je l'ai plus. Crissements de pneus, derrière. Je me retourne, découvre Gero allongé sur le ventre, cerné par des porcs. Gordon me tire par le bras :

— Grouille ! On peut plus rien pour lui !

On s'élance, abandonnant notre chef. Chaque foulée est un déchirement, où je revis ma rencontre avec Gero, nos discussions, notre cavale, cette foi qu'il a toujours su éveiller en moi, et pourtant, je l'abandonne. Je suis une merde, une lâche. Pire que Gordon et Helen, qui boite, la cuisse en sang. Il reste plus que nous trois, les autres se sont cassés.

Les porcs nous traquent, d'autres nous barrent la route. Adieu les bagnoles, on remonte Harwood, direction l'autoroute. Trop loin. On se fera choper avant, mais je refuse. La panique, la coke, la vie m'arrachent à ce corps trop lourd, me propulsant de rues en ruelles. Helen trébuche et s'écroule, suivie de Gordon, une balle dans le bide. Elle essaie de se relever, mais elle y arrive pas. Les porcs se rapprochent…

« POLICE ! JETEZ VOS ARMES ! »

… et Helen gémit. Elle me tend la main, j'avance, puis m'arrête. Je la regarde, les poings serrés, et elle comprend. Elle comprend que je donnerais mes tripes pour sauver Gero, Tod et tous nos martyrs, mais pas elle. Pas la salope qui m'a volé mon mec. Le menton tremblant, Helen me supplie du regard. Je recule, elle hurle…

« SALE PUTE !!! »

… et je repars à la conquête de l'autoroute. À bout de souffle, je serre ma hanche, broyant mon point de côté, quand la barrière apparaît. Traverser. Non, trop de trafic. Les porcs, leurs cris, leur montrer que j'en ai rien à foutre et braver la mort. Ce van qui freiiiiiiine, alors je passe. Camion. Dérapage. Accident. Fumée, déformée par des tirs. Les porcs enragent, l'un d'eux veut me suivre, son chef le retient et moi, je continue. Marcher. Stop. Marcher. Stop. Éviter cette bagnole, mais elle me percute et m'envoie vers des pneus, qui s'arrêtent juste à temps. Je me rétablis, sonnée, insultée par les conducteurs, puis titube jusqu'à la barrière. Ça y est, mais c'est pas fini, car les autres remontent dans leurs bagnoles pour faire le tour.

Courir encore, toujours, les pieds en sang. Cracher mes poumons. Bousculer les gens. On m'engueule, me pousse, m'envoie par terre, et j'entends un moteur. Ce bus, qui redémarre. Je fonce et saute, les portes se referment dans mon dos. Le chauffeur se tourne vers moi. Un Blanc, barbu, la cinquantaine.

— Fais l'appoint, j'ai pas de monnaie.

J'avale ma salive, palpe mes poches vides. Il pianote sur son volant et, d'un air excédé, me fait signe d'avancer.

— Merci… monsieur…

— Allez, casse-toi.

Au-dessus de lui, il y a une pancarte « Dallas-Houston », alors va pour Houston. J'avance, en sueur, me tenant aux poignées. Heureusement qu'elles sont là. Les passagers me regardent bizarrement. Je repère un siège libre, m'y laisse tomber. C'est là que je me relâche, enfin, et m'effondre. Seule. Toute seule.

72

30 avril 1971

NEIL

« Général Chapman, secrétaire Warner, invités et membres de la 1re division de marines, compatriotes ici présents et ceux qui nous suivent à la télévision et à la radio, ceci est l'un des moments les plus intenses de mon mandat en tant que président des États-Unis. Officiers, je suis fier de célébrer aujourd'hui votre héroïsme en vous décernant cette médaille d'honneur. »

J'augmente le volume, resserre mes doigts sur le volant. Concentré, malgré ma migraine. Une heure qu'on roule, qu'elle s'impatiente et me torture. Jamais eu aussi mal, mais je tiens bon. Il le faut, pour l'Amérique. À ma droite, le soleil et l'océan s'unissent de mille feux pour me retenir. J'accélère.

« Il y a cinq ans, lorsque vous êtes allés au Viêtnam, vous y avez trouvé un pays et un peuple sous l'emprise communiste. Maintenant que vous êtes repartis, les Sud-Vietnamiens sont autonomes, capables de se défendre sans notre aide. Grâce à votre action et celle de millions d'autres Américains, nous pouvons

continuer le retrait progressif de nos troupes à raison d'une division par mois. »

Sept ans de guerre, des milliers de compatriotes sacrifiés et des milliards de dollars gaspillés pour en arriver là. Et ce salaud qui se pose en sage. Oui, il avait promis la fin de la guerre, mais cela induisait une victoire, pas une humiliation. Jusqu'ici, le monde entier nous haïssait. Maintenant, il va se foutre de nous.

« Vous avez agi en héros, dignes héritiers de la bravoure de vos pères et de vos grands-pères durant les deux guerres mondiales, et votre mission au Viêt-nam était des plus ambitieuses. Vous avez soutenu une nation, vous avez bâti des écoles, des hôpitaux et des cliniques, vous avez aidé un peuple à s'émanciper. »

Je longe la plage de San Onofre, ses vagues, ses palmiers, sa centrale nucléaire. Le soleil, encore lui, érige le dôme en un monstre graisseux. Ma migraine, gigantesque, ruisselante de visages : Ali, Norton, Stills, Brown, Glazer, Poitier, Davis, Cosby, Wonder et j'en passe, jusqu'à Nixon. Le nègre des nègres.

« Comment aborder la suite ? Comment en finir avec cette guerre ? Quelle paix voulons-nous ? Parce que nous ne voulons que la paix. C'est à elle que je pense en ce moment même, comme vous tous, et j'y pense pour les centaines d'écoliers qui sont ici aujourd'hui. Cette paix, nous la voulons pour nous, mais avant tout pour eux. »

Car il doit mourir. Il va mourir. Aujourd'hui. Je l'ai raté à Anaheim à cause des embouteillages, je me suis fait refouler à l'entrée du Capitole, je l'aurai à Camp Pendleton. Sa dernière étape en Californie. Arriver avant qu'il s'envole, avant les présidentielles. Le stopper à temps, comme les Kennedy.

« Je vous promets que nous terminerons cette guerre avec dignité pour obtenir ce que les Américains n'ont jamais connu au cours de ce siècle : une génération en paix. C'est pourquoi, en tant que commandant en chef, je suis fier aujourd'hui de vous souhaiter la bienvenue dans vos foyers. Fier comme je l'étais, durant la Seconde Guerre mondiale, parmi vos pères. Je vous le dis, l'Amérique est heureuse de vous retrouver et cette paix, nous finirons par l'obtenir. Je vous remercie. »

Et c'est au tour des applaudissements, si bruyants qu'ils semblent vomis. Dix mille personnes – ce qu'ils ont annoncé, avant le discours. Le journaliste enchaîne et dit que Nixon monte à l'arrière d'une Jeep, fait le tour du terrain en saluant le public, descend pour se diriger vers sa limousine.

J'aperçois un véhicule de police, deux, cinq, dix, et le double de flics. Ils encadrent des chevelus enragés brandissant des pancartes antiguerre. Les flics restent de marbre, ils encaissent comme j'ai longtemps encaissé. Leur chef, un géant aux lunettes noires, se dirige vers moi. Je m'arrête sans couper le moteur, il me salue d'un geste froid.

— La route est fermée, monsieur.

— Euh…

— Où allez-vous ?

— Oceanside.

— Alors, prenez l'autoroute, puis Vandegrift. Vous y serez dans dix minutes.

Il me fixe. Je pense à mon portefeuille, à l'insigne de mon père que je pourrais exhiber en disant « Je suis de la maison », mais des shérifs comme lui, j'en ai connu. Il ne faut pas les contrarier ou ils retirent leurs lunettes. Je le remercie et le salue d'une main ; politesse qui m'est insupportable. Ne rien laisser transparaître. Ni la frustration ni ma haine envers lui. Un pantin, appliquant les consignes d'autres pantins. S'ils savaient, ils me laisseraient passer car c'est pour eux, pour nous, que je suis là.

Fou de rage, je me contiens, fais marche arrière, puis demi-tour. Meurtri, à défaut d'être surpris. J'aurais dû m'en douter, Nixon ne peut plus se déplacer sans que ses opposants viennent foutre le bordel.

« ... tandis que le Président salue la foule en se dirigeant vers son hélicoptère. Nous le retrouverons dans quelques instants à la Western White House... »

Là, je fonce en direction de San Clemente. À cette vitesse, j'y serai dans vingt minutes maximum. Plage, French Canyon, plage, Las Flores Creek, plage, Foley Canyon, plage, Horno Canyon et la centrale, où je retrouve la gueule de Nixon. Ici, partout. Et cette fois, il ne m'échappera pas. Je change de fréquence, happé par une autre radio :

« ... en direct, devant la résidence secondaire du Président. Une foule de partisans l'attend, bien qu'aucune rencontre n'ait été annoncée... »

Oui, il ira les voir. Évidemment. Il en a besoin. À un an des primaires, il ne peut plus se permettre de snober ses électeurs. Le retrait des troupes, la diplomatie avec les Russes et le plan de Philadelphie n'ont fait que le maintenir dans les sondages. S'il veut progresser, il doit se montrer en public. C'est ce qui le perdra.

Villas, piscines, terrains de golf – je ne suis pas arrivé que ça pue déjà le fric et le mépris, comme lorsque je faisais mes rondes à Beverly Hills. Cielo Drive. Tate. Sang, et l'horizon qui rougit. Camion Coca-Cola, devant moi. Il s'arrête au feu, je freine, surveille les environs. Quelques retraités, rivés sur leur néant, alors j'ouvre la boîte à gants.

Badge « Nixon ».

Couteau de poche ultra-léger.

Revolver.

Il est déjà chargé, mais je vérifie, ça me rassure. Six balles. Une suffira. J'accroche le badge à ma veste, mets l'arme dans ma poche intérieure, pose le couteau entre mes cuisses et repars.

« ... centaines de gens impatients sur Via Ensueno, aux abords de la propriété. Le Président s'y posera d'un instant à l'autre... »

J'essaie de me situer. Beaucoup de panneaux, mais aucun pour moi. Heureusement, il y a ces gens, là-bas, ridicules avec leur look Oncle Sam. Je les suis, quand résonne un boucan infernal. Hélicoptère. Nixon nous survole, suivi par ses fans en délire. Ils se multiplient à perte de vue, se précipitant vers une zone pavillonnaire… entravée par un barrage de police. Fait chier. L'un des flics, à cran :

— Interdit aux véhicules ! Repartez !

— Mais…

— À pied, comme tout le monde ! Allez, reculez !

J'obéis, furieux, tourne dans le quartier en quête d'une place. Je cherche, cherche, cherche et trouve enfin, aux abords d'un restaurant. Sitôt garé, sitôt sorti. Je glisse le couteau dans ma manche, ajuste ma veste, traverse en courant. Palpitations. Le flingue, excité au contact des anonymes. Ils sont de tous les âges, toutes les races, toutes les classes sociales. Nixon ratisse plus large que je ne le pensais.

Je balade mon regard, de flics en journalistes, de photographes en G-Men. Les plus nombreux, ce sont eux. Le FBI joue sa crédibilité, entachée ces derniers temps. Et ces gars en civil avec leurs oreillettes, ces soi-disant riverains aux balcons. Trois ans après le frère Kennedy, le Secret Service a bien retenu la leçon.

Je me fraie un passage. Gamins. Drapeaux. Caméras. Trois files d'attente, gérées chacune par un flic. Fouilles aux corps, comme prévu. Je dévisage les gens, à la recherche du quidam qui servira mon plan. Pas lui, trop vieux. Ni lui, trop jeune. Lui ? Non, il est avec une femme et c'est un gars isolé qu'il me faut. Là, ce quadra en costard aux cheveux gominés. Un authentique *middle class*, qui se défonce au bureau pour oublier son crédit. Je me dirige vers lui. L'hélico disparaît derrière la Western White House, alors la foule s'agite. Je me laisse porter, heurtant le *middle class*…

— Pardon.
— Ce n'est rien.

… et le couteau passe de ma manche à la poche de sa veste. Il n'a rien senti. Trop absorbé, trop fiévreux à l'idée de voir son « héros ». Je remonte l'autre file, m'oriente vers le flic le plus jeune. Entre vingt et vingt-cinq ans, l'âge de l'inexpérience, du laxisme involontaire pour cause de stress. Il est en train de fouiller un Latino énorme, aux bras flasques. Je ralentis, le laissant terminer, puis me plante devant lui :

— Bonjour.

— Faites la queue, monsieur !

Son ton trahit l'ampleur de sa nervosité. Je l'ai bien choisi. Je sors mon portefeuille, lui montre l'insigne de mon père :

— Je suis de la maison.

Il lorgne. Je range mon passe-droit et enchaîne, l'empêchant de le faire :

— Le brun en costard, dans la file de droite. Il a un couteau sur lui.

— Vous êtes sûr ?

— Je l'ai vu le mettre dans sa poche, avant de se mêler à la foule.

Il marque un temps d'arrêt, puis observe l'autre gars. Derrière moi, les gens commencent à râler, précipitant sa décision. Il se tourne vers deux G-Men, au loin, un Blanc et un nègre. Le FBI joue non seulement sa crédibilité, mais aussi son image. Ils nous rejoignent. Le Blanc, au flic :

— Un problème ?

— C'est un confrère de Los Angeles. Il a repéré un individu suspect.

De la tête, il leur désigne le *middle class*. Ça y est, je touche au but. Je me contiens, car l'autre ne me lâche pas du regard. Ce nègre, aussi noir que son uniforme. Mon mensonge, il n'y croit pas. Il veut me fouiller, il va me fouiller, il me fouille. Pose ses sales mains sur moi. Palpe mon pantalon, mes poches, mes hanches, ma chemise. Ses doigts, méthodiques, remontent ma veste…

« OH ! C'EST QUOI, ÇA ? »

… et là-bas, l'agent brandit mon couteau sous le nez du quadra. Je reviens à moi, face au flic. Il ne me regarde pas, observe le *middle class* aux prises avec les G-Men : « HEIN ? C'EST QUOI, ÇA ? » Face à la lame, l'homme est stupéfait. Il clame son innocence, mais c'est peine perdue. Un gars de son rang avec une arme blanche, il n'y a rien de plus suspect. Le flic soupire :

— Heureusement que vous étiez là.

— Oh, il n'aurait pas passé le contrôle, de toute façon.

— Merci, vous avez assuré.

Je comprends qu'il va me laisser passer. Car on ne fouille pas un confrère, surtout quand il vous a permis d'éviter le pire. Il se tourne vers moi :

— Bon, désolé, mais je dois vous fouiller.

Je me fige. Terrassé, je n'entends plus rien. Ni le brouhaha, ni les jérémiades du *middle class*, juste la voix de ce putain de flic :

— Désolé, vraiment, mais…

— C'est normal.

Et cette fois, j'y suis vraiment. Je lève les bras, la peur au ventre. Ses mains, mon pantalon… À chaque contact, je meurs un peu plus et – « Lâchez-moi, enculés ! » – le *middle class* repousse les G-Men, qui l'éloignent de force. La scène attire l'attention générale. Le flic suspend ses mains, observe, se remet à me fouiller. Il en était au pantalon, il s'attaque à mes hanches. Il les palpe, tournant la tête à chaque insulte, et passe à ma veste. Ma vie ne tient plus qu'à un fil quand la rue se soulève. Hourras aliénants. J'aperçois Nixon devant sa résidence, tout sourire, les doigts en V. Il se rapproche de la foule, escorté par ses gorilles. La liesse se propage jusqu'à nous, malmenant le flic. Il résiste, apostrophe les gens dans la file :

— Oh ! Arrêtez de pousser !

Il essaie de continuer la fouille mais, bousculé, se résout à me céder le passage :

— C'est bon, allez-y !

Je suis sidéré. À une seconde près, j'étais foutu. Hasard, chance – si je croyais encore en Dieu, j'y verrais un signe. Je franchis la zone de sécurité.

— Merci. Bon courage.

Il nc réagit pas, occupé à fouiller le suivant. Là-bas, Nixon fait son show, d'autographes en poignées de main. Qu'il en profite. Bientôt, la star, ce sera moi. Et si je suis passé, ce n'est pas dû à la chance, ni à je ne sais quelle intervention divine, mais à l'Histoire. Elle qui m'accueille dans sa vérité immaculée.

Le regard fixe, je marche d'un pas victorieux. La foule s'ouvre à moi, tel un vagin conquis. Ma cible s'affine et passe de tête à silhouette. Les drapeaux claquent, chantant mon sacre imminent : « NIXON ! » Plus que quelques mètres. « NIXON ! » Et j'atteins la barrière. « NIXON ! » Ici, parmi ces fous avec leurs stylos et leurs appareils photo. Il se rapproche, serrant les mains à la chaîne. La politique dans ce qu'elle a de plus abject. Et ces gens qui en redemandent. Et cette mère qui lui tend son bébé. Et le voilà enfin devant moi. « NIXON ! » Ses yeux noirs. « NIXON ! » Son nez improbable. « NIXON ! » Sa main veineuse, qu'il me tend. Je bouge la mienne et l'Histoire, encore elle, fait le reste.

1865 : Lincoln.

1881 : Garfield.

1901 : McKinley.

1963 : Kennedy.

1971 : Nixon… qui m'échappe, emporté par ses gardes du corps. Il disparaît dans sa résidence, où la porte se referme. Moi, je suis anéanti. Je ne comprends pas. J'y étais. Ça s'est joué à une microseconde ; une injustice de plus. Et la haine m'envahit, comme jamais auparavant. Un volcan de conviction.

Car la prochaine fois, il mourra.

73

3 mai 1971

TYRONE

Coma, encore.

Le 10 mars… J'oublierai jamais ce jour. Je venais de retrouver Punch en bas de chez moi, je lui ai dit que je devais téléphoner à ma mère. Je me suis enfermé dans la cabine et, pendant qu'il surveillait le coin, j'ai appelé Clark, comme tous les mercredis matin. Il était super tendu, vu que pendant la nuit, un bureau du FBI en Pennsylvanie s'était fait cambrioler. Des milliers de docs confidentiels volés. Un gros fuck adressé à Hoover. Une humiliation à l'échelle nationale.

Les Feds ont accusé le BPP, le BPP a accusé la BLA, la BLA a accusé le Weather, jusqu'à ce qu'un mystérieux « Comité des citoyens » revendique le coup. Ils ont envoyé plein de photocopies à des journalistes ; ils ont fait fort. Presse, radio, télé – la totale. Et dans les dossiers volés, il y en avait du programme Cointelpro. Clark me l'a dit, c'est pour ça qu'il était à cran. Et j'ai flippé. Peur que mon nom soit dans les papelards et qu'on me fasse la peau.

Alors j'ai raccroché et j'ai retrouvé mon garde du corps. On a marché quelques minutes, quand un camion est arrivé en face. Punch me regardait pas, il était en train d'allumer une clope, j'en ai profité pour traverser et PAF ! Je voulais en finir, bien écrasé comme une merde, mais j'ai raté mon coup.

Depuis, je suis dans le coma. Enfin, je suppose, vu que c'est tout noir et que j'entends des voix lointaines, bizarres. Je les reconnais pas, mais ça doit être Hank et les autres. « Lâche pas », « Tiens bon »… Ils me parlent tout le temps. Jamais tranquille, même ici, dans le néant. J'ai vraiment pas de chance, putain.

74

26 mai 1971

CHARLENE

Un trou. Un trou sans fin. Que du vide, qui fait mal. Me ronge de l'intérieur et dévore mon frère, mes potes, tous morts, alors je chiale en tremblant, glacée par la nuit, le manque. Recroquevillée, sous ce putain de porche. Me balancer. Accélérer. Transpirer pour que ça sorte, mais ça reste en moi, ici, quelque part en périphérie de Houston. Columbus. Dallas et Gero, Kool et son Gang, moi et mes conneries. Errer, puer, voler tous les jours et chercher et me shooter et là, c'était de la merde. Sucre. Mescaline. Strychnine. Mes tripes se contractent, hurlent ma *Sweet Sweetback's Baadasssss Song* et j'entends du bruit, un moteur.

Je relève la tête, de la sueur plein les yeux. Je devine le parking désert, quand un van s'arrête devant moi. Gris ou bleu, avec des fleurs peintes. Au volant, un jeune Blanc aux cheveux longs. Je me redresse, vacille, me frictionne les bras. Il baisse sa vitre.

— Ça va ?

— Ouais.

— T'es sûre ?

— Allez, lâche-moi !

Il détaille mon look déglingué, l'air gêné. Qu'il aille se faire enculer avec sa pitié. Il soupire, me fixe au son du moteur. Ronron pénible, comme la voix échappée de son autoradio. Je suis trop loin, je comprends pas ce qu'elle dit et ça m'énerve encore plus.

— Oh ! T'es sourd ? Je t'ai dit de te casser !

— T'inquiète, je vais pas descendre.

— Alors qu'est-ce que tu fous là ?

— Et toi ?

— J'attends… j'attends des potes.

Il allume une clope, tend son paquet sans me demander si j'en veux une. Il sait. J'hésite, mais c'est plus fort que moi, alors j'approche. Dur de marcher, très dur. Arrivée à la portière, je le découvre plutôt beau gosse avec sa barbe. Au rétro intérieur pendent une figurine de Batman et un badge antiguerre. Je prends le paquet, c'est des Marlboro. J'arrive pas à en choper une, je tremble trop. Il fait semblant de pas le voir, quand j'y arrive enfin.

— Merci…

— De rien. T'as du feu ?

— Je l'ai paumé.

Il sort son briquet, allume ma clope. Je tire une grande latte, ça fait du bien. Pas assez, mais un peu quand même. L'autoradio s'empare du silence – *« … Washington à sa sortie de l'hôtel* Mayflower*, lorsqu'un individu a tenté de l'assassiner au moyen d'une arme à feu. Le Président n'a pas été blessé, grâce à la réactivité de ses gardes du corps. L'agresseur, un Blanc d'une trentaine d'années, a profité du mouvement de foule pour fuir... »* – et le mec reprend :

— T'es au courant ?

— Ouais. Dommage qu'il soit pas mort, cet enculé.

— C'est clair.

Putain, c'est chaud de parler. Faut trop que je me concentre, et c'est vraiment difficile. Le mec baisse le volume :

— T'es du coin ?

— Pas vraiment… Et toi ?

— Moi non plus, je vais rejoindre des potes sur la côte. Ils font du biz.

— Quel genre ?

— « Peace and Love ».

— Ah… cool.

— Carrément. C'est ton truc, toi aussi ?

— Ouais… Mais ici, il y a que de la merde, et c'est cher.

— Faut connaître les bons plans, c'est tout.

Là, je comprends qu'il a du stock. Il se remet à fumer, alors moi aussi. Il pourrait me relancer, mais me laisse revenir, ce que je fais :

— T'as quoi ?

— Acides. J'en ai plein.

— Et de l'héro, t'en as ?

— Oh, t'es une vraie, toi. Ouais, j'en ai.

Ses mots m'électrisent. Mes bras, mes plaies bouillonnent, je les sens qui s'ouvrent, affamées. J'ai envie de les gratter, mais je me contiens.

— Et… tu la fais à combien ?

— On verra après.

« Après la pipe » et ça, je veux pas. Rien que d'y penser, j'ai envie de vomir, mais j'ai pas le choix. J'aurai qu'à fermer les yeux, penser à Gordon quand tout allait bien et que ses mains faisaient autre chose que me cogner. Le mec ouvre sa portière, je me crispe.

— Où tu vas ?

— La came est derrière.

— Euh…

— On sera mieux.

Il sort, j'inspecte les environs. Dans le coin, il y a que lui et moi, alors je flippe. J'avale ma salive, j'en ai besoin. Ma salive à moi, avant qu'elle ait le goût de son foutre. Le pire, c'est que j'arrive pas à le détester, ce salaud. Il en profite, ouais, mais il est contre la guerre, lui aussi, alors c'est peut-être pas un salaud, juste quelqu'un de seul qui veut passer un bon moment. Peut-être aussi que ça me fera du bien de baiser, de sentir un homme contre moi, en moi. Et surtout, j'aurai mon shoot. Je le rejoins.

— Au fait, je m'appelle Jack.

— Charlene.

— Joli, comme prénom. Et tes potes ?

— Finalement, ils vont peut-être pas venir.

Il me sourit, puis ouvre les portes arrière. Je le croyais seul, ils étaient quatre.

75

10 juin 1971

NEIL

Sursaut, et retour à l'enfer. Ma Rover – un four où j'étouffe, en sueur. Je descends la vitre, expire profondément. À travers le pare-brise, l'aube emporte mon regard, qui se perd dans les flots de la Rivanna. Je me masse les cervicales. Elles craquent, annonçant une détente passagère, mais c'est un leurre. Impitoyables, elles restent coalisées contre moi, soudées par l'angoisse. Deux semaines de cavale, ma punition pour avoir échoué.

Je me hais, aujourd'hui encore, ressassant mon fiasco. Je ne comprends pas. J'avais pourtant passé le contrôle, franchi toutes les embûches pour atteindre le *Mayflower*. Bien placé, en face des portes. Il n'était pas sorti qu'il était déjà dans ma ligne de mire. Plus près qu'à San Clemente, si près que j'ai senti son haleine mentholée lorsqu'il a tendu la main. La foule me revient…

« NIXON ! »

… puis son sourire…

« NIXON ! »

… et mon revolver…

« NIXON ! »

… jusqu'à ce que ses gardes du corps le plaquent au sol. C'est injuste. J'étais venu en justicier, j'ai fui en lâche. Et me voilà aujourd'hui en Virginie, sur les berges d'une rivière, recherché par tous les flics du pays. Vraiment injuste. On libère Norton et Stills, on acquitte les Panthers 21, mais moi, on me poursuit. Moi le Blanc qui s'est tant dévoué à la loi et à ses compatriotes, on me traque comme une bête. Un monstre. Mais c'est eux, les monstres, pas moi. « Dangereux psychopathe », ce qu'ils disent dans les émissions. Mais ils n'ont rien. Ni mon nom, ni mon immatriculation, ni la moindre photo.

À moins que.

À moins qu'entre-temps il n'y ait eu du nouveau.

J'allume l'autoradio… que j'éteins aussitôt. Marre de guetter, stresser. Et à cet instant précis, je préfère ne pas savoir. De toute façon, je finirai par écouter les infos. Il faudra bien, comme il faudra bien que je me débarrasse du revolver : un contrôle de police et ce serait la fin.

Je le sors, fixe son canon. Des jours que je pense à le jeter, ce qui reviendrait à renier mon grand projet et je ne veux pas. Nixon doit mourir, pour l'Amérique. Oui, mais je n'ai pas le choix. Je pense à Zodiac, à ce qu'il ferait s'il était à ma place, et je sais. Alors, ce matin, je me décide enfin. Je retiens ma respiration, puis le bazarde dans la flotte. À peine a-t-il disparu que, déjà, je me sens vulnérable. Orphelin.

Le ventre noué, j'observe la Rivanna, son eau d'argent, ses remous vivaces. Magnifique ; j'avais oublié à quel point. La nature, je ne l'ai connue qu'enfant, quand on passait nos vacances à la ferme des Costigan, les amis de la famille. Animaux et confitures, le paradis pour le naïf que j'étais. C'est là qu'on m'a appris à saigner les poulets. Je me revois, la première fois, face à ce petit cou fripé qui se vidait en éclaboussant mes sandales. Tout ce sang qui me faisait peur et ravissait les adultes autour de moi. Même ma mère.

Je me ressaisis et me décide à repartir. Direction Charlottesville, avant de reprendre la route pour L.A. Mon foyer, qui me manque tant. Je fais marche arrière, traversant les pins. Je les ai maltraités à l'aller, je les torture au retour. Leurs branches raclent ma Rover, craquent et se brisent, jusqu'au chemin rocailleux. Je me remets dans l'axe. Au loin, un champ verdoyant me rappelle que je ne suis pas d'ici. Ni de Virginie, ni d'Irlande, ni d'ailleurs.

76

12 juillet 1971

TYRONE

Coma, toujours.

Nuit totale, sans issue ni étoiles. Noir pétrole, implacable, qui s'atténue à la faveur d'un astre. Une lueur, lointaine. Elle crépite et se dirige vers moi, comme une mèche – « Pchhhh ! » – dont je serais la bombe. Panique. Je m'enfuis, mais ça sert à rien. Où que j'aille, l'étincelle me piège, continuant de se rapprocher. Elle accélère, aveuglante, et le néant devient flou…

— Tyrone ?

… puis silhouette…

— Tyrone !

… et une chaleur m'envahit, rassurante. Réconfort invisible, même si j'ai du mal à respirer. Car ouais, je suis vivant. Plus je le sais, plus je le sens. Là, ici, partout, mon corps qui se reconstitue en petites briques engourdies.

— C'est moi, Hank !

Un prénom, et la mémoire me revient peu à peu. Mes saloperies, mes victimes, puis Madison Street. Camion. Choc. Je frémis et – aïe ! – ça tire sur mon nez. Des trucs, dans mes narines. Je flippe, croise le regard de

Hank. Son sourire s'éteint, se rallume, s'éteint, se rallume. Je comprends pas, avant de me rendre compte que ça vient de mes clignements. Je me concentre pour garder les yeux ouverts, mais ça me brûle :

— Mmm…

— Ça va ?

— Mal… Mes yeux…

Hank tire un rideau, plongeant la pièce dans la pénombre. Ma douleur s'apaise et je me découvre allongé, perfusé, entouré de stéthoscopes. Jamais vu autant de toubibs noirs, je suis donc dans une clinique du BPP. Je reconnais quelques Panthers, mais tous ces ados, ça me dit rien. Une infirmière me touche la main :

— Vous avez soif ?

J'acquiesce, la regarde verser de l'eau dans un gobelet. Sa main gauche disparaît derrière ma nuque, me redressant la tête. Je me laisse faire. Chaque gorgée réveille ma langue, qui frétille de délice. Elle en redemande, la fille me ressert à boire et là, mes papilles s'insurgent. Maintenant, ce qu'elles veulent, c'est de l'alcool, un bon scotch pour noyer mon suicide raté. Ma vie, ma mort, j'ai tout foiré. Je suis vraiment un nul.

Les nouveaux me lâchent pas du regard. Moi, « le miraculé ». Stress, aggravé par leur admiration débile et ce mal lancinant dans mes sinus. Je tourne la tête, entrevois une machine à oxygène, reliée à mon nez par une tubulure. J'essaie de bouger, mais j'y arrive pas, mon corps est trop lourd. Hank s'assied à ma droite :

— T'as eu un accident. T'as failli te faire écraser.

— Et…

— Punch t'a pas vu traverser, on l'a viré. T'as eu de la chance, tu t'en tires avec une clavicule cassée et un coma.

— Combien… de temps ?

L'un des toubibs, avec une gueule d'Oncle Ben, avance d'un pas :

— Presque quatre mois.

— Quatre…

— N'essayez pas de bouger. Vous êtes alité depuis longtemps, ce qui explique votre perte de masse musculaire. Temporaire, bien sûr.

— Quatre mois… Ma mère…

— Nous ne lui avons rien dit, pour qu'elle ne s'inquiète pas.

— Merci… Je sors quand ?

— Avec un bon traitement et un peu d'exercice, vous serez prêt en septembre. D'ici là, soyez serein, le siège a envoyé quelqu'un pour vous remplacer, Earl Tackwood. Il vient du Bronx. C'est un pro, il s'occupe du ghetto en attendant votre retour.

— Tu vois ? intervient Hank. C'est cool !

Tu parles. Cet intrus, ça arrange pas les affaires de Clark, et encore moins les miennes. L'angoisse resurgit. La même qu'avant, sauf que là, je peux pas lutter. Trop faible. Trop de monde, ici. Trop de puceaux dans ma section. La « nouvelle vague », celle qu'a grandi dans le mythe de Huey et qui se réclame de Mao sans l'avoir lu. J'ai envie de les buter.

— Vous m'étouffez… Cassez-vous !

— Ne vous énervez pas, vous avez subi un…

— CASSEZ-VOUS ! TOUS !

Vexé, l'Oncle Ben quitte la chambre. Les autres suivent, pendant que je tousse. Parler, c'était déjà épuisant, mais là, mon coup de gueule m'a cassé. Hank est le dernier à sortir, je l'interpelle : « Att… attends ! » Il referme la porte, revient s'asseoir. Moi, je continue de cracher mes poumons comme un tubar. Mon souffle, un cheval fou qui m'emporte avec lui. Je subis, longtemps, avant de reprendre enfin ma respiration :

— File… file-moi… une clope…

— Et l'oxygène ? Tu vas exploser !

— Eh ben… vire-moi cette merde…

— Je sais pas si j'ai le droit.

Je le fusille du regard, il obéit et me retire le truc des narines. Sa délicatesse me surprend, lui qu'est si bourrin. J'inspire profondément, Hank repose la tubulure.

— Ça va ?

— Mm… Clope, allez !

Il me fait les gros yeux, genre « C'est pas sérieux, tu sors du coma », puis fouille sa veste. Je devine son holster, son Beretta. Il se prend une Marlboro, m'en met une entre les lèvres et l'allume. J'avale une bouffée. Elle me crame la gorge, me dynamite le cerveau. Vertige. Tourbillon de flashs, où je tombe, tombe, tombe comme ma clope, sur le drap. Hank la bazarde d'un revers, puis l'écrase au sol :

— À peine revenu et tu recommences tes conneries !

— Fais pas chier… Alors… quoi de neuf ?

— Pas mal de trucs. Morrison est mort.

— Mo… ?

— Le mec des Doors, ouais. Il y a une dizaine de jours, en France. On sait pas trop ce qu'il s'est passé. Sûrement une overdose, comme Jimi.

— J'en reviens pas… Ils crèvent tous.

— Sauf toi. Tu reviens de loin, tu sais.

— J'ai cru comprendre… mais je m'accroche… c'est mon côté indien.

— Ouais, ben, fini Alcatraz. Ils se sont rendus, ils auront tenu dix-neuf mois.

— Tout ça pour rien…

— Non. Ils ont résisté, ils ont montré au pays que…

— Garde ça pour les gosses.

Il la ferme, se remet à fumer. Silence amer, pendant lequel je pense à ces héros qui se sont battus pour des salauds comme moi. Hank, encore :

— À part ça, Nixon a failli se faire buter.

— Sérieux ?

— C'est un Blanc. Ils l'ont pas chopé, mais ils ont trouvé un flingue en Virginie. Peut-être celui qu'a servi.

— Eh ben… Et le Parti ?

— Ça se dépeuple. Beaucoup ont rejoint la BLA, ils ont pris vachement d'ampleur. C'est des fous, ils nous mettent la pression.

— Mm… ma mère… faut que j'aille la voir.

— On ira ensemble, quand tu sortiras. Et on ira au ciné, faut que tu voies *Shaft* !

On cogne contre la porte. Un Panther apparaît, grand. Un flingue dépassant du jean, la démarche groovy et le regard foxy. Hank se lève.

— Ah ! Earl !

— Salut, les mecs !

Tackwood, mon remplaçant. Celui qui, depuis quatre mois, reconstruit tout ce que je me suis acharné à détruire. Je suis sûr qu'il y croit pas, à mon « accident ». À tous les coups, le siège l'a chargé de me cuisiner. Va falloir que j'assure et franchement, dès le réveil, je me sens pas. Hank et lui se checkent, après quoi Tackwood se tourne vers moi.

— Content de te rencontrer, frère. Comment tu te sens ?

— Un peu bizarre… Donc, c'est toi qu'a repris la section ?

— Ouais, mais t'inquiète. Dès que tu seras remis sur pied, je me casse.

— Je m'inquiète pas… Alors comme ça, tu viens du Bronx ?

— J'étais au pôle info, sous les ordres de Bernice. Sacrée nana.

— Il paraît… Hank m'a raconté, pour la BLA… Faut négocier avec Geronimo.

— Il s'est fait coffrer. Les porcs disent qu'il a buté une instit' à Santa Monica, il y a trois ans. Sauf qu'il était à Oakland, à sept cents kilomètres de là.

— Ouais, je vois…

— Ses troupes nous accusent de l'avoir vendu aux Feds, c'est pour ça qu'ils attaquent un peu partout. Au fait, tu veux boire un truc ? Coca ? Hank, rapportes-en deux.

Hank dit « OK » et pas « OK, chef », confirmant sa loyauté envers moi. Pauvre con. Il sort et referme, me laissant seul avec Tackwood. Mec sympa. Un peu trop. Insistant. J'ai pas aimé comme il m'a forcé la main, avec son Coca. Plus j'y pense, plus ça me paraît louche et ça y est, je flippe. Mal à l'aise, je relance la conversation :

— Et à part ça…

— Arrête ton numéro.

Puis il ajoute à voix basse :

— Je sais que t'es un mouchard.

— Hein ?!

— J'en suis un, moi aussi. Clark nous a rencardés au même moment.

Là, j'accuse le coup. Jusqu'ici, je me disais que c'était du bluff pour me tester, mais il a parlé de Clark. Si Tackwood connaît son nom, c'est qu'il est forcément dans le coup. Sous le choc, je pense à « mon » Clark, à notre duo devenu trio. Et encore, je suis sûr qu'on est pas les seuls à bosser pour lui. Je me sens dépossédé, trahi, trompé.

— Et… et le siège ?

— Ils se doutent de rien, vu que j'ai fait mes preuves. C'est quoi, cette histoire d'accident ? T'as voulu te foutre en l'air, hein ? Clark est furax, mec.

— Il t'envoie me buter ?

— Non, il m'a chargé de te dire que ton job était fini. Malgré tes conneries, t'as bien bossé : j'ai plus qu'à enterrer la section. Encore deux mois de clinique et tu seras libre.

— C'est ça… Je lui fais pas confiance à ce mec, c'est une pourriture.

— Ouais, mais il est loyal. J'ai un pote, comme nous, qu'était à Harlem il y a un an. Depuis, il se la coule douce à Hawaï sous une nouvelle identité.

— Mm.

— Crois-moi, tu peux préparer ta retraite. Les Feds prendront jamais le risque de nous enculer, ils savent qu'on pourrait tout balancer aux médias. On est en position de force.

Il ponctue sa phrase d'un regard noir, kidnappant mes pensées. Mes craintes font place à ses certitudes, ses saloperies que je devine et que je veux pas connaître. Hank réapparaît avec deux Coca. Il referme la porte, file une bouteille à Tackwood, me tend l'autre – « Tiens ! Ça va te rafraîchir ! » – quand Tackwood l'attaque par-derrière. Une main sur la bouche, un bras sur la pomme d'Adam. Hank lâche la bouteille de Coca qui se brise au sol, et il se débat, les yeux exorbités. Son bourreau insiste, serrant les dents. Ça gémit, ça bave, ça s'acharne. Et moi, incapable de bouger, de m'enfuir. Prisonnier de mon corps, je peux que fermer les yeux. Et ce que je vois pas, je l'entends – ce craquement précédant une chute. Mes paupières, je veux pas mais je les rouvre quand même, découvrant Hank au sol.

— M-mais…

Tackwood récupère son Beretta.

— Il fallait un traître pour nous sécuriser. Là, on est tranquilles.

— Mais…

— On dira qu'il voulait te buter. Et si tu déconnes, c'est moi qui te buterai.

Il met le flingue dans la main de Hank et tire dans le mur, à quelques centimètres de moi. Chaos bruitiste, assourdissant, où Panthers et toubibs resurgissent. Ils découvrent le corps, le Beretta, la mise en scène. Tétanisé, j'observe Tackwood. Ses lèvres s'animent, laissant les autres gober notre vérité.

77

15 août 1971

CHARLENE

Aiguilles.

« ... interrogatoires au FBI, suite au cambriolage survenu dans la ville de Media en Pennsylvanie. Autre scandale, révélé par le New York Times, *concernant les Pentagon Papers. Ces documents confidentiels sur la guerre au Viêtnam ont révélé que... »*

Aiguilles, toujours.

« ... le revolver Röhm de calibre .22 découvert sur les berges de la Rivanna était l'arme utilisée à l'encontre du Président le 26 mai dernier. Les examens ont également permis de remonter la piste d'un armurier localisé à Los Angeles et... »

Des aiguilles et des hommes.

« ... Clint Eastwood incarnera l'inspecteur Harry Callahan, policier aux méthodes expéditives face à un tueur impitoyable, dans le prochain long-métrage

de Don Siegel. Annoncé en fin d'année, ce film serait librement inspiré de l'affaire du Zodiac... »

Des hommes sales, mauvais, violents.

« ... qui a mis fin aux accords de Bretton Woods sur la convertibilité or-dollar, en vigueur depuis 1944. Le Président a déclaré avoir pris cette décision en son âme et conscience, préoccupé par les spéculations abusives et... »

Toutes ces mains, qui se referment sur moi. Me griffent, me tordent et me font chavirer de bagnole en bagnole, de shoot en shoot, de ville en ville. Houston, Monroe, Atlanta, Memphis et ailleurs, où je m'abandonne aux voix qui brûlent. Et je plie, cette nuit encore, soumise au pire.

« ... ain't no sunshine, when she's gone. »

78

26 août 1971

NEIL

« ... le gérant a confirmé avoir vendu le revolver à un individu, dont le portrait-robot correspond à la description fournie par les témoins. Identifié grâce à son permis, l'acquéreur – Neil O'Brien, trente-deux ans – est un ancien agent du LAPD et son logement a été perquisitionné en son absence, cet après-midi. Sur place, les autorités ont découvert des éléments permettant de faire le lien avec la série de crimes commis dans les quartiers déshérités de Los Angeles... »

J'éteins la télé, enterrant tout espoir de salut. Le silence devient funèbre, alourdi d'irrémédiable, et je recule. M'assieds sur le lit. Fixe cet écran noir. J'y vois à peine mon reflet, signe d'une fin imminente. Ma migraine s'y refuse et persiste désespérément, agrippée à mes trapèzes. Durs, si tendus qu'ils semblent sur le point de craquer, eux aussi.

Mais je ne céderai pas.

Je resterai digne.

Malgré mon infinie détresse.

Car c'est fini. Ma naissance, mon enfance, mon adolescence, mon diplôme, ma rencontre avec Gail, mes rondes, mon traumatisme, ma dépression – je n'aurai vécu tout ça que pour échouer ici, dans cette chambre sinistre d'un motel minable à la périphérie de Phoenix. Je pourrais fuir, une fois de plus, mais je suis épuisé. Et ce serait inutile, puisque j'ai perdu. Tout perdu. Les chiens sont en route, ils enfonceront ma porte avant l'aube. Si seulement j'avais gardé l'arme… une balle, celle que je destinais à Nixon. Ironie macabre.

Qu'est-ce qui m'a pris, bordel ? Vouloir tuer un Président, moi qui ai pleuré JFK. Je souffre et pourtant, je ne regrette rien. Ni ça ni mes victimes. Ces nègres qui, avant, étaient des Noirs. Ça, c'est ce qui me torture le plus. Je ne comprends pas. Tout ce que je sais, c'est que je les hais, du plus profond de mes tripes.

Je hais les nègres et leur fierté insupportable.

Je hais les bridés et leur politesse fourbe.

Je hais les Latinos et leurs sales moustaches.

Je hais les Chicanos et leurs bides graisseux.

Je hais les Indiens et leur aplomb.

Je hais les Juifs et leurs lamentations.

Je hais les gauchistes et leurs révolutions.

Je hais le FBI et ses manipulations.

Je hais les flics et leur impunité.

Je hais les médias et leur propagande.

Je hais les politiciens et leurs trahisons.

Je hais les pédés et leurs enculades.

Je hais les féministes et leurs aboiements.

Je hais les gangs et leurs saloperies.

Je hais les toxicos et leur came.

Je hais les clodos et leur puanteur.

Je hais les putes et leurs maladies.

Je hais Zodiac et ses victimes.

Je hais Sharon Tate et cette horreur qui m'a été infligée.

Le destin, peut-être. Ou ce dieu, que j'ai longtemps prié. Lui que j'ai renié, ce qu'il me fait payer à présent. « Le Seigneur », comme je l'appelais avant, et qui m'appelle de nouveau. Cette bible, sur la table de chevet. Je la prends et observe sa couverture, au noir atténué par une couche de poussière. Je l'ouvre par réflexe. La page de garde libère un parfum familier, lointain, celui de l'innocence. Je feuillette la Genèse…

« Au commencement, Dieu créa les cieux et la terre. La terre était informe et vide : il y avait des ténèbres à la surface de l'abîme, et l'esprit de Dieu se mouvait au-dessus des eaux. Dieu dit : Que la lumière soit ! Et la lumière fut. Dieu vit que la lumière était bonne ; et Dieu sépara la lumière d'avec les ténèbres. Dieu appela la lumière jour, et il appela les ténèbres nuit. Ainsi, il y eut un soir, et il y eut un matin : ce fut le premier jour. »

… et je ne veux pas que l'on me mette les menottes. Je ne veux pas être violenté, humilié, jeté en pâture, comme tous ces salauds que j'ai coffrés durant des années. Et si j'ai la gorge nouée, ce n'est pas par culpabilité, mais parce qu'il n'y a ici aucun couteau, ni rasoir. Rien pour me soulager. Et c'est insoutenable, tellement que ma détresse devient chair. Le même poids qu'à la mort de ma mère. Un autre corps à l'intérieur du mien – c'est donc ça, le deuil. Mon propre deuil.

Alors, je tire sur la page. Machinalement. Le geste m'a précédé ; un élan d'évidence. Le papier se décolle par à-coups, d'abord en haut, puis là, entraînant d'autres redditions. Sons infimes, glorifiés par ce silence désormais apaisant. Je froisse la page, la mets dans ma bouche et poursuis ma lecture…

« Et l'homme fut fait en âme vivante. Aussi, l'Éternel Dieu avait planté un jardin en Éden, du côté d'Orient, et y avait mis l'homme qu'il avait formé. Et l'Éternel Dieu avait fait germer de la terre tout arbre désirable à la vue, et bon à manger, et l'arbre de vie au milieu du jardin, et l'arbre de la science du bien et du mal. »

… en mâchant lentement. Le papier se tasse sous mes molaires, mais ne se soumet pas. Il leur résiste, durcissant un peu plus à chaque pression. Goût de carton, infâme, infiltré dans mes gencives. J'insiste et l'engloutis enfin, avant de m'attaquer à la deuxième page. Arrachée, froissée, mastiquée. Je passe à la suivante…

« Alors, le serpent dit à la femme : Vous ne mourrez nullement. Mais Dieu sait qu'au jour que vous en mangerez, vos yeux seront ouverts, et vous serez comme des dieux, sachant le bien et le mal. »

… et avale encore…

« Caïn s'éleva contre Abel son frère, et le tua. Et l'Éternel dit à Caïn : Où est Abel, ton frère ? Et il lui répondit : Je ne sais, suis-je le gardien de mon frère, moi ? Et Dieu dit : Qu'as-tu fait ? »

… encore…

« Tout ce qui subsistait sur la terre fut donc exterminé, depuis les hommes jusqu'aux bêtes, jusqu'aux

reptiles, et jusqu'aux oiseaux des cieux ; ils furent, dis-je, exterminés de dessus la terre. »

… encore…

« Alors, l'Éternel fit pleuvoir des cieux, sur Sodome et sur Gomorrhe, du soufre et du feu, de la part de l'Éternel ; et il détruisit ces villes-là, et toute la plaine, et tous les habitants des villes, et le germe de la terre. »

… et encore, jusqu'à l'Exode. J'expire lourdement et, d'une main tremblante, masse mon abdomen. Il gronde, embrasé. Tous ces mots, ces mensonges, ces serpents qui s'insurgent dans mes intestins. Nausée. Elle remonte mon œsophage, m'ordonnant d'en rester là. Mon cœur aussi. Je pense à la Californie, à cette femme qui ne m'attend pas, à cet enfant qui ne me pleurera jamais, puis repars à l'assaut et avale encore…

« Tu lui parleras donc et tu mettras ces paroles en sa bouche ; et je serai avec ta bouche et avec la sienne, et je vous enseignerai ce que vous aurez à faire. »

… encore…

« Il sera fait selon ta parole, afin que tu saches qu'il n'y a nul dieu tel que l'Éternel notre Dieu. »

… et encore, quand la douleur fait place aux premières contractions. Coups de poignard, incroyablement barbares. J'ai mal, si mal. Spasmes. Crampes. Larmes. Je les sens couler, gorgées d'amour. Mon Amérique, si souvent rêvée, à qui j'ai tout sacrifié. Mes valeurs, mon identité, mon âme, ma vision se trouble et un vertige me submerge, alors je lutte de toutes mes forces.

« Pour manger un petit d'entre les brebis. »

Je mastique péniblement.

« Et ils en mangeront la chair rôtie au feu. »

Éprouve mon corps.

« Et n'en laissez rien de reste jusqu'au matin. »

Transpire de calvaire.

« Et vous le mangerez à la hâte. »

Sens mes intestins se déchirer.

« Car je passerai cette nuit-là par le pays d'Égypte. »

Exploser.

« Et je frapperai tout premier-né au pays d'Égypte. »

Saigner.

« Depuis les hommes jusqu'aux bêtes. »

Basculer.

« Et j'exercerai des jugements. »

Convulser.

« Sur tous les dieux de l'Égypte. »

Agoniser, puis expirer une dernière fois.

« Je suis l'Éternel. »

79

3 septembre 1971

TYRONE

— Et l'enterrement ? Il y avait du monde ?

— Plein. Même les 21 étaient là. Au début, on leur a refusé l'accès, et finalement…

— Ça devait être tendu.

— Ouais, surtout que le bébé d'Afeni arrêtait pas de chialer.

— J'étais pas au courant que… C'est qui, le père ?

— Je sais pas, mais son parrain, c'est Gero. Ils l'ont appelé « Tupac ».

— Sympa, comme prénom.

— Je trouve aussi. Tiens, cadeau !

Earl me file un Beretta. Je vérifie le chargeur, le case dans mon holster et sors mes fringues de l'armoire. Tout ça sous le regard de mon « ange gardien », son surnom à la clinique. Pff… Sous prétexte de visites, il a passé deux mois à me fliquer. Deux mois que je joue le jeu. Il fait semblant de gérer la section, je fais semblant de le conseiller et tout le monde nous croit. Aucun soupçon, du ghetto au siège.

Je remplis le sac. Quelques tee-shirts, slips, chaussettes et beaucoup d'antidouleurs. Ma clavicule s'est bien remise, mais ça me lance encore. Il se peut que ça traîne un an, mais je m'en fous, car ce matin, je sors. Et dans trois heures, je m'envolerai pour Ibiza. Le FBI y surveille les hippies, mon prochain job entre deux cocktails. Clark m'avait prévu un vol à 8 heures, mais j'ai décalé pour aller voir ma mère. Enfin.

— Je suis prêt.

— T'oublies rien ?

Il me met un béret et l'ajuste, peaufinant mon personnage – voilà ! J'enfile ma veste, jette un dernier regard à ma chambre. Ça fait bizarre, j'ai vécu tellement de choses ici, que des trucs en « ré » : réhydratation, réalimentation, rééducation… et sevrage, aussi. Le manque d'alcool, c'est le plus dur, mais j'ai un traitement pour pas craquer. Earl prend mon sac et se dirige vers la porte. L'angoisse me saisit à la gorge.

— T'es sûr que…

— On quadrille le quartier. Pas de porcs, pas de BLA. Et après, les Feds prendront le relais jusqu'à l'aéroport. Détends-toi, mec.

Il ouvre et sourit, moi non. Quatre ans de parano, ça disparaît pas comme ça. Pourtant, j'ai vu mon billet United Airlines, j'ai vu mon relevé bancaire avec tous ces zéros qu'il y en a tellement que je sais même pas combien ça fait, mais c'est plus fort que moi, je flippe. Il va forcément m'arriver un truc, une balle, une lame, dans le couloir – « Ty-rone ! Ty-rone ! » – où tout le monde m'applaudit. Infirmiers, patients et Panthers, parmi lesquels Craig, mon nouveau garde du corps. Un vieux à bretelles s'interpose :

— Alors, comme ça, tu nous quittes ?

— J'ai fait mon temps. Puis Earl s'occupe bien de la communauté.

— Et tu peux pas rester ici ?

— Besoin de repos. J'ai un pote dans le Sud, il vit tranquille, ça me fera du bien. Je reviendrai chercher ma mère dans quelques mois.

— Bon… Tu vas nous manquer… Merci pour tout ce que t'as fait. On sait que t'en as bavé avec les porcs, les Blackstones, alors merci, vraiment. Fred aurait été fier de toi.

Ému, il prend ma main entre les siennes et la serre, y injectant toute sa foi. Je me libère et avance, félicité, vénéré. J'ai volé leurs économies, j'ai ensanglanté leurs rues, mais ils me pardonnent en souvenir de quelques collectes de bouffe. Une mère surgit avec ses deux fils, chétifs, tout timides. Elle pousse le plus âgé à parler, alors il me remercie, dit que c'est grâce à moi si lui et son frère savent écrire.

Earl regarde sa montre, ordonne de nous laisser passer. Les gens obéissent, plus aveuglés que je pensais. Ils auront connu l'émancipation avec Fred, l'asphyxie avec moi et bientôt l'abandon avec Earl. Un jour, ils en tireront la leçon. En attendant, leurs « Ty-rone ! Ty-rone ! » nous accompagnent jusqu'à la sortie, où le soleil m'accueille avec des centaines d'autres fans. Je lève le poing, ils font pareil :

— LE POUVOIR AU PEUPLE !!!

— Le pouvoir au peuple !

Je leur balance une dernière connerie, comme quoi je continuerai de veiller sur eux, puis retire ma veste. On fend la foule en direction de cinq Buick noires, nickel, tout droit sorties du *car wash*. Earl m'ouvre une portière.

— Je préfère y aller à pied.

— T'es sûr ? C'est à trois blocks, hein.

— J'ai envie de marcher.

Et non, je crains pas d'y aller à découvert, vu que le quartier est clean. Sauf s'il a menti et qu'on est en train de me cibler, du haut d'une fenêtre. Après tout, ma mort arrangerait tout le monde : Clark, Earl et le BPP, qui ferait de moi un martyr, comme avec Fred. Bah, je verrai bien. Si je dois me faire buter, je préfère pas savoir d'où ça vient. Et puis, ça m'éviterait d'avoir à mentir à ma mère. Lâche, jusqu'au bout.

J'allume une clope et avance, la veste sur l'épaule. Celle qui me fait mal, pour bien sentir que je suis vivant. Encore un peu. Dans mon dos, les bagnoles vrombissent. Je les entends rouler lentement, à mon rythme, celui de Chicago. Klaxons et brouhaha, où se mélangent ma mère, les Blackstones, les filles, Clark…

— *Et bien sûr, on double la mise.*

— *Je m'en fous, du fric. Je veux pas crever, c'est tout.*

… Wayne…

— *Tu me connais ! Tu sais que je suis clean !*

— *Dis-nous pour qui tu bosses et on te laisse filer.*

… Fred…

— *Je compte sur toi, Tyrone. T'es un bon.*

— *Toi aussi.*

… Earl…

— *Je sais que t'es un mouchard.*

— *Hein ?!*

— *J'en suis un, moi aussi*... Mais où tu vas, mec ? On y est !

Je me découvre au croisement de Pulaski et de Bryn Mawr. En face, à travers les passants, les grilles ouvertes du sanatorium. Déjà. Et toujours vivant. Faut croire que le FBI tient à moi. Je lorgne les Buick, à l'arrêt. Elles ronronnent, effrayant les passants. Craig surveille le carrefour, son flingue à la main, quand Earl approche.

— Ça va ?

— Mm.

— Tu veux que je vienne avec toi ?

— C'est bon. Restez ici, j'en ai pour un quart d'heure… vingt minutes, maxi.

J'allume une autre Marlboro, fume nerveusement. Retarder l'instant. Retard. Avion. Je jette ma demi-clope et me décide à entrer, ce que j'ai jamais eu les couilles de faire. Je franchis les grilles, me retrouve dans une allée avec des graviers de pédé. Je dépasse un grand pavillon, décrépi, puis marche entre deux pelouses tondues à ras. Des gens en blanc y promènent des zombies, en blanc eux aussi. Avec, pour certains, des auréoles au cul. Et ma mère, quelque part, ici.

« Accueil » – ce bâtiment, là-bas, après le jardin. Il est magnifique, il y a plein de fleurs de toutes les couleurs. Elles clignotent au soleil, on dirait Disneyland. Le genre de vision qui apaise, mais non, plus je marche et plus je flippe. Pourtant, le stress, je connais. Les Panthers, les gangs… eh ben, ils font pas le poids face à ma mère. Quatre ans, et que des trucs que je peux pas lui raconter.

Je pousse la porte et me plante devant la secrétaire, noire. Elle bloque sur mon flingue, mon béret, puis mes yeux, identifiant « Tyrone le héros du ghetto ». Elle sourit :

— Bonjour.

— Salut. Je viens voir ma mère. Thelma Jackson.

La fille feuillette un registre, parcourt des noms avec son index, qui s'arrête et passe à une fiche. Là, j'angoisse encore plus. Si ma mère est sur cette fiche, c'est qu'il y a un problème, un truc que Clark m'a caché et que je veux surtout pas entendre et que…

— Elle est dans la salle de détente.

Ses mots me soulagent, j'ai l'impression de perdre dix kilos. Elle m'indique le couloir, en précisant « troisième porte à droite ». Je la remercie, puis m'éloigne.

— C'est toi, Tyrone Jackson, hein ?

— Ouais.

— Désolée, mais les armes sont interdites dans l'enceinte.

— Ah… j'aurais dû y penser.

— Remets ta veste, que mon boss le voie pas.

Elle me fait un clin d'œil, m'invitant à revenir la voir quand j'aurai fini. Je lui souris et enfile ma veste, cachant bien le Beretta. Couloir. Malades. Bave et déambulateurs. C'est pas un sanatorium, c'est un mouroir. Première porte, je serre les poings. Deuxième, je serre les dents. Troisième, je m'arrête et regarde à travers la petite vitre. Je vois des vieux, assis devant un jeu télé. « Salle de détente ».

J'ouvre la porte et repère tout de suite ma mère, à côté de la fenêtre. Toute petite, tassée sur une chaise. Soixante-douze ans et toujours coquette, avec son chignon parfait. Qu'est-ce que je vais bien pouvoir lui dire ? Et si elle m'engueule ? Et si elle me vire ? J'avale ma salive, contourne les patients qui puent la pisse. Un dernier pas, et ça y est, j'y suis. Elle m'a pas remarqué, hypnotisée par l'écran. Elle a maigri, je le vois à ses poignets. Et sa peau encore plus ridée, froissée comme du journal. Ça me fait mal.

— Hum… Maman ?

Elle réagit pas. Faut que je parle plus fort.

— Maman ?

Elle tourne la tête. Son regard est vide, aucune réaction. Elle me reconnaît pas, elle a perdu la boule, elle sait plus qui je suis, elle sourit et ses yeux pétillent.

— Tyrone ?

Sa voix me prend aux tripes. Quatre ans, putain. Je me contiens, le cœur battant.

— Bonjour, maman.

— Mon fils !

Elle tend les mains. Ses mains de blanchisseuse, décolorées à force d'avoir trop baigné dans l'eau de Javel. Elle me touche les joues, comme si j'étais un trésor. Elle s'agite et sa chaise grince, attirant l'attention des autres vieux. Moi, je sais pas quoi dire. Trop d'émotions. En fait, il y a rien à dire, juste à me baisser pour la serrer dans mes bras.

— Je suis content de te voir… Tu m'as manqué.

— Toi aussi !

Elle s'agrippe, m'arrache les larmes que je retenais jusqu'ici. Et je craque, purgeant tout ce que je peux pas lui dire. Elle se décolle de moi pour contempler mon visage.

— Je t'ai vu aux informations, avec des policiers.

— C'est rien, c'était il y a longtemps.

— Tu as encore fait des histoires ?

— C'est fini, rassure-toi… Je suis désolé de pas être venu plus tôt.

— Ce n'est pas grave, je sais que tu étais occupé. Tu es venu avec un ami ?

— Ouais. Enfin, il est dehors.

— Mais non, il est là.

Je me fige. Une seconde s'écoule, et je me retourne, nez à nez avec Clark. Il me sourit, je comprends et me relève. Regarde par la fenêtre. Vois Earl, clope au bec, écarter les bras du genre « Ben ouais, mec ». Je passe de lui à Clark, que je fixe en pensant à mon flingue. Il y pense lui aussi, c'est pour ça qu'il me fait « Non » de la tête. Ma mère, encore :

— Tyrone ? Tu ne me présentes pas à ton ami ?

Le ventre noué, je me tourne vers elle :

— Une autre fois… Je vais devoir y aller…

— Déjà ?

— Je reviendrai te voir… Je t'aime, maman.

— Moi aussi, mon fils. Prends soin de toi, d'accord ?

— T'inquiète pas… Je t'aime… Je t'aime tellement.

Je l'ai serrée de toutes mes forces, comme jamais je l'avais fait, et je lui ai embrassé le front. La première femme que j'ai connue, la dernière que j'ai touchée. Ce que je me suis dit pendant le trajet, jusqu'à l'aéroport. Clark était pas là, il y avait que Earl et les autres dans leurs bagnoles. C'est pour eux que j'ai fait semblant de monter à bord de l'avion, puis le fourgon m'a ramené à Cook County. Nouvelle cellule, nouveau codétenu : un p'tit con qui voulait tout savoir de mes « exploits ». Je lui ai arraché la langue, alors on m'a transféré au bloc psy.

Depuis, je suis dans une cage, isolé de tous, gavé de médocs du matin au soir. Trop défoncé pour me pendre, pas assez pour oublier. Et merde.

80

11 octobre 1971

CHARLENE

Les portes s'ouvrent et je descends, ravagée. Un pied, je vacille. Un autre, je me stabilise. *Back to Philly*.

Le bus repart, m'abandonnant au trottoir. Une poubelle parmi d'autres. Frigorifiée, dans mon pull et mon jean puants. Je frictionne mes bras, mes croûtes, et j'aurais pas dû. Elles se réveillent, mendiant leur dose. Mais j'ai plus de came, plus de fric, plus rien. Juste un briquet, inutile, car j'ai paumé mes clopes.

Des gens courent et se bousculent pour aller au boulot. Personne me voit, il y a que lui qui m'observe. Ce rat, en face. Immobile, il est en train de me juger. C'est fait, alors il se casse, libérant mon champ de vision. Je retrouve le chantier où bosse mon père, sauf que c'est devenu un supermarché et que mon père est pas là. Il me manque. Manque. Le manque, encore. Jamais il me laisse tranquille.

J'avance. Je sais pas vers où, mais j'y vais. Sur le trajet, beaucoup de monde et aucun dealer. Trop tôt pour eux, ils seront pas sortis avant midi. Je le sais, mais c'est plus fort que moi, je continue de marcher. Et c'est dur. Chaque pas torture ma chair, ravivant ses supplices. Mal au dos, aux seins, à la chatte, mal partout.

J'arrive à l'angle et, épuisée, m'assieds au bord du trottoir. Frissons. Flashs, toutes ces horreurs qui font que je pense en morceaux. Recroquevillée, le menton appuyé sur les genoux. Là-bas, il y a un panneau avec écrit « Broad Street », deux mots qui remontent à la surface. Et à gauche, une sortie de métro. Celle où je vendais le journal du BPP, face à Jamal et son *Muhammad Speaks*. Avant.

Des bagnoles passent, une s'arrête au carrefour. Police. L'un des flics reste au volant, son équipier sort et – la main sur son flingue – se dirige vers un vendeur de café. Les flics sont blancs, l'autre est noir. Évidemment. Le porc le salue, discute avec lui. Ils ont l'air de se connaître, vu qu'ils sourient, on dirait même qu'ils sont potes. Merde alors, c'est quoi, ce bordel ? Jamais vu ça, depuis que je suis née. Je les observe, hallucinée, puis entends une musique. Ça vient d'en haut, alors je lève les yeux. Fenêtre brisée, d'où s'échappe une voix stridente :

« Super stupid bought a plastic bag !
Thought it was coke, but it was skag ! »

Funkadelic. Je reconnais le chant de Clinton et la guitare de Hazel. Putain de rage. Là-bas, le porc paie ses deux cafés, mais il part pas, continuant de causer avec l'autre. Son esclave. Je pense à mes frères et mes sœurs tombés au combat, à cette révolution qu'on m'avait promise et qu'a jamais eu lieu.

Le manque persiste. Impossible de me relever. Alors, en attendant de reprendre mes forces, j'inspecte le caniveau. Mégot. Briquet. Nausée. Journal froissé, à ma droite. Je le ramasse, le découvre daté de septembre et le feuillette. Il est lourd, j'ai du mal à le tenir. Et à lire, aussi. Je vois des mots, mais je comprends rien, sauf ça : *« Nouvelle émeute à la prison de San Quentin, où le détenu George Braxton a trouvé la mort le 9 août dernier. Ce membre du Black Panther Party, auteur d'un livre controversé, a en effet été abattu par un gardien alors qu'il tentait de s'évader. »*

Mort.

George est mort.

Le mec le plus cool, le plus bienveillant que j'aie rencontré. Je le revois sourire au parloir, me filer des conseils, me parler comme si on se connaissait depuis toujours.

« Super stupid you're here today !
You've lost the fight and the winner is fear ! »

Non, j'y crois pas. Et NON, c'est des conneries, il a pas voulu se tirer. En onze ans de taule, il a jamais essayé. Il avait aucun intérêt à le faire, vu qu'il attendait son procès, mais c'est fini, il est plus là. Alors non, il a pas été « abattu ». Il s'est fait assassiner, comme son frère, comme le mien, tous les miens. Alors, je balance le journal, me relève, serre les poings, puis avance…

« Did-did-did-did-um ! Did-did-did-did-um !
Did-did-did-did-um ! Did-did-did-did-um !
Ooooh, hey ! »

… les yeux rivés sur le porc. Et ça monte. Il me voit pas, en pleine conversation avec le vendeur. Et ça monte. Je traverse la rue. Et ça monte. Je dépasse la bagnole. Et ça monte. Son équipier me remarque pas, lui non plus. Et ça monte. J'atteins le trottoir. Et ça monte. Le Noir me sourit. Et ça monte, la guitare, la batterie, la haine. Le porc se tourne vers moi, avec ses cafés à la main.

— Salut, toi !

Il est roux, jeune, la vingtaine. Et surtout, il est blanc. Je le lâche pas du regard, il me relance :

— Ça ne va pas ? Tu as besoin d'aide ?

Je lui arrache son flingue, lui explose la gueule à bout portant. Il s'écroule et le vendeur se casse, terrorisé, comme la foule. Je vise l'autre porc, dans la bagnole. Il se baisse, évitant mon tir, et je m'enfuis. Courir. Courir. Courir. Courir. Courir et entendre le porc, derrière. Son cri, son ordre, sa balle dans mon dos.

(Elle traverse mon pull)

Et c'est là que ça s'est accéléré. Gangrenée, la révolution est morte et notre culture a pris le relais. *Soul Train* a été diffusé en national, popularisant le funk avec le festival Wattstax. Notre son s'est retrouvé sur toutes les radios et nos films sur tous les écrans, ce qu'on a appelé plus tard la « Blaxploitation ».

(Tee-shirt)

Tout le monde a joué notre musique, même les Blancs. Hoover en a crevé, bien fait pour sa gueule. Mais voilà, à trop être exploité, le funk s'est épuisé. Sly, Isaac et les autres ont commencé à faire de la merde, sombrant dans la came et les paillettes. James aussi, puisqu'il est allé serrer la main de Nixon.

(Peau)

Ouais, notre héros s'est fait récupérer, comme le rock et la gauche. Les rebelles se sont mis à faire du fric et à soigner leur look. Et même si Angela et d'autres ont été libérés, ça sentait la fin depuis un moment. Faut dire que Huey, parano, a viré encore plus de monde, même son pote Bobby.

(Graisse)

Ça fait chier, car le BPP avait un impact international. Après l'Angleterre et Israël, il y avait des Panthers en Inde, en Australie et ailleurs. Bref, Bobby s'est présenté aux élections d'Oakland en 73, mais il a perdu, vu que les gens croyaient plus en rien. Trop de déceptions, trop de scandales, comme celui du Watergate.

(Muscles)

Alors, Nixon s'est cassé et la guerre s'est terminée. Des milliers de soldats sont revenus, traumatisés. Ça puait la dépression, du peuple aux institutions. En 75, sous la pression, le FBI a tout avoué face au comité Church : sur les trois cents opés Cointelpro menées contre notre communauté, plus des trois quarts ciblaient le BPP.

(Vaisseaux)

Quand les gens ont su, c'était trop tard pour nous soutenir. Sale période ; le Weather a explosé et le funk a viré au spectacle. Un truc sans âme, juste festif, qu'a donné le disco et ces merdes avec des synthés. Noirs et Blancs se sont enfin mélangés, mais ils ont dansé sur nos ruines, oubliant nos sacrifices.

(Nerfs)

De toute façon, Huey – accusé de meurtres – s'était déjà exilé à Cuba. Eldridge est rentré au pays, mais franchement, c'était pas la peine. Il a lâché Marx pour Jésus, puis il est devenu mormon, adepte de la secte Moon, avant de finir chez les Républicains. Lui qui, avant, insultait Reagan. Ce salaud de Reagan, élu Président.

(Colonne)

Putains d'eighties, sacre du fric et de l'opportunisme. La BLA s'est cramée et nos meilleures stars sont revenues au stade du « bon nègre » : Whoopi a amusé la galerie, Pryor a fait le con dans *Superman* et Murphy a joué le porc à Beverly Hills. Heureusement, il y a eu le smurf, puis le hip-hop, mais ça aussi, ça s'est fait récupérer.

(Moelle épinière)

Et me voilà aujourd'hui en fauteuil roulant, au Philadelphia Senior Center. Cinquante ans que j'ai pas marché. Toutes ces rides… je me reconnais plus dans le miroir, au point que j'ai parfois l'impression d'être une autre. Quelqu'un de bien, une mamie entourée de petits-enfants. J'y crois une seconde, puis il revient me hanter. Le policier que j'ai tué, ce matin-là. Je regrette tellement, lui et les autres.

Mon père m'a pardonné. En larmes, il m'a dit que c'était à cause de lui, qu'il aurait dû être plus présent. Mais ce n'était pas sa faute. Il travaillait dur, il n'avait pas le temps de s'occuper de moi. De toute façon, c'était une autre époque. La guerre, le Weather… J'ai été embarquée, comme des millions de jeunes. La vie était électrique, chaque jour était une aventure, et je n'en reviens toujours pas d'avoir survécu.

— Tout va bien ?

La voix de Mary, l'une des infirmières. Je lui souris.

— Oui, merci.

— Vous n'avez pas chaud ? Je peux ouvrir la fenêtre, si vous voulez.

— Pour l'instant, ça va. Merci beaucoup.

Elle s'en va faire le tour des autres pensionnaires. Mary, c'est ma préférée. Elle s'occupe bien de nous, elle est douce et très belle avec sa coupe de garçonne. Elle dit que c'est en clin d'œil à un manga, mais moi, ça me rappelle Seberg.

Cette pauvre Jean Seberg, jamais remise du décès de son bébé, et qui a fini par se suicider. C'était en 79, dix ans avant Huey, lorsqu'il s'est fait tirer dessus en sortant de chez son dealer. Eldridge et Stokely, c'est le cancer qui les a eus. Gero a fait un arrêt cardiaque, après vingt-sept ans de prison pour un crime qu'il n'avait pas commis. Mumia et d'autres sont toujours incarcérés à tort. Ils continuent de militer, comme Bobby et Angela, perpétuant notre mémoire. Quand j'y repense, c'est fou : on a nourri des milliers de gens, on les a soignés, on leur a appris à lire, à écrire, à compter, à être dignes et responsables. Moi, je n'y ai contribué que quatre ans, mais le BPP a continué jusqu'en 82. Quinze ans d'actions au quotidien.

Je me demande souvent ce que ça aurait donné, si on n'avait pas été persécutés avec un tel acharnement. Peut-être qu'on aurait accompli davantage. Peut-être aussi que l'usure était inévitable. C'est ce que j'en conclus, dans ce XXIe siècle qui fabrique des riches encore plus riches et des pauvres encore plus pauvres. Essentiellement des Noirs, les statistiques sont formelles, comme pour les violences policières. Bien sûr, nous ne sommes plus pendus et brûlés. Bien sûr, nous ne sommes plus livrés aux chiens. Bien sûr, nous avons eu un Président et nous comptons des personnalités influentes, mais nous restons les plus exploités, nous sommes plus au chômage, nous sommes plus incarcérés, nous sommes plus malades et nous mourons plus tôt, dans l'indifférence générale.

Voir ça, aujourd'hui encore, c'est terrible pour moi. Car le dollar a gagné et la nouvelle génération ne rêve plus que de smartphones. Ça me fait mal, si mal. Douleur indicible, millénaire… accompagnée d'une autre sensation, tout aussi viscérale, mais vivifiante. Une force. Une rage. Un funk endiablé, celui de Black Heat : *« Wanaoh ! »* Alors, l'Afrique me prend par la main. *« Wanaoh ! »* Et je me relève. *« Wanaoh ! »* Marche. Prends mon flingue et mon bouquin de droit. Sors dans la rue. Rejoins les miens. Pour vendre le journal. Nourrir le ghetto. Éduquer les gamins. Protéger les vieux. Soigner les clodos. Conquérir la nuit. Courir dans les rues. Foncer entre les immeubles, amplis gigantesques vibrant à notre rythme, et s'envoler, transcendés par nos rires. Tous réunis : mon frère, mon père, ma mère, Malcolm, Bobby, Aretha, Martin, Frantz, Rosa, Huey, Artie, James, Stokely, Marietta, Ali, Sherman, Otis, Roy, Turner, Alicia, Sly, Fred, Angela, Tod, Linda, Cornelius, Gero, Bernice, Jimi, Peaches, Tommie,

Ben, Gordon, Elaine, Curtis, Warren, Moira, George, Jon, Samantha, Emory, Mumia, Melvin, Denzil et les autres. Noirs, Blancs, Jaunes. Et putain, c'est bon d'être ensemble.

Vivants.

Libres.

Heureux.

PLAYLIST

Please, Please, Please : James Brown
Subterranean Homesick Blues : Bob Dylan
Scratch My Back : Otis Redding
Hold on I'm Coming : Sam and Dave
Back Door Man : Howlin' Wolf
Sgt. Pepper's Lonely Hearts Club Band : The Beatles
Trouble Every Day : The Mothers of Invention
I Don't Live Today : The Jimi Hendrix Experience
Try a Little Tenderness : Otis Redding
Hurdy Gurdy Man : Donovan
Hush : Deep Purple
A Child of a Few Hours is Burning to Death : West Coast Pop Art Experimental Band
I'm Black and I'm Proud : James Brown
The Grown Folks Thing : OC Tolbert
How Many More Times : Led Zeppelin
I Want to Take You Higher : Sly and The Family Stone
Space Oddity : David Bowie
Who do You Love, Part 1 : Quicksilver Messenger Service
Freedom : Richie Havens
Soul Vibrations : Dorothy Ashby

Gimme Shelter : The Rolling Stones
Peace Frog : The Doors
21st Century Schizoid Man : King Crimson
Rover or Me : Good Time Charlie
You Got it : Etta James
Yes We Can : Lee Dorsey
Sex Machine : James Brown
Smoking The Day Away : May Blitz
Walk on By : Isaac Hayes
Ain't no Sunshine : Bill Withers
Super Stupid : Funkadelic
Wanaoh : Black Heat

MIXTE
Papier issu de sources responsables
FSC® C003309
www.fsc.org

10/18, une marque d'Univers Poche,
est un éditeur qui s'engage pour
la préservation de l'environnement
et qui utilise du papier fabriqué à partir
de bois provenant de forêts gérées
de manière responsable.

Imprimé en France par CPI

N° d'impression : 3034365
X07435/01